가 만 한 당 신
세 번 째

가만한 당신
세 번째

최윤필

인간다움의 가능성을 넓힌,
가만한 서른 명의 부고

마음산책

가만한 당신
세 번째

1판 1쇄 인쇄 2022년 11월 25일
1판 1쇄 발행 2022년 11월 30일

지은이 | 최윤필
펴낸이 | 정은숙
펴낸곳 | 마음산책

편집 | 성혜현 · 박선우 · 김수경 · 나한비 · 이동근
디자인 | 최정윤 · 오세라 · 차민지
마케팅 | 권혁준 · 권지원 · 김은비
경영지원 | 박지혜

등록 | 2000년 7월 28일(제2000-000237호)
주소 | (우 04043) 서울시 마포구 잔다리로3안길 20
전화 | 대표 362-1452 편집 362-1451   팩스 | 362-1455
홈페이지 | www.maumsan.com
블로그 | blog.naver.com/maumsanchaek
트위터 | twitter.com/maumsanchaek
페이스북 | facebook.com/maumsan
인스타그램 | instagram.com/maumsanchaek
전자우편 | maum@maumsan.com

ISBN 978-89-6090-783-6 03300

나는 윤리야말로 궁극의 '능력'이라고 믿는다.

"인간에게 인권은 과분하지 않은가."

친구가 제게 한 말입니다.

현실을 묻는데 당위로 답할 순 없는 노릇이죠. 말이나 글로 된 멀끔한 당위는 더러 식상하고, 모욕적일 만큼 공허하기도 합니다. 저는 섣불리 입을 열지 못했습니다.

친구의 말이 질문이었다면, 저는 아직 답을 알지 못합니다. 만일 그것이 추궁이었다면, 솔직히 저는 맞장구치고 싶을 때가 잦습니다. 형사의 집요한 추궁에 마침내 무너지는 용의자처럼 말이죠. 냉소와 염세, 악마의 유혹이라고도 한다는 달콤한 포기.

어쩌면 저 질문은, 말년의 마더 테레사가 신의 존재를 의심했던 것처럼, 이 책에 엮인 이들이 평생 힘겹게 품었던 질문, 그들이 답해야 할 질문일지 모르겠습니다.

책 속의 '당신'들은 위인전의 주인공들과 달리 세상으로부터 부단히 외면당하고, 배반당하고, 끝내 실패했거나 기대한 바의 반의 반에도 미치지 못한 이들입니다.

대체로 늘 그러했고 지금도 그렇듯, 사필귀정이나 인과응보의 미끈한 논리는 당위의 멀끔함만큼이나 믿음직하지 못할 때가 많습니다.

　　이 책의 글들은 저 추궁에 투항하지 않기 위해 제 나름 아등거린 작은 흔적이라 해야 할지 모르겠습니다.

2022년 11월
최윤필

차 례

건설하는 당신

질문하는 당신

폭로하는 당신

기록하는 당신

우리가 그처럼 낡은 생각에 도전하는 용기와,
차이를 포용하며 서로에게 배우려는 자세를 유지하는 한
우리의 잠재력은 무한할 것이다.

앞서가는 당신

1922.7.16 — 2022.2.8

도티 프레이저

나를 평범한 노파로 여긴다면
그게 당신의 첫 번째 실수가 될 것이다

도티 프레이저

여성 최초 스쿠버 강사가 헤쳐온 길

　미국 캘리포니아 롱비치 토박이 도티 프레이저Dottie Frazier는 2019년 만 97세에 자신의 애마 '가와사키' 모터바이크를 팔았다. 차량면허관리국이 그에게 면허증을 갱신해주지 않아서였다. 십대 말부터 바이크를 몰고 시에라네바다산맥에서 멕시코 국경 너머까지 누비고 다닌 그였다.

　나이 때문에 겪는 짜증스러운 일들이 못마땅했던 그는 구십대에 접어든 이후 "나를 평범한 노파로 여긴다면 그게 당신의 첫 번째 실수가 될 것"이란 문구를 새긴 티셔츠를 보란 듯 입고 다니곤 했다. 물론 그를 아는 자라면, 롱비치 해양 레포츠의 산 역사인 그에게 그런 실수를 저지를 리 없었다.

　프레이저는 걸음마와 함께 수영을 익혀 대여섯 살 무렵부터 스킨다이빙을 시작했고, 고교 시절엔 눈뜨자마자 강아지를 안고 한바탕 서핑을 한 뒤에야 등교하는 게 그의 일과였다. 그는 롱비치 바이크 서클의 유일한 여성 정회원이었고, 롱비치 최초 다이버 클럽 '롱비치 넵튠스Long Beach Neptunes'의 1940년 창립 멤버였다. 그가 고집을 부린 덕분에 롱비치 작살 낚시 대회 여성 부문이 만들어졌고 그는 꽤 오래 혼자 출전해 우승을 독차지했다.

무엇보다 그는 미국에서 최초로 여성 스쿠버다이버 강사 자격증을 획득했고, 여성으로는 처음 다이버 클럽을 열어 운영했으며, 여성용 다이빙 슈트를 직접 디자인하고 제작해 보급하면서 미 해군과도 협업한 개척자였다. 한마디로 그는 다이버들의 전설이었다.

다이빙 전문지 〈스쿠버뉴스Scubanews〉의 평가처럼, 그의 진짜 놀라운 점은 '무엇을 해냈느냐가 아니라 언제 해냈느냐'를 살펴야 비로소 드러난다. 그는 여자 수영복도 없던 1920년대에 수영을 시작했고, 여성 직업이랄 게 뻔하던 1940년 18세 때부터 프리다이빙 강사로 돈을 벌었다. 스쿠버다이빙이 갓 등장하던 무렵 당국과 싸우다시피 해서 강사 자격증을 땄고, 여자라서 못 미더워하는 남성 수강생들을 가르쳤다.

파도와 조류, 수압 못지않게 거칠고 억센 젠더 차별의 장애물들과 부딪치며 여성 다이버의 세계를 연 파이터, 도티 프레이저가 2022년 2월 8일 별세했다. 향년 만 99세.

바다에서 익힌 담대함

프레이저는 롱비치 해안에서 텐트촌을 운영하던 부모의 두 딸 중 장녀로 태어나 "태평양을 놀이터로 여기며" 성장했다. 두 살 때 수영을 시작해 세 살 무렵엔 알라미토스만Alamitos Bay 바다의 반 블록 거리를 혼자 헤엄쳐 돌아올 정도가 됐다. 아버지 프랜시스 라이더Francis Reider는 그를 그렇게 키웠다.

딸 이름에서 딴 '도타델Dotadell'이라는 6미터 길이 보트에 딸을 태우고 바다를 쏘다니는 게 아버지의 낙이었고, 딸이 다섯 살이 되자 아예 노를 맡기기도 했다. 프레이저는 2019년 자서전『트레일블레이저Trailblazer』에 "하루 한 번꼴로 보트 바깥 물속에 뛰어든 뒤 기겁하는 아버지에게 '일부러 빠진 거'라고 말하곤 했다"고 썼다. 프리다이빙도 그렇게 익혔다. 여섯 살 무렵 어느 날 샌타카탈리나섬Santa Catalina Island 인근에서 텀블러를 물에 빠뜨린 아버지가 그에게 대신 건져달라고 청했다. 프레이저는 그날 수심 4.5미터 프리다이빙에 성공했고, 이듬해엔 롱비치 항구 인근 바다에 빠진 두 살 아래 동생을 구해내기도 했다.

아버지는 열 살 된 그에게 소방 호스와 수경을 테이프로 감아 만든 일종의 스노클링 마스크를 선물했다. 프레이저는 "마치 기적 같았다……. 그때부터 비로소 바다가 내 세계가 됐다. 바닷속 새로운 것들이 매일매일 눈앞에 펼쳐지며, 물속이 환상의 세계가 됐다"고 책에 썼다. 이후 아버지는 그에게 저녁 반찬거리(전복, 바닷가재 등)를 잡아 오라고 시키곤 했고, 이웃들도 더러 그에게 주문하곤 했다. 그렇게 자연스럽게 작살 낚시도 시작했다.

세 살 무렵 부모가 이혼하면서 그는 아버지, 조부모, 고모 집을 오가며 컸다. 그 경험이 자립 의지를 키운 계기가 됐다. 프레이저는 "아버지는 아들이 없어 나를 아들처럼 키웠다"고, 아버지에게서 배운 복싱 기술로 "학교 개구쟁이 녀석들의 코피를 터뜨리고 눈을 멍들게 한 적도 있다"고 책에 썼다.

그는 만 18세 때인 1940년부터 관광객과 동호인들에게 프리다이빙을 가르쳤고, 1955년 LA 스쿠버다이빙 강사 자격증을 땄다.

장비가 워낙 무겁고 비싸서 여성 다이버는 아무도 상상도 하지 않던 때였다. 당국은 그의 응시 원서를 반려하며 '남자만 된다'는 내용의 답장을 보내왔다. 프레이저는 친구 짐 크리스찬슨Jim Christiansen에게 도움을 청했다. 프레이저와 함께 다이버 클럽 '롱비치 넵튠스' 설립자로 지역 작살 낚시의 1인자였던 짐은 프레이저의 기량과 배짱을 누구보다 잘 아는 이였다. 프레이저는 그렇게 어렵사리 시험에 응시했고, 수석으로 자격증을 획득했다.

첫 수강 신청자는 남성 의사 여덟 명이었다. 그들은 장비 없이 진행되는 첫날 수업을 그들 중 한 명의 집 수영장에서 해달라고 청했다. 당일 프레이저를 본 그들은 뜨악한 표정으로 '착오가 있었던 모양'이라며 수강을 거부했고, 프레이저가 '우선 30분만 해보고 성에 안 차면 돌아가겠다'고 한 뒤에야 수업을 진행할 수 있었다는 이야기.프레이저는 평생 약 2천여 명에게 스쿠버다이빙을 가르쳤다.

철제 다이빙 헬멧을 쓰고 해녀들보다 더 깊은 물에서 해산물을 채취하는 남성 직업 잠수부를 한국에서는 '머구리'라 부르고 미국에서는 '하드해트 다이버hard-hat diver' 혹은 '심해 다이버deep-sea diver'라 부른다. 프레이저는 1959년 역시 여성으로선 처음 하드해트 다이버가 됐다. 그는 "벌이는 꽤나 좋았지만 장비가 너무 억압적이어서" 2년 만에 그만두고, 그간 번 돈으로 롱비치 해안에 자신의 '펭귄 다이빙숍'을 열었다. 삼십대 여성이 사업가가, 그것도 거의 남자들만 상대해야 하는 다이빙숍 사장이 된 거였다. 그 매장을 그는 약 15년간 운영했다.

직접 만든 다이빙 슈트로 세상을 누비다

1950년대 초 등장한 스쿠버다이빙은 남성 레포츠였다. 장비며 옷이며 모두 남성 체형에 맞춰 제작됐다. 여성에겐 너무 무겁고 컸다. 고무 소재 슈트는 비싼 탓에 일부 부유층의 전유물이었고, 1950년대 말 등장한 네오프렌 소재의 웨트슈트도 마찬가지였다. 그 역시 여성들의 몸에 맞지 않았다. 프레이저보다 2년 뒤인 1957년 스쿠버 강사 자격증을 딴 미국 '여성 다이버 명예의 전당' 회원 바버라 앨런Barbara Allen도 당시 상하의로 나뉜 남성 다이빙복을 입다가 나중에야 맞춤복을 입었다. 1980년대 여성용 웨트슈트가 출시됐지만, 역시 명예의 전당 멤버인 로레인 새들러 Lorraine Sadler에 따르면 "바비 인형 몸매의 여성이나 입을 수 있는 옷"이었다. 신축성이 가미된 네오프렌 원단 슈트가 출시된 것은 1980년대 말부터였다. 1970년대 말 등장한 방수 드라이슈트 역시 여성용 기성복은 1995년에야 출시됐다. 새들러는 옷이 너무 커서 몸에 덕트테이프를 친친 감곤 했다고 말했다. 부력을 조절해 원하는 수심에 머물 수 있게 돕는 다이빙 장비인 부력 조절기도 여성용은 1988년에야 처음 출시됐다. 초창기 여성 다이버들은 장비의 허들까지 넘어야 했다.

키 157.5센티미터에 몸무게 50킬로그램 남짓이던 프레이저에게도 다이빙 슈트는 그림의 떡이었다. 게다가 그의 "가슴은 무려 42인치"였다. 경제적 여유도 없었지만, 생애 첫 스노클링 장비부터 '사제품私製品'에 익숙했던 그는 울 스웨터와 긴 속옷, 울 양말을 재단하고 기워 다이빙 슈트를 만들어 입었고, 1960년대 초부터 네오프렌 슈트도 직접 제작해 '펭귄 슈트Penguin Suit'라는 이름으로 매장에서 판매했으며, '유에스 다이버스US Divers'라는 브랜드로 미 해군에도 납품했다.

그는 배나 자동차 변속기를 직접 교체할 만큼 기계 수리에도 능했다. 그가 바버라 앨런을 태우고 샌타카탈리나섬으로 다이빙 투어를 갔다가 보트 엔진이 멎은 적이 있었다고 한다. 앨런은 "배를 견인하려고 다가온 해안경비대 순시선에 프레이저가 손사래 치더니 '이걸 못 고치면 내가 아니지'라고 하곤 공구 상자를 들고 와 기어코 고치더라"고 회고했다.

프레이저는 스키와 수상스키에도 능했고, 라켓볼과 당구는 선수급이었다. 하지만 그의 직업은 다이빙 강사였고 '상업 어부commercial fisher'였다. 그에게 다이빙은 대다수의 초창기 여성 다이버들과 달리 놀이에 앞서 생업이었다. 스키 사고로 다리가 부러져 수술을 받은 뒤에도 다이빙복에 지퍼를 달아 입었고, 작살 낚시로 잡은 물고기를 노리고 달려든 대형 바다표범에게 부딪쳐 갈비뼈 네 대가 부러진 적도 있었다. 샌타카탈리나섬에선 달려드는 맷돼지를 작살총으로 제압한 적도 있었고, 바하멕시코Baja Mexico에선 거대한 백상아리와 맞닥뜨린 적도 있었다. 그는 호기심을 보이던 백상아리를 향해 정면으로 유영해 다가가자 상어가 먼저 꽁무니를 빼더라고 했다. 그는 출산 직후에도 친구에게 하얀 깃발을 들려 아이를 돌보게 한 뒤, 젖을 달라고 보채면 깃발을 흔들어달라고 부탁하곤 바다에 나갔다. 그는 1940년 만 18세에 독립하며 작은 방갈로 같은 집을 장만했고, 평생을 거기서 살았다. 그는 1940년과 1951년 두 차례 결혼, 이혼하며 아들 넷을 낳았고, 호주에서 서핑하러 온 연하의 음악가 시릴 메이Cyril May와 1973년 결혼해 해로했다.

말년의 프레이저는 롱비치에 위치한 자신의 집 뜰을 텃밭으로 가꾸는 일에 몰두했다. 뜰에는 꽃이 아니라 콩, 토마토, 베리, 비트, 아티초크, 브로콜리 등 식용 채소와 유실수로 가득했다. 바다에서처럼 그는 마당에서도 실용적 가치를 함께 추구했다. 지역 소방대장을 지내고 은퇴한 아들 대니 프레이저Danny Frazier는 "어머니는 자급자족을 원했다⋯⋯. 심지어 밭에 뿌릴 물도 커다란 통에 빗물을 받아 썼다"고 말했다.

그는 아버지에 이어 롱비치 운영위원으로 말년까지 일했고, 만 93세였던 2016년 샌버나디노산San Bernardino Mt.의 집라인 최고령 도전 기록을 세웠다. 2008년 넘어져 경미한 뇌진탕을 입고도 "나를 물러서게 할 수 있는 건 없다"고 호언했다는 그다. 2020년 3월 그를 인터뷰한 한 기자에게 만 99세에 별세한 아버지의 수명 기록도 넘어서겠다며 "만 100세 생일 파티에 초대할 테니 시간 비워두라"고 말했다고 한다. 그는 2019년 미국 다이빙협회 개척자상을 수상했고, 이듬해 여성 다이버 명예의 전당에 합류했다.

그와 같은 해 명예의 전당에 든 다이버 겸 작가 진 B. 슬리퍼Jeanne B. Sleeper는 "프레이저가 앞서 파도를 부수며 길을 터준 덕에 우리는 그가 지나간 자리를 따라 나아갈 수 있었다. 그는 시대를 앞서 산 사람이었다"고 말했다.

1952.1.2—2020.8.8

콘라트 슈테펜

그에겐 빙상이 곧 집이었다

콘라트 슈테펜

사라지는 빙하의 최초 목격자

지구온난화는 위기가 아니라 축복(빙하기 지연설)이며 인간 탓이 아니라 자연현상의 일부(자연 주기설)라는 끈질긴 가설들이 47년 전 미국 컬럼비아대학교 해양학자 월리스 브로커Wallace Broecker에 의해 사실상 처음, 과학적으로 부정됐다. 브로커는 '기후 화석' 중 하나인 심해퇴적물을 분석한 1975년 〈사이언스〉 논문에서 기후변화의 원인과 충격적 추이를 '데이터'로 처음 입증했다. 기후 연구는 그를 기점으로 옳은 방향을 찾았고 표 나게 다급해졌다. 1970년대 말 무렵엔 한 해 평균 20~30편의 주목할 만한 논문들이 쏟아져 나왔다.

하지만 기후 위기의 실질적 분수령은 1980년대 말 이후의 냉전 종식이라 해야 한다. 미국물리학회 과학사센터장 스펜서 워트Spencer Weart의 말처럼, 냉전기 두 진영은 '상대의 핵탄두 숫자에 더듬이를 대느라 바빠 50년 뒤 세상에 대비할 여유도 의지도' 없었다. 냉전 이후에야 기후 위기 연구 예산이 실질적으로 책정됐다. 1998년 미국 기상학자 마이클 만Michael Mann은 지난 천 년 사이 지구 대기 온도가 산업혁명 이후 하키스틱처럼 솟구쳐 오른 사실을 그래프(하키스틱 그래프)로 그려 보였고, 유엔 '기후변화에 관한 정부 간 협의체IPCC, Intergovernmental Panel on Climate Change'는 2007년에야 '지구온난화의 원인 90퍼센트 이상이 인류가 배출한 탄소 때문일 가능성'을 보고서로 공식 인정했다.

스위스 취리히 연방공과대학을 졸업한 콘라트 슈테펜Konrad Steffen이 대학원에서 기후 빙하학 연구를 시작한 게 1970년대 말이었고, 북위 3.5도 그린란드 극지 만년설 해발 1127미터 빙상에 반영구 텐트 3동짜리 기상관측소 '스위스캠프'를 세운 건 냉전 직후인 1990년이었다. 이후 그는 매년 그린란드 대륙빙하의 급격한 소실 현황을 연구하고 데이터를 공유하면서 과학자들의 눈과 귀를 열어주었고, 그 양상과 속도가 시뮬레이션 결과보다 훨씬 충격적이라는 사실을 논문뿐 아니라 사진과 동영상으로 세상에 알렸으며, 정치인과 기자들을 캠프에 초대해 현장을 직접 보게 했다. IPCC 보고서를 집필하기도 한 그였지만, 회원국 모두의 입맛을 맞춰야만 간신히 채택될 수 있는 그 보고서가 얼마나 보수적인지, 다시 말해 얼마나 실상에 뒤처진 것인지 알리는 데도 앞장섰다.

지금 인류가 심심찮게 보는 극지빙하의 붕괴 동영상과 그래픽을, GPS도 없던 40여 년 전부터 직접 보고 관측하며 발을 동동 굴렀을 그가 2020년 8월 8일 오후 악천후 속에서 캠프 인근에 새로 생긴 크레바스(빙하 균열)에 빠져 익사했다. 향년 68세.

바다와 빙하는 버텨주리란 헛된 희망

1970년대 이전까지, 지구온난화를 두렵게 여기던 과학자들조차 '그래도 바다는 버텨주리라' 여겼다. 그 기대는 1980년대 산호초의 급격한 백화와 수온 상승 데이터로 여지없이 무너졌다. 그래도 1980년대 학계는, 극지 표면을 1~2킬로미터 두께로 뒤덮고 있는 대륙 빙상만큼은 대기나 해수 온도가 조금 올라도 무척 더디게 '수백, 수천 년 단위로' 반응하리라 예상했다.

슈테펜도 마찬가지였다. 1990년 스위스캠프를 열던 무렵만 해도 그의 연구 주제는 극지빙하와 기후의 관련성이었고, '평형선equilibrium line', 즉 여름에 녹고 겨울 빙설로 복원되는 빙상의 고도(양)는 완벽한 균형을 유지하리란 게 그의 연구의 전제였다. "당시 그린란드는 기상학적으로 거의 연구된 바 없었고, 인공위성도 그 위도엔 오래 머물지 않아 연구에 활용할 수 없었다." 그래서 세운 게 그린란드 빙상 최초의 '스위스캠프'와 20여 곳의 무인 관측 네트워크였다.

첫 10년 동안 빙상의 겨울 평균 온도는 믿기지 않을 정도로 상승했다. 관측 오류가 염려돼 논문 발표조차 꺼려질 정도였다. 4미터 깊이로 빙상에 말뚝을 박아 세운 태양광 기상탑이 무너졌고, 그린란드 서부 해안의 거대 야콥샤븐Jakobshavn 빙하가 "마치 해머로 때린 듯" 무너져 내렸다. 빙하가 바다로 미끄러지는 속도는 1997년 이래 5년 사이 2배 빨라졌고, 1.5킬로미터 두께의 빙상 위에 터를 잡은 그의 캠프조차 하루 평균 약 50센티미터씩 흘러내리고 있다는 사실이 GPS와 위성 데이터로 확인됐다. 1만 년 전의 최종 빙기 이래 북반구 기상현상을 지탱해온 극지 평형선이 급격히 무너지고 있었다.

'빙하가 녹는다'는 흔한 말은, 틀린 건 아니지만 한가한 표현이었다. 빙하는 녹을 뿐 아니라 붕괴되고 있었다. 슈테펜이 2002년 〈사이언스〉 논문에서 밝힌 빙상의 '동적 반응Dynamic Response', 즉 빙상 표면의 용해-증발이나 해양 경계면 붕괴는 드러난 현상일 뿐, 결정적인 건 대륙빙하 바닥까지 스민 물이 윤활작용을 하면서 대륙빙하 자체가 거대한 썰매처럼 바다로 미끄러지고 있다는 사실이라는 점이었다. 그의 연구는 학계를 경악시켰고, 기후 위기의 모든 시나리오를 다시 쓰게 했다.

먼저 용어를 알자. 극지 얼음은 크게 바닷물이 얼어서 형성된 해빙과, 수만 년간 쌓인 눈이 다져진 민물 얼음, 즉 빙하로 나뉜다. 지구는 민물의 약 99퍼센트를 극지와 고산의 빙하 형태로 담고 있고, 지구의 모든 강과 호수 등의 물을 다 합친 게 나머지 1퍼센트다. 빙하는 다시 빙상과 빙붕, 빙산으로 나뉜다. 빙상은 면적이 5만 제곱킬로미터(남한 면적의 절반) 이상인 거대 얼음 평원으로 대부분 남극과 그린란드에 펼쳐져 있다. 빙붕은 빙상이 바다로 이어져 물에 잠긴 경계 권역이다. 빙붕은 바다에 떠서 녹기도 하지만 빙상으로부터 계속 얼음을 공급받기 때문에 크기와 두께(300~900미터)가 비교적 안정적이어서 해수 온도 상승 등의 변수가 빙상에 미치는 영향을 최소화하는, 이를테면 빙상의 방벽이다. 빙상과 빙붕의 파편 중 해수면 위로 5미터 이상 솟아 바다에 떠다니는 것들이 빙산이고, 5미터 미만은 그냥 얼음 덩어리다.

상식 하나도 환기하자. 대양의 모든 빙산이 녹더라도 해수면은 그대로다. 빙산의 90퍼센트는 이미 물에 잠겨 있고, 10퍼센트의 '일각'이 녹더라도 얼음이 물로 변하면서 부피가 10퍼센트 줄기 때문이다. 물론 수온 상승은 그 자체로 해수면을 높인다. 물 분자운동이 활발해지면서 부피가 팽창하기 때문(열팽창)이다. 하지만 해수면 상승의 주범은 대륙빙하, 즉 빙상의 붕괴다. 빙상 면적이 줄어들면 '알베도albedo, 물체가 빛을 받았을 때 반사하는 정도를 나타내는 단위'가 낮아져, 햇빛을 덜 반사하고 열을 더 흡수하기 때문에 온난화와 빙상 붕괴는 더 가속화한다. 거기에 더해 슈테펜이 밝힌 '동적 반응'은 빨라진 노화를 걱정하는 이에게 사고로 인한 급사急死의 가능성을 더한 카산드라적 충격이었다. 과학자들의 계산에 따르면, 그린란드 빙상이 모두 녹으면 지구 해수면은 약 6미터 오르고, 남극까지 녹으면 60미터 상승한다. 그린란드 빙상은 2012년에만 약 4천억 톤이 사라져 10년 전보다 소실 속도가 네 배가량 빨라졌다. 이제 적지 않은 과학자들이 '돌이킬 수 없는 지점'을 넘어섰다고 예측하고 있다.

빙상氷床은 이름과 달리 고르게 평평하지 않다. 오히려 파도처럼 거칠고 불규칙하다. 깊은 균열과 골짜기(크레바스)가 있고, 강과 여울이 있고, '물랑moulin'이라 불리는 수직의 동굴들도 즐비하다. 캘리포니아대 빙하학자 로런스 스미스Lawrence Smith는 2015년 한 인터뷰에서 빙상 구조를 '스위스 치즈'에 비유하며, 물랑과 크레바스를 통해 바닥까지 흘러든 물이 '칼로 버터를 자르듯' 빙상을 결딴내고 있다고 말했다. 그런 현상은 오직 현장에서만 포착할 수 있는 거였다.

빙상을 사랑한 연구자 겸 행정가

콘라트 슈테펜은 스위스 취리히의 패션 디자이너 아버지와 회계사 어머니 사이에서 태어났다. 청소년기 꿈은 배우였고, 그의 외모와 기질은 꿈에 걸맞았다. 하지만 아버지는 '먼저 직업을 갖고 돈을 벌어서 그 돈으로 연기학교를 가라'고 했다고 한다. 그는 1977년 취리히연방공과대학을 졸업했고, 1984년 기후빙하학으로 박사학위를 받았다. 약 1년간 취리히공대와 캐나다 맥길대학에서 강의했고, 1986년 미국 콜로라도대학 볼더Boulder의 방문연구원을 거쳐 전임교수가 됐으며, 볼더 지구과학협동연구소CIRES, Cooperative Institute for Research in Environmental Sciences소장(2005~2012)과 스위스연방자연연구소WSL, Wald, Schnee und Landschaft 창립 소장(2012~2020)을 역임했다. 여러 대학에서 강의하며 수많은 연구자를 양성했고, 50여 편의 동료평가peer review 논문을 썼으며, IPCC 5차 보고서(2014) 집필을 주도했다.

저 이력을 거치면서도 그의 베이스캠프는 늘 '스위스캠프'였다. 그는 매년 4월이면 연구원들과 함께 현장에서 데이터를 확인하고, 반경 10킬로미터 내의 빙상을 설상차와 도보로 누비며 훼손된 캠프 시설과 장비를 손보고 무인 관측 장비를 점검했다. 빙상 연구는 눈사태나 추락 등 사고에 대비해 극지 탐험가에 준하는 안전 장비를 갖추고, 방수 컴퓨터나 드론 같은 개인 관측 장비까지 휴대한 채 최소 2인 1조로 움직여야 하는 고되고 위험한 작업이다. 미국항공우주국NASA과 미국해양대기청NOAA 등이 지원하는 연 예산 5천만 달러(2007년 기준)와 550여 명의 연구진을 거느린 지구과학협동연구소의 총책임자로 있는 동안에도 그는 매년 저 일정을 소화했다. 그는 빙상을 사랑했다.

배우 지망생이던 그는 "전염성 강한 열정"과 감각적 표현력을 지닌 대중 커뮤니케이터이기도 했다. 그는 전 미국 부통령 앨 고어와 현 미국 하원의장 낸시 펠로시 등 유력 정치인과 기자들을 스위스캠프에 초대해 기후 위기의 실태를 직접 보게 했다. 현장에 가려면 군 수송기로 래브라도해를 건너 설상 착륙용 경비행기나 헬기로 갈아탄 뒤, 다시 설상차로 캠프까지 이동해야 한다. 식량과 장비도 물론 싣고 가야 한다. 헬기의 경우 1회 화물 적재 한도는 360킬로그램, 시간당 비용은 약 5천 달러다(2007년 기준). 경비를 아끼기 위해 다 싼 화물을 풀어 359킬로그램에 맞추는 연구원들의 수고도, 그는 예산을 줄 정치인들이 보게 했을 것이다. 2007년 미국 하원 청문회에서 그는 "매년 사라지는 그린란드 빙상의 물을 워싱턴 DC에 부으면 당신들은 수심 약 1마일(1.6킬로미터) 물 밑에 잠길 것"이라고 말했다. 방대한 민물이 극지 바다로 유입되면 조류와 해양생태계가 격동하고, 줄어든 빙상이 제트기류를 흔들어 지구의 기후를 요동치게 한다. 극지는 기후 위기의 미래를 보여주는 바로미터이자, 슈테펜의 표현에 따르면 거대한 '기상 기계Weather Machine'다. 그 재생 불능의 기계가 무서운 속도로 망가지고 있다고도 증언했다. 기후 연구는 돈이 많이 드는 장기 프로젝트다. 그는 빼어난 학자이자 교육자였을 뿐 아니라 예산을 따내는 데도 탁월한 행정가였다.

그는 하루 평균 서너 시간밖에 안 자던 일 중독자였고, '359킬로그램 짐 보따리'에서 담배와 커피만큼은 못 빼게 했던 니코틴·카페인 중독자였다. 그의 제자인 오하이오주립대 교수 제이슨 박스Jason

Box는 "우리는 '그가 인간이 아닐지 모른다'고, 혈관에 피 대신 에 스프레소가 흐를 것'이라고 말하곤 했다"고 전했다. 그는 담배를 만 24시간 동안 딱 한 번 '끊은' 적이 있었다. 한 동료와 배핀만 인 근 랭커스터 해협Lancaster Sound의 부빙에서 학위 논문을 위해 현장 연구를 하던 1978년, 혼자 얼음 경사면을 횡단하다 눈사태로 설상 차가 전복돼 다리가 부러진 때였다. 그는 관측 장비 표식용 알루미 늄 막대로 부목을 대고 설상차로 눈보라를 막으며 만 하루를 버 틴 끝에, 품에 '유서'를 지닌 채 구조됐다. 그는 한 기자에게 "담배 까지 피우면 혈관이 확장돼 얼어 죽을 판이었다"고 말했다. 당시 썼던 유서를 늘 간직하고 살았던 그는 1984년 결혼해 아들 둘을 낳았고, 2017년 재혼했다.

저 세월을 거쳐오는 동안 그는, 그래도 언젠가는 조금은 다른 전망과 가능성을 이야기할 수 있으리란 기대와 낙담을 거듭했을 것이다. 2007년 IPCC 보고서는 "지금 추세라면 2100년 해수면은 약 18~58센티미터 상승할 것"이라고 예상했고, 근년 NASA 보고 서는 '최소 65센티미터 상승해 3천 2백만~8천 6백만 명의 기후 난민이 발생할 것'이라고 전망했다. 그는 2007년 무렵부터 "(해수 면이) 1미터 이상 상승할 수도 있다"고, "그래도 지금이 낫다"고 말했다. "우선 사람들이 과학자들의 말을 듣고, 정치인들이 이해 하기 시작했기 때문"이었고, "빙상의 과학자가 나 혼자가 아니기 때문"이었다. 그를 멘토 삼아 우주공학에서 기후빙하학으로 전공 을 바꾼, 현 지구과학협동연구소 소장 월리드 압달라티Waleed Abdalati는 슈테펜을 따라 스위스캠프에 처음 갔을 때 "헬기에서 내리자마자 환하게 웃으며 가슴을 활짝 열고 지그시 그린란드의 공기를 음미하던 그"를 회상하며 "그에겐 그게 노동이 아니라 열정이고 기쁨이었다"고, "그곳이 그에겐 집이었다"고 말했다.

1934.9.14—2017.9.6

케이트 밀렛

그의 인생이 곧 '급진적' 페미니즘의 역사다

케이트 밀렛

가장 퀴어한 페미니스트

급진주의Radical 페미니즘은 페미니즘 '제2의 물결'의 도드라진 파도로 1960년대 말과 1970년대 초 사이 미국 사회를 휩쓸었다. 1967년 밸러리 솔래너스Valerie Solanas의 '남성거세결사단 선언문Society for Cutting Up Men Manifesto'이 거리에 등장했고, '뉴욕의 급진여성들New York Radical Women'이 그해 출범했다. 1969년 '뉴욕의 급진여성들'에서 사회주의 페미니스트 그룹 '위치WITCH, Women's International Terrorist Conspiracy from Hell'와 또 다른 급진 그룹 '레드스타킹스Redstockings'가 분화했다. 급진주의 파도는 1966년 설립된 전미여성기구NOW의 제도 개선에만 치중하는 온건 노선에 반발해 융기했지만, 근본 동인은 남성 중심의 흑인 민권·반전운동에 대한 환멸이었다. 그 급진 페미니즘 안에서 또 하나의 분수령을 형성한 '레즈비언 페미니스트 선언The Woman Identified Woman'이 1970년 나왔다. 페미니즘 운동 안에서 소외되고, 심지어 경계 대상으로 밀쳐지던 레즈비언 그룹은, 저 선언문 이름처럼, 남성과의 관계 규정에 종속되지 않는 여성의 선명성을 표방하며 2세대 페미니즘에 의미를 더

했다.

컬럼비아대학교 영문학과 35세 대학원생 캐서린 "케이트" 머리 밀렛Katherine "Kate" Murray Millett이 논문 「성 정치학Sexual Politics」으로 박사학위를 받은 해가 1969년, 저 소용돌이의 한복판이었다. 1970년 7월 출간된 동명의 책은 시사주간지 〈타임〉이 8월 31일자 여성운동 특집호 표지로 밀렛의 초상화를 실을 만큼 폭발적인 반응을 얻었고, 〈뉴욕타임스〉는 그를 "페미니스트들의 제사장"이라 소개했다. 서평의 압권은 〈타임〉이 인용한 밀렛의 논문 지도교수 조지 스테이드George Stade의 말이었다. "호두까기 집게에 불알을 물린 기분으로 이 책을 읽게 될 것이다."

페미니즘 이론의 고전이자 2세대 페미니즘의 정전正典, 페미니스트 문학비평의 첫 장을 연 책으로 꼽히는 『성 정치학』의 저자 케이트 밀렛이 2017년 9월 6일 별세했다. 향년 82세.

누구보다 앞서갔던 페미니스트

『성 정치학』은 가부장 권력에 초점을 맞춘 젠더정치 철학서이기도 했다. 그는 당대 성 해방의 기수로 떠받들리던 금서禁書 작가 헨리 밀러Henry Miller의 문제작 『섹서스Sexus』를 겨냥해 포문을 열었다. 거부하기 힘든 성적 매력과 능력을 지닌 남자 주인공이 섹스를 갈망하는 순종적인 친구 부인을 농락하고, 소문을 들은 남편이 다시 부인을 가학적으로 유린하는 이야기. 밀렛의 비평 안에서, 헨리 밀러의 분신이라 할 만한 『섹서스』의 주인공은 제 남성적 위력에 도취된 나르시시스트이자 음란한 여인을 벌준 가부장적 판관이고, '창녀 기질'의 부인은 응당한 벌을 받는 죄인이다. 밀렛은 주인공의 내면과 섹스 행위의 장면 하나하나를 따라가며, (콘)텍스트에 도사린 성의 권력관계를 폭로한다. 밀렛에 따르면, 그 섹스는 남성의 여성 지배 및 권력 소유 행위와 본질적으로 하나다.

> "밀러의 교육적 의도는 명백하다. 불감증을 가진 여성들, 즉 성적으로 고분고분하지 못한 여성들은 맞아야 한다는 것이다. 결혼의 정절이라는 법칙을 어긴 여성들도 맞아야 한다. (…) 이 원칙이 밀러의 성적·문학적 모티프와, 그 모티프에 명백하게 함축되어 있는 사디즘에 대한 통찰을 제공한다는 사실이다. 밀러의 모티프는 여성 침실의 정치학이기보다는 투계장의 정치학에 가깝다. 그러나 때로 후자는 전자를 해명하는 데 상당한 빛을 던져준다."[*]

밀렛은 문학뿐 아니라 에덴동산의 이브에서부터 프로이트의 '남근선망', 당대 기능주의 철학과 인류학, 심리학, 정치·경제학, 법·의학, 교육학 등 곳곳에 내장된 젠더정치의 장치와 권력 메커니즘을 해부하고 폭로했다. 그 거시 권력의 뿌리를 그는 가정에서 찾았다. "가장은 가부장 권력 안의 가부장 권력으로서, 거대사회의 거울이자 연결고리다." 책 3부에서 그는 당대의 문학권력이던 D. H. 로런스, 헨리 밀러, 노먼 메일러의 대표작 비평을 통해 문학이 묘사하는 이성애 관계 안에서 여성이 어떻게 수동적·순종적 존재로 대상화되며 '내면적으로 식민화'하는지에 집중했다.

[*] 케이트 밀렛, 『성性 정치학』, 김유경 옮김, 이후, 2009, 43쪽.

그는 『성 정치학』 2000년판 서문에 "나는 가부장제를 지위와 기질, 성 역할에 근거한 지배적인 정치제도로, 사회적으로 조건 지어진 믿음의 체계로 간주하려 했다. 이 체계는 스스로를 자연적이고 필연적인 것으로 제시한다"라고 썼다.

가장 미시적인 침실 풍경에서부터 현대사회 젠더정치의 구조로까지 거침없이 나아간 그의 저작은 "개인적인 것이 정치적인 것"이라는 페미니즘 2세대 슬로건의 이론적·철학적 뼈대가 됐다. 『성 정치학』은 출간 2주 만에 1만 부가 팔리는 등 연말까지 8만 부가 팔렸고, 글로리아 스타이넘Gloria Steinem과 동갑인 밀렛은 가장 뜨거운 이론가 겸 리더로 급부상했다.

그가 양성애자라는 사실이 '아웃팅'된 것도 1970년 12월 〈타임〉을 통해서였다. "(밀렛이 양성애자라는) 사실은 여성운동 대변자로서 그의 명분과 이론을 불신하게 하고, 동성애자는 남성혐오주의자라고 폄하하는 페미니스트들의 입장을 강화할 것으로 보인다." 전미여성기구 의장 베티 프리던이 '라벤더 위협Lavender Menace', 즉 레즈비언들을 경계해야 한다고 경고한 게 불과 한 해 전인 1969년 11월이었다. 여성운동의 온건파와 급진파 사이 불화를 봉합하기 위해 전미여성기구가 주도해 조직한 '여성연대의회Congress to Unite Women' 1차 회의 단상에서 베티 프리던은 레즈비언의 '남성혐오 성향'이 페미니즘 운동의 아킬레스건이 될 수 있다고 주장했다. 그러자 레즈비언 페미니스트들은 이듬해 5월 뉴욕에서 열린 여성연대의회 2차 회의장 단상을 점거하고 레즈비언 페미니스트 선언문을 뿌렸다. 그들에게 '위협Menace'은 '힘'이었다.

밀렛의 성 정체성이 폭로된 시점이 그렇게 민감했다. 밀렛은 "당당하지 못했다not go far enough"는 이유로 레즈비언 진영으로부터 비판받았고, "너무 나갔다went too far"는 이유로 온건 진영으로부터 배척당했다. 언론과 주류 문단, 비평가들의 비난도 물론 거셌다. 저명한 비평가 어빙 하우Irving Howe는 잡지 〈하퍼스〉에 실린 글에서 "(밀렛의 책은) 소위 시대정신의 파편들을 짜깁기해둔 데 불과하며, 언뜻 대단해 보이지만 단순한 것들을 끌어모아 배운 티를 조잡하게 과시한 책일 뿐"이라며 "읽다 보면 그 책이 여장 남자female impersonantor에 의해 쓰여졌음을 알게 될 것"이라고 썼다. 밀렛에 의해 "남성성이 훼손당할까 봐 한시도 마음 편할 날 없는 불안정한 정신의 소유자"로 '불알'을 물렸던 노먼 메일러는 1971년 에세이 「섹스의 죄수들The Prisoner of Sex」에서 밀렛을 "새로운 형태의 내숭으로 무장한 여성 폭력배"라 썼다.

밀렛이 패널로 참석한 컬럼비아대학교 여성운동 콘퍼런스에서 한 페미니스트 활동가가 일어서서 "당신 정말 동성애자인가요? 대답해요!"라며 고함친 게 〈타임〉의 보도 직전이었다. 밀렛은 1974년 자신의 책 『플라잉Flying』에서, 500여 명의 청중이 숨소리마저 죽인 채 자신을 응시하던 그날 그 순간의 풍경을 묘사한 뒤 이렇게 썼다. "나는 그 질문의 의도를 알았다. 파시스트의 칙령처럼 그들에게 양성애는 비겁한 변명일 뿐이었다. 나는 마지막 남은 힘을 짜내 '레즈비언이다'라고 말했다."

만성적인 양극성장애(조울증)를 앓던 밀렛은 1973년 가족에 의해 정신병원에 강제 수감된 것을 시작으로 두 차례 장기 입원을 했고, 1980년대 중반까지 약 13년간 리튬을 복용했다. 병동에서 폐소공포증까지 얻은 그는 평생 반反정신의학주의자로 살았고, 정신병원에 감금된 뒤 살해당한 한 소녀의 실화를 바탕으로 한 책 『지하실The Basement』(1979)과 자신의 체험이 담긴 에세이 『정신병원 여행The Loony-Bin Trip』(1990)을 쓰기도 했다.

케이트 밀렛은 1934년 9월 14일 미국 미네소타주 세인트폴에서 세 자매의 둘째로 태어났다. 아버지는 부유한 아일랜드 이민자 출신 엔지니어로, 가정폭력을 일삼던 알코올중독자였다. 밀렛이 열네 살 되던 해 아버지는 집을 나갔고, 농부의 딸인 어머니는 교사와 보험 판매원 등으로 일하며 세 자매를 키웠다. 어머니의 하소연과 원망, 눈물 바람을 감당해야 했던 고교생 밀렛은 어머니가 자살을 하지 않을까 걱정하면서 "내가 차 문을 대신 열어주고 눈길을 걸을 때 부축해주는 어머니의 '남자'가 되어야 한다는 걸 깨달았다"고 『플라잉』에 썼다.

밀렛이 십대를 보낸 1940년대 중후반은 '리벳공 로시(전시 군수업체 등에 고용된 여성 노동자)'들이 가정으로, 다시 말해 전통적인 성 역할로 복귀하던 때였다. 전장에서 돌아온 남편과 애인에게 그들이 지키려던 '미국적 가치', 즉 '따뜻한 가정'을 제공하는 일이 국가·사회적 과업이었다. 아일랜드 이민자들이 모여 살던 밀렛의 고향 세인트폴은, 공립학교에 진학하면 타락하는 줄 알던 보수 가톨릭 정조의 섬 같은 곳이었다. 반항적 '톰보이' 기질의 밀렛은 그 무렵부터 5년 연상 언니의 영향 등을 받으면서 젠더에 눈뜨기 시작했고, 1952년 미네소타대 영문과에 진학해서는 친구들에게 "여성은 가족을 돌보는 데서 궁극적이고 절대적인 행복을 찾아야 한다는 게 어디서 나온 말이야? 여성은 태생적으로 남성보다 열등하다는 가정은 어디서 비롯된 거야?" 같은 말을 하곤 했으며, 친구들은 "너 공산당원이냐"고 묻거나 "정신과 진료를 받아보라"고 조언했다고 한다. 저널리스트 마샤 코언에 따르면 "매카시즘의 시대에는 미국 사회가 이상이라고 여긴 것을 부정하는 모든 시도가 미국적인 것에 대한 위협이었다. 당연히 성적인 것도 포함됐다."

밀렛은 부자 고모의 도움으로 영국 옥스퍼드대 세인트힐다칼리지 대학원에 진학했고, 2년 만에 미국 유학생으로는 최초로 우등 졸업했다. 고모가 학비를 대주며 달았다는 조건은, 동성애를 포기하라고 했다는 설과 고분고분해지라고 명령했다는 설로 엇갈린다. 둘 다 사실이었을 수도 있지만 그는 두 조건 모두 충족시키지 못했다. 1958년 귀국하던 무렵 그는 고모와 척진 상태였다. 그는 뉴욕의 우범지역이던 바워리에 거처를 정했다.

그의 꿈은 조각가였다. 1961년 일본으로 건너가 와세다대학교에서 영어 강사로 일하며 조각 공부와 작업을 병행했고, 거기서 만난 조각가 후미오 요시무라Fumio Yoshimura와 1963년 귀국, 2년 뒤 결혼했다. 그의 바워리 집에는 성을 바꾸지 않은 두 사람의 문패가 나란히 걸려 있었다고 한다. 그는 1965년 인종평등위원회 CORE에 가입하여 흑인 인권 및 반전운동에 가담했고, 1966년 전미여성기구 창립 멤버이자 교육분과 의장으로 활동했다. 그가 미국 각급 학교의 교육 커리큘럼 등을 분석해 성차별적 교육 실태를 고발한 1968년 보고서 「토큰 러닝Token Learning」은 이후 국내외 젠더 교육학 연구 및 교육 현장에 큰 영향을 미쳤다.

공부를 더 하자고 마음먹은 것도 그 일을 하면서였다. 그는 1968년 컬럼비아대 박사과정에 진학했고, 몇몇 대학에서 강의를 하면서 논문을 준비했다. 그해 5월 컬럼비아대 교직원이 국가의 학내 사찰에 반발해 파업을 시작했고, 그는 12월 학내 시위와 조직 활동을 벌인 것이 빌미가 돼 강사로 일하던 바너드칼리지에서 해고당했다. 그 분노와 실의 속에 쓴 게 논문 「성 정치학」이었다.

잊힌 페미니스트의 시간

함께 운동 현장을 누비면서 저널리스트로, 학자이자 교수로 사회적 지위를 누리던 2세대 페미니즘 리더들과 달리 밀렛은 숨 질 때까지 안정적인 직장을 가져본 적이 없었다. 성적 지향과 정신병 이력도 원인이었겠지만, 그의 성격도 주변과 잘 융화하는 편이 아니었다고 한다. 오랜 친구인 페미니스트 엘리너 팸Eleanor Pam에 따르면 그는 낯가림이 무척 심했지만 변덕스럽고 괴팍한 면도 있어서 거칠고 직설적인 말로 지인들에게 상처 주는 일이 잦았다. 살림에도 썩 능한 편이 아니었다. 그는 책 인세와 강연 수입으로 세 여성의 각기 다르면서 같은 삶을 조명한 1971년 다큐멘터리 〈세 가지 인생Three Lives〉을 찍었고, 성 노동 보고서를 쓰면서 취재원들에게 돈을 나눠주는 바람에 세금을 못 내 곤란을 겪기도 했다. 수입 일부로 1970년대 초 뉴욕주 북부 포킵시Poughkeepsie에 약 4만 제곱미터의 땅을 사둔 게 그로선 그나마 다행이었다. 그는 바워리와 포킵시 농장을 오가며, 훗날 결혼한 캐나다 출신 포토저널리스트 소피 키어Sophie Keir와 크리스마스트리를 가꿔 팔았고, 책을 썼고, 그렇게 번 돈과 책 인세로 땅 한편에 여성 예술인 공동체 마을을 운영했다. 시몬 드 보부아르 같은 친구들이 그 숲에 찾아와 1년씩 머물다 가기도 했다. 그는 경제적으로 어려워 훗날 땅 일부를 팔아야 했고, 2012년 예술인 마을을 '예술가를 위한 밀렛센터'로 이름을 바꿔 비영리법인화했다. 대학 같은 곳에 안정적인 직장을 잡아보려다 실패를 거듭하면서 그는 자주 실의에 젖었고, 옛 동료들과 자신의 처지를 비교하며 이따금 푸념을 늘어놓기도 했다고 한다.

페미니즘 운동은 1970년대 중반 이후, 급진 동력을 잃어가던 사회 분위기와 더불어 '문화 페미니즘'으로 선회했다. 그들은 가부장 권력에 적극적으로 맞서기보다 여성적 '반문화 공간' 개척에 주력했다. 그 공간은 "일종의 능동적 저항의 문화로 상상됐지만, 에이드리언 리치의 지적처럼, (가부장 권력을) 회피하기 위한 '그것 자체가 목적인 이주의 장소'가 됐다. (⋯) 사회 변혁보다는 개인 변혁으로 초점이 맞춰졌다." 개인적인 것이 정치적이라는 2세대 페미니즘의 이념은 그렇게 변색됐다.

밀렛은 서서히 잊혔고, 1990년대 들면서 『성 정치학』을 비롯한 그의 대다수 "과격하고 급진적인" 책들도 절판됐다. 미국 시인이자 활동가였던 로빈 모건Robin Morgan과 점심 식사를 하며 페미니즘 권장 도서 목록에조차 자신들의 책이 포함되지 않는 현실을 탄식했다는 게 그 무렵이었을 것이다. 밀렛에게 그건 명예나 대의의 문제 이전에 생계의 문제였다.

1998년 밀렛은 〈가디언〉에 「잊힌 페미니스트의 시간The Feminist Time Forgot」이란 제목의 칼럼을 기고했다. "나는 내가 이룬 것들을 잘 팔아먹을 재주도 없고, 취업할 능력도 없다. 나는 미래가 두렵다. 모아둔 돈을 다 쓰고 난 뒤 닥쳐올 가난이, 감당해야 할 굴욕이, 어쩌면 노숙자의 삶이 겁이 난다."그 무렵의 그는 언젠가 한 인터뷰에서 베티 프리던과 글로리아 스타이넘 등을 언급하며 "그들은 모두 뛰어난 정치인들이지만, 나는 아니다. '여성해방의 케이트 밀렛'도 아니다"라며 냉소하던 때의 그와 달랐다.

2000년 『성 정치학』 등 그의 책들이 복간된 것은 그의 저 칼럼 덕이 아니라 1990년대 말과 2000년대 초, '상호교차성 페미니즘 Intersectional Feminism'의 새로운 문제의식이 부각된 결과일 것이다. 정체성을 규정하는 요소는 다양하고 복합적이므로 개별적인 것들을 교차시키며 파악해야 한다는 상호교차성 페미니즘은 밀렛의 『성 정치학』과 레즈비언 페미니즘, 흑인 페미니즘 등 2세대 하위 진영을 활발히 재조명했다. 걸출한 페미니스트들의 밀렛에 대한 헌사도 대부분 그 무렵 쏟아졌다.

"케이트 밀렛이 책 한 권으로 이룬 것에 필적할 만한 업적을 남긴 이를 나는 알지 못한다." —앤드리아 드워킨Andrea Dworkin

"밀렛의 작업은 정치적 행위와 문화적 표현이 서로 스미는 방식을 보여주었다. 성 혁명과 우리가 사는 이 사막을 견딜 만한 세상으로 바꾸기 위한 투쟁이 병행돼야 한다는 것을 보여준 것도 그였다." —매기 도허티Maggie Doherty

"밀렛은 자유의 가능성, 그 자유의 절박성, 여성이 감당해온 끔찍한 현실에 눈뜨게 해주었다." —필리스 체슬러Phyllis Chesler

"1963년 베티 프리던이 '여성의 신비'라고 지적한 문제에 '성 정치학'이란 이름을 부여하고 '가부장 권력'이라는 원인을 규명한 이가 밀렛이었다." —캐럴 J. 애덤스Carol J. Adams

밀렛은 2012년 성소수자 문학단체인 람다 문학재단Lambda Literary Foundation의 '개척자상'과 오랜 친구인 오노 요코가 제정한 '용기 있는 예술인 상'을 탔고, 이듬해 미국 여성 명예의 전당에 이름을 올렸다. 수락 연설에서 밀렛은 활동가 시절의 행복과 참여의 기쁨, 시대의 전위에서 그 시대의 일부가 되는 삶의 흥분을 회고한 뒤, 젠더정치의 불의에 끊임없이 맞서자고 촉구했다. "살면서 일상의 불만을 표출하듯, 거리에서, 연인에게, 또 친구에게 항의의 목소리를 내다보면, 어느 순간 자신의 얼굴이 여성의 얼굴이 돼 있음을 깨닫게 될 것입니다."

1956.5.6 — 2020.12.17

마이클 큐잭

사회는 그에게 물을 주었고,
그는 세상에 희망을 주었다

마 이 클 큐 잭

경계를 가르며 헤엄친 두 팔

지적장애인 국제 체육 행사인 '스페셜올림픽'의 창설에 기여한 다운증후군 수영선수 마이클 큐잭Michael Cusack이 2020년 12월 17일 별세했다. 향년 64세. 그가 한 일은 물만 보면 '물 만난 고기처럼' 뛰어들어 신나게 활개 친 게 거의 전부였지만, 그 소박한 열정이 세상 한편을 달라지게 했다. 소수의 사람들을 열정으로 사로잡아 뭐든 해야겠다는 의지를 품게 했고 실천하게 했다.

정반대로 말할 수도 있겠다. 한 어린 장애인의 그리 대단할 것 없는 열정에 특별히 주목한 이들이 있었다고. 몸으로 물을 미는 동안, 그의 장애는 장애가 아니었다. 극복해야 할 제약도, 도움받아야 할 결핍도 아니었다. 장애는 타고나거나 후천적으로 생기지만, 어떤 제약과 불편은 세상이 만들고 사회가 강요한다는 것, 폄하와 차별이 그렇게 시작된다는 것을 그를 보며 깨달아갔다.

큐잭의 가장 빛나는 성취는, 그러므로 그가 목에 걸고 자랑스러워했던 수많은 메달과 리본이 아니라, '비장애인중심주의Ableism'에 사로잡힌 이들에게 장애에 대한 무지의 부끄러움과 반성의 계기를 제공한 것이라 해도 되겠다.

장애-비장애, 무능-유능의 이분법

큐잭은 1956년 5월 6일, 미국 시카고 라잉인 병원에서 경찰관 아버지 존과 전업주부 어머니 에스더의 둘째로, 다운증후군을 지닌 채 태어났다. 의사는 '아이가 정상적 삶을 누릴 수 없으니, 돌보느라 고생하지 말고 일찌감치 시설로 보내'라고 조언했다.

다운증후군은 선천성 염색체 질환이다. 부모에게서 각 23개씩 46개의 염색체를 받는 일반적인 경우와 달리, 수태 전후 알 수 없는 이유로 21번 염색체에 여분의 염색체가 끼어들어 47개의 염색체를 지니면 그리 된다. 신생아 800~1000명 당 한 명꼴로 태어나며, 지적장애 등 육체적·정신적인 차이를 발현하고, 여러 잠재적 합병증에도 상대적으로 취약하다. 아직 예방도 완치도 불가능하다.

장애-비장애를 비정상-정상, 무능-유능의 이분법으로 나누고, 장애인을 우생학적 단종수술로 도태시키거나 시설에 강제수용해 격리·배제하던 때가 있었다. 미국연방대법원이 장애인 시설 수용자에 대한 불임·단종수술을 수정헌법 14조(평등 조항) 위반이 아니라고 판결한 게 1927년이었고(Buck v. Bell), 큐잭이 태어난 1950년대에도 장애인은 시민적 자질인 자립·자결 능력이 결여된 존재여서 시설에 수용하는 게 그들과 공동체 모두에 이롭다는 게 상식이었다.[*]

의사의 조언도 아마 선의였을 것이다. 하지만 부모는 그를 집

---

[*] 킴 닐슨, 『장애의 역사』, 김승섭 옮김, 동아시아, 2020.

으로 데려와 보살폈다. 일리노이주는 1960년대 말에야 지적장애인 공교육 프로그램을 개설했다. 부모는 큐잭과 유사한 장애를 지닌 아이의 부모들을 수소문해 돈을 모아 창고를 임대하고, 은퇴 교사를 고용해 함께 아이들을 가르쳤다.

어린 큐잭은 세발자전거 타기나 공놀이 등 몸 쓰는 놀이에 유난히 적극적이었다고 한다. 가족은 그의 애칭 '미키Micky' 뒤에 '마우스Mouse' 대신 '무스Moose, 크고 힘센 사슴종인 말코손바닥사슴'란 별명을 붙였다. '미키 무스'는 무스처럼 건강하게 성장했다.

1965년 시카고 파크디스트릭트 당국이 장애인 레크리에이션 프로그램을 시범 운영한다는 공고를 냈다. 갓 고등학교를 졸업한 만 20세 체육교사 앤 버크Anne Burke가 거기 자원했고, 첫 학생으로 큐잭을 만났다. 물만 보면 환장을 해서 제어하기조차 힘들던 큐잭은 점차 놀이와 학습을 구분하게 됐고, 고된 훈련에도 성실히 임했다. 버크는 연습이 끝난 뒤 큐잭 가족과 함께 식사도 하면서 친구처럼 지내게 됐다. 2년 뒤 버크의 제자는 약 100명으로 늘어났다.

대다수 지적장애 아이들이 시설에 수용되거나 부모의 염려 때문에 바깥 출입을 거의 못 하던 때였다. 버크가 지적장애인 체육 행사를 열자고 지자체에 제안하자 담당 공무원은 "그런 아이들을 사람들 앞에 내보이려 하다니 부끄러운 줄 알라"고 말했다고 한다. 그 공무원은 장애를 볼거리로 즐기던 '프릭쇼' 같은 걸 연상했겠지만, 버크가 주목한 건 장애disability가 아니라 그들의 능력ability이었다.

버크는 워싱턴 DC의 '조지프 P. 케네디 주니어 재단Joseph P.

Kennedy Jr. Foundation'에 기획서를 내밀었다. 당시 이사장이 존 F. 케네디의 누이인 유니스 케네디 슈라이버Eunice Kennedy Shriver였다. 유니스에겐 언니인 발달장애인 로즈메리 케네디Rosemary Kennedy가 전두엽 절제술을 받은 뒤 증상이 악화해 '시설'에 입소하면서 의료진 조언에 따라 장기간 면회도 못 한 상처가 있었다. 그는 평생 장애인 복지에 헌신했고, 오빠가 대통령이 된 이듬해인 1962년부터는 너른 땅을 빌려 지적장애 아동을 위한 4주 여름 캠프를 운영하기도 했던 터였다. 유니스는 버크에게 2만 5천 달러의 기금을 주고 대회 조직과 홍보에도 발 벗고 나섰다.

오빠 로버트가 암살당하고 6주 뒤인 1968년 7월, 100명 남짓 관중이 모인 시카고 솔저필드 스타디움 '제1회 스페셜올림픽' 개막식 연단에 서서, 그는 "언젠가는 전 세계 지적장애인 100만 명이 이 무대에서 활약하게 될 것"이라고 장담했다. 그러곤 비서에게 수영복을 구해오게 한 뒤 아이들과 함께 수영장에 뛰어들었다. 미국 26개 주와 캐나다 선수단 천여 명이 참가해 이틀간 치른 첫 대회 이래 스페셜올림픽은 매 2년마다 분쟁지역까지 망라한 전 세계 170여 개국 선수 500만여 명이 예선을 거쳐 기량을 뽐내는 세계 최대 지적장애인 체육행사가 됐다.

1983년 시카고켄트 로스쿨을 졸업해 현 일리노이주 대법원 수석 판사로 재직 중인 버크는 "큐잭의 재능, 기량을 익히고 향상시킬 수 있는 능력이 나로 하여금 대회, 진짜 대회를 만들 생각을 하게 했다"고, "그가 (스페셜올림픽의) 추진체였다"고 말했다. 그리고 유니스를 기렸다. 지금도 스페셜올림픽이라면 발 벗고 나선다는 버크는 "우리는 잊혀도 상관없다. 하지만 유니스가 없었다

면 오늘의 스페셜올림픽도 없었으리란 사실은 마땅히 기억돼야
한다"고 말했다.

그는 스페셜올림픽의 추진체였다

전문 훈련을 받은 지체장애인들이 치열한 순위 경쟁을 벌이는
엘리트 스포츠 '패럴림픽'과 달리, 스페셜올림픽은 최소한의 경기
력을 갖춘 만 8세 이상 지적장애인이면 누구나 참가해 기량을 뽐
내며 우애와 사회적 적응력을 기르는 데 목적을 둔 행사다. 순위
를 가리긴 하지만 메달이나 리본은 참가자 전원에게 수여한다.
큐잭은 1회 대회 25야드(22.86미터) 자유 수영 종목에서 1위를 차
지한 이래 거의 매 대회에 출전하며 한꺼번에 목에 걸 수도 없을
만큼 많은 메달과 리본을 땄다.

1972년 LA 대회 땐 경기 도중 수영복 끈이 풀리자 아예 트렁크
를 벗고 경기를 마친 뒤 "곧장 풀에서 나와 자기 기록을 확인한
뒤 다시 물에 뛰어들어 수영복을 챙겨 입었다"고 한다. 그는 그렇
게 아이처럼 경기에 몰두했고, 기량도 뛰어나 한 코치는 "내 수
영 실력도 꽤 좋은 편이지만 그는 물 위를 미끄러지듯 나아가 나
를 앞지르곤 했다"고 말했다. 더 인상적인 건 이긴 뒤에도 승리감
에 도취돼 으스대는 법 없이, 무심히 제 할 일을 하곤 했다는 점
이었다고 코치는 덧붙였다. 큐잭은 관중들의 주목과 갈채를 즐겼
지만, "그건 자의식 때문이 아니라 사람들을 사랑했고, 사랑받고
자 했기 때문이었다"고, "시합에 졌을 때도 늘 경쟁자에게 먼저
다가가 축하했고, 단 한 번도 결코 질투하지 않았다"고 그의 가
족들은 회고했다.

큐잭은 2006년 뇌졸중으로 왼쪽 팔이 마비될 때까지 만 40년을 현역 수영선수로 활약했고, 농구, 스키, 실내 하키, 골프에도 능했다. 뇌졸중을 앓고 난 뒤에도 그는 오른팔로 볼링을 쳤다. 그의 사회는 그가 저 다양한 운동을 익히고 즐길 수 있는 기회를 제공했고, 박수를 쳐주었다.

1979년 인터뷰에서 큐잭의 어머니 에스더는 '처음엔 남편도 자신도 아이의 스포츠 입문을 염려했다'고 말했다. 장애인을 환대하지 않는 사회에서, 그것도 경쟁 무대에서, 아이가 상처받을까 봐서였다. 에스더는 "이제 스포츠 없는 마이클의 삶은 상상조차 할 수 없다. 스포츠를 시작한 뒤 그는 표 나게 침착해졌고, 제 안의 수많은 멋진 것들, 예컨대 자신감을 스스로 찾아냈다. 그는 훌륭한 운동선수이고, 스스로도 자랑스러워한다"고 말했다.

네 누이를 비롯한 온 가족이 그의 후원자이자 동반자였고, 열성적인 장애인 봉사활동가였다. 누이 중 둘은 특수교육 교사가 됐고, 조카는 장애인 레크리에이션 상담가가 됐다. 또 다른 코치 제리 헤너건은 "큐잭 가족 전원이 이 세상에 큰 영향을 미쳤다. (…) 그들은 장애인에 대한 사회적 관심의 표준을 정립하는 데 기여했다"고 말했고, 맏누이인 캐럴은 "스페셜올림픽이 그에게 세상을 열어주고 그의 삶을 풍성하고 뿌듯하게 해준 것처럼, 우리 가족에게도 똑같은 영향을 미쳤다"고 말했다. 가족은 1990년 미국 장애인법 제정 캠페인에도 앞장섰다.

'여성은 생리와 출산으로 몸이 손상되므로 스스로와 사회 전체를 위해 고등교육과 일자리로부터 완전히 배제'돼야 하며, '감정적 성향과 논리 및 판단력 부족 때문에 스스로 자유를 누리기에 적합하지 않다'는 게 상식이던 때가 있었다. 흑인은 '현대의 문명화된 삶을 감당하기에는 정신적 육체적 능력이 부족'하며 '신경계가 발달하지 않아 문명과 더 많이 접촉할수록 정신적으로 문제가 생길 가능성이 크다'고 심지어 의료 전문가들이 주장하던 때가 있었다.

젠더·인종 차별의 의·과학적 근거가 된 저런 주장을 믿는 사람은 이제 드물지만, 장애인에 대한 인식은 지금도 비장애인의 의식과 무의식 속에, 사회제도와 구조 속에 온존하고 있다. 장애라는 렌즈로 미국사를 조명한 킴 닐슨은 자신의 책『장애의 역사』에서 장애는 고정불변의 몰역사적 개념이 아니라 "사회적 맥락에 따라 달라지고 시간에 따라 변화한다"고 썼다. 큐잭의 수영장처럼 물리적·구체적 장애를 포용할 수 있는 기회와 제도, 시설과 공간을 마련할 책임은 공동체에게, 더 현실적으로 말하면 정치인과 행정가에게 있다. 헬렌 켈러처럼 장애인으로서 큰 성취를 이룬 위인을 칭송하는 것은 무척 쉬운 일이다. 하지만 책임 있는 정치인이라면, 헬렌 켈러가 차별적으로 누린 교육 등 여러 기회에 주목해야 한다.

1938.11.16 — 2019.5.7

보비 레이먼드

흑인과 백인은 함께, 더 잘 살 수 있다

보비 레이먼드

공존 가능한 마을의 설계자

'분리segregation'는 차별의 양식이자 하나의 이념이다. 법·제도가 쇠사슬과 채찍을 금지해도 차별로서의 분리는 사라지지 않는다. 끊임없이 새로운 양식을 모색한다. 아파트 단지 등 주거지역 전체에 담장을 두르고 외부인 출입을 통제하는 이른바 '빗장 공동체'가 단적인 예다. 경제적 신분과 지위는 주거와 교육, 문화 등 현대인의 삶 전반에 결정적인 영향을 미친다. 뻔한 얘기지만, 가난한 지역일수록 공공 인프라가 부실하고, 교육의 질과 직업 선택의 기회, 구직 네트워크 같은 사회적 자본이 취약하기 마련이다. 분리는 차별을 재생산하는 무한 폐쇄회로이자 하나의 메커니즘이다.

분리와 차별의 채찍은 살갗이 아니라 영혼을 할퀸다. 모욕감과 분노를 자극하고, 막막한 절망감으로 까라지게 한다. 분리는 공동체 안에 철조망 없는 '게토ghetto'를 구축한다. 그 게토의 담장은 가해자와 피해자 모두에게 내면화한다. 분리, 격리, 배제는 점점 이상하지 않은 일, 바람직하진 않아도 어쩌지는 못할 일이 된다.

인종과 피부색, 출신 지역에 따라 집단 거주지를 형성하는, 대도시 주변이면 거의 예외 없이 나타나는 현상을 '재분리resegregation'라 부른다. 거기엔 인종에 따른 주거 분리가 개개인의 부의 격차나 문화 동질성에 이끌린 탓만이 아니라, 은밀하고도 집요한 분리와 차별의 결과라는 문제의식이 담겨 있다. 1968년 민권법 제8조 '공정주택Fair Housing' 조항은 인종을 근거로 주거지 선택권을 제한하는 모든 제도와 관행을 불법화했지만, 지배집단(백인)의 의식과 텃세까지 통제하진 못했다. 주택금융기관과 부동산 소개 및 관리업체들도 법 이전에 주민들의 바람을 존중해야 했다. 그들은 법을 우회하는 다양한 경로를 개척했다.

미국 연방·주정부가 의료 보건 시스템과 함께 가장 난감해하는 사회문제 중 하나도 재분리, 즉 주거 분리 차별이다. 2010년 '오바마 케어'라 불리는 의료 개혁으로 임기를 시작한 오바마 행정부가 2015년 집권 2기의 주력 정책으로 '공정주택 원칙 및 빈민지역 주거 환경 개선'을 상정한 것도 그래서였다. 주무장관이던 연방도시주택개발부의 훌리안 카스트로는 그 정책의 지향이 복지가 아닌 인권 옹호와 반차별에 있다며 "우편번호가 누군가의 꿈과 포부를 저지하는 일은 결코 없어야 한다"고 말했다. 2018년 1월 출범한 트럼프 행정부가 맨 먼저 전면 중단, 재검토를 선언한 것도 이 정책이었다.

일리노이주 시카고 외곽에 위치한 인구 5만 명 규모의 작은 마을 오크파크Oak Park는 '주거 통합Social Mix'의 선구적이고도 모범적인 사례로, 재분리 이슈가 불거질 때마다 언급되는 곳이다. 시카고 도심 슬럼이 팽창하며 흑인 인구가 동부 교외 백인 중산층 지역으로 급속히 확산하던 1960년대, 오크파크의 백인 주민들은 그 추세에 투항(집을 팔고 이주)하거나 저항(흑인 유입 차단)하지 않고 흑인 이주민들을 적극적으로 포용하면서 백인 주민들의 이탈을 최대한 억제해, 인종이 공존하는 마을을 구축했다.

자치 의회 겸 행정기관인 마을 이사회는 연방 민권법보다 앞서 공정주택 조례를 제정, 금융기관과 중개업소 등이 재분리를 부추기는 행위를 금지했고, 주민소통위원회를 설립해 건물주협회 등 이익단체 대표들을 지속적으로 설득했다. 활동의 주역은 시민단체인 '오크파크 주택센터OPHC, 현재는 OPRHC'였다. 그들은 주택 매매·임대 시장의 최전선에서 직접 소비자들을 상대하며 조화로운 점묘도를 그렸다.

보비 레이먼드Bobbie Raymond는 그 센터를 설립하고 만 26년간 사무총장을 지낸, '오크파크 전략'의 총괄 리더였다. 그는 1971년 자신의 대학원 석사학위 논문「오크파크의 도전: 인종 변화에 직면한 교외 한 공동체The challenge to Oak Park: A Suburban Community Faces Racial Change」의 구상을 주민들과 함께 실험했고, 결과적으로 성공했다. "일어나는 일에 끌려가지 않고 우리의 뜻에 따라 공동체의 미래를 함께 만들어가고자 했"던 보비 레이먼드가 2019년 5월 7일 심장질환으로 별세했다. 향년 80세.

떠나가는 백인과 들어오지 못하는 흑인

20세기 들어 미국 북동부 대도시와 전통의 산업도시들(지금의 러스트벨트)은 유럽 이민자와 남부 흑인들로 급팽창했다. 그 과정은 도심 슬럼화 및 주거 재분리와 병행했지만, 그 현상을 증폭시킨 것은 연방·주정부와 금융기관, 부동산업자들이었다.

더 결정적인 건 1930년대 뉴딜 정부가 전미주택법에 따라 설립한 '주택 보유자 대부 조합'이었다. 조합은 대출 신용도 평가를 명분으로 전국 239개 도시별 주거지역 치안 여건 지도를 작성해 지역별 부동산 가치를 네 개 등급으로 분류했다. 이 과정 속에서 슬럼은 대출 등 금융의 도움을 받아도 '위험지역'을 벗어나기가 거의 불가능했다. 위험지역을 붉은색으로 구분한 탓에 '레드라이닝redlining'이라 불리는 이 제도적 차별은 1968년 이후 불법화했지만, 색깔의 잔상은 지금도 남아 인종·민족적 소수자들이 불이익을 당하고 있다.

이러한 분류의 3등급, 즉 신용등급의 '뚜렷한 쇠락'이란 한마디로 흑인 유입이 시작되었음을 의미했다. 다시 말해 집값이 급격히 떨어지리라는 신호였다. 백인 주택 보유자들로서는 흑인 유입을 차단하거나 사전에 집을 팔고 더 '안전한' 곳으로 떠나는 게 일반적인 선택이었다. 그 과정을 부동산업자들이 부추겼다. 그들이 전화나 우편물로 집값 폭락의 위기감을 조장해 헐값에 집을 사들인 뒤 흑인들에게 비싼 값에 되파는 수법이 '패닉 페들링panic peddling, 공포 유포'이고, 그렇게 지역·지구 단위로 행해지는 투기가 '블록버스팅blockbusting'이다. 한 부동산업자는 1971년 인터뷰에서 "백인들이 모두 홍콩으로 간다 해도, 떠나주기만 하면 상관없다. 나로선 돈이 전부이고, 돈이 보이면 어디든 간다. 그들이 겁을 먹으면 우리에겐 좋은 비즈니스의 기회가 된다"고 말했다.

흑인은 부동산 소개업자에게 맨 먼저 묻는 게 직장과 가까운 집이나 새 집, 싼 집이 아니라 "내가 살 수 있는 동네는 어디냐"는 거였고, 중개업자들도 그런 동네의 집들만 소개했다. 주거 통합의 가능성을 원천 차단하는 그 행태를 '인종 유도racial steering'라 한다.

시카고시 경계에서 동쪽으로 약 16킬로미터 가량 떨어진 중산층 백인 마을 오크파크가 1960년대 중후반에 직면한 상황이 그러했다. 시카고와 오크파크 사이의 백인 마을 '오스틴 빌리지'는 이미 급속히 '검어지고' 있었다. 공부와 일 때문에 객지에 나가 살던 28세의 레이먼드가 고향 오크파크로 귀향한 게, 다들 집 팔고 떠나야 하나 마나로 밤잠 설치던 1966년이었다.

레이먼드는 1938년 11월 16일 교사 아버지와 주부 어머니의 외동딸로 태어났다. 여덟 살 때 지역 라디오방송 아역 연기자로 데뷔해 열네 살 무렵까지 NBC 등 다수의 전국 TV 및 라디오 드라마와 토크쇼에 출연했고, 상업광고 모델로도 활동했다. 아이오와주 드레이크대학과 뉴욕 뉴스쿨에서 사회학을 전공한 뒤 시카고의 한 광고대행업체에서 일했고, 이혼 후 아들과 함께 귀향했다.

1960년대 오크파크는 인구 6만 1093명(1960년 기준) 중 99.6퍼센트가 백인인 전형적인 중산층 교외 마을이었다. 현대 건축의 거장 프랭크 로이드 라이트의 집과 그가 설계한 문화재급 건축물 10여 채가 있고, 헤밍웨이가 작업실을 둔 적도 있었다고 한다. 오크파크의 첫 흑인은 1950년 이사 온 세계적인 화학자 겸 거물 사업가 퍼시 줄리언Percy Julian이었다. 그래도 그 역시 흑인이라 한동안 집에 수돗물 공급이 안 됐고, 여러 차례 화염병이 날아든 적도 있었다고 한다. 주민 300여 명이 그의 주거권을 옹호하며 그의 집 잔디밭에서 집회를 열었다는 기록이 있다. 오크파크에는 그런 자유·인권운동의 작은 줄기가 존재했고, 레이먼드가 공정 주택 운동을 전개할 토대가 됐다. 학부 시절부터 인권·반차별 운동에 관심이 많았다는 레이먼드는 금세 지역 시민운동의 중심인물로 부상했다. 성격도 도전적이었지만, 연예계 활동으로 쌓은 대중적 인지도와 영향력도 도움이 됐을 것이다. 그는 마을 공정주택 조례 제정 운동에 가담하며 시카고 루스벨트대학원에 진학해 1971년 석사학위를 받았고, 이듬해 5월 지인들과 함께 자치 의회와 단체, 기업 후원금을 모아 오크파크 주택센터(이하 센터)를 설립했다. 무료 부동산 소개 서비스를 앞세운 비영리 주민(인종) 통합 시민운동 단체였다.

함께하는 공동체를 위하여

센터가 한 일은 단순했다. 흑인들에겐 백인 지역 주택을 우선적으로 소개하고, 백인 전출 희망자에겐 잔류를 설득했다. 자치당국과 협력해 세금 혜택과 주택 개·보수 지원금을 제공하는 조건으로 (공동)주택에 흑인 주민을 수용하게 했다. 물론 그들은 주택 수요자에게 자신들의 취지를 100퍼센트 공개했다. 주거지를 유도·조작한다는 점에서 또 다른 '유도steering'라는 비판을 받았고 소송 위협을 받기도 했지만, 레이먼드는 "우리는 유도하는 게 아니라 유도를 저지하는 것"이라고 주장하곤 했다. 재산과 이권이 걸린 문제였다. 레이먼드와 센터 활동가들은 지저분한 욕설이나 끔찍한 협박, 저주를 받곤 했다.

부동산 가치 하락의 우려를 덜어주기 위해 오크파크 의회는 센터가 한 일은 단순했다.
흑인들에겐 백인 지역 주택을
우선적으로 소개하고,
백인 전출 희망자에겐 잔류를 설득했다.

1977년 미국 최초로 일종의 공공보험인 '자산가치 보증 플랜'이라는 걸 시행했다. 매각 시점 집값이 기준 시가보다 과도하게 하락할 경우 기준가액의 80퍼센트까지 차액을 지급한다는 게 골자였다. 그런 일은 없었다.

어쨌건 그런 고단한 과정을 거쳐, 오크파크는 1960년대 이후 주거 재분리의 광풍을 극복한 모범 공동체로 부러움을 샀다. 근년의 미국 인구주택총조사 자료에 따르면 오크파크 인구는 2018년 9월 현재 5만 1989명으로 백인 62.1퍼센트, 흑인 21.1퍼센트(히스패닉 7.4퍼센트, 아시안 4.9퍼센트)이며, 가구 평균소득은 시카고(5만 400달러)보다 높은 8만 2800달러였다. 1940년대 말 지역 언론이 "여유로운 취미 생활의 중심지"라고 칭송했던 이웃 오스틴 빌리지는 주민(5만 6846명)의 93.1퍼센트가 흑인(백인 1.6퍼센트)이며, 가구 평균소득도 2만 8600달러였다. 오스틴에 거주하는 백인 인권 변호사는 "(두 마을 경계인) 오스틴대로는 시카고의 베를린장벽과 다름없다"고 말했다.

레이먼드는 1996년 센터 사무총장직에서 물러났고, 지역 주간지는 16쪽짜리 레이먼드 특집을 기획했다. 그의 후임으로 12년간 사무총장을 지낸 롭 브라이메이어는 "오크파크 역사상 가장 큰 영향을 미친 인물이 아마 보비일 것"이라고, "오크파크는 그의 헌신 덕에 훨씬 나은 공동체로 변모했다"고 말했다. 공정주택 문제의 권위자 하버드대 게리 오필드 교수는 "보비는 미국 공정주택 운동의 가장 열정적인 주역 중 한 명"이라고 말했다.

레이먼드는 "나는 나 같은 사람을 본 적이 없다"고 말한 적이 있다. "나는 아이였던 때가 없었다. 네댓 살 무렵의 나와 지금의 내가 똑같다. 나는 항상 매사에 진지했고, 모든 것에 관심이 많았다." 센터 일을 하며 그는 제 뜻을 굽히거나 주도적 역할을 동료에게 넘기는 데 인색해 가부장적이라는 비판을 받기도 했고, 자신이 쏟은 관심과 열정만큼 세상의 관심이 자신에게 쏟아지기를 과도하게 바라는 유형의 인물이었던 듯하다. 그래서 함께 고생한 이들이 온당한 평가를 받지 못한 일을 비판적으로 말하는 이들도 없잖아 있었다. 당연하게도, 오크파크의 성취는 그가 혼자 이룬 게아니었다. 원년 마을 이사회 멤버들이 있었고, 무엇보다 레이먼드와 함께 센터 창립 및 운영의 3인방으로 꼽히는 셔를린 라이드 Sherlynn Reid와 버네트 슐츠Vernette Schultz가 있었다. 공교롭게도 대학에서 연극·연기를 전공한 라이드와 슐츠는 레이먼드의 친구이자동지로서 저 모든 어려움을 함께 헤쳐 나갔다. 1968년 오크파크로이주한 흑인 여성 라이드는 흑인 이주자들과의 소통에 크게 기여했고, 훗날 주민소통센터 책임자가 돼 건물주협회 등 집단과의 상충하는 이해를 도맡아 조정했다. 슐츠 역시 원년 활동가로, 공정주택 운동의 전미 협의체인 '오크파크교류협의회OPEC' 창립을 주도하고 전국적으로 확산하는 데 기여했다.

고교 시절 펜화를 출품해 '전미학업상'의 회화 부문에서 수상한 적이 있는 레이먼드는 은퇴 후 수채화 작가로 활동했고, 두 편의 장편동화를 썼으며, 지역 신문에 가드닝 관련 에세이를 정기적으로 기고했다. 그는 두 차례 결혼과 이혼을 했고, 첫 남편과의 사이에 아들 하나를 두었으며, 수학자인 세 번째 남편과 해로했다.

1954.9.13 — 2017.12.27

벤 바레스

나의 소명은 모든 사람을 동등하게 대하고,
과학 안에서 성장하게 하는 것이다.

벤 바 레 스

성차별에 맞선 트랜스젠더 과학자

뇌와 척수 등 신경조직은, 크게 나눠, 뉴런이라 불리는 신경세포와 뉴런을 감싸고 있는 신경교세포neuroglia cell, 신경아교세포라고도 불림로 구성된다. 과학이 최근 100년간 주목해온 건 당연히 뉴런이었다. 뉴런은 전기·화학적 신호를 주고받으며 감각, 운동, 사고 등 복잡한 인지·생명 활동을 담당한다. 뉴런보다 열 배가량 세포 수가 많은 신경교세포는, 아교라는 이름처럼, 뉴런을 붙잡아주는 지지대 혹은 산소나 영양을 공급하는 보조역 정도로 홀대당했다.

그런데, 뉴런과 신경교세포(이하 교세포)가 주종 관계가 아닌 대등한 협력관계라는 사실이 10여 년 전 밝혀졌다. 교세포에도 여러 종류가 있으며, 저마다 기능이 달라 뉴런 확장과 정보 처리 속도 및 효율 증강, 뇌 면역을 포함한 신경 활동 전반에 필수적인 기능을 담당한다는 사실을 알게 된 것이었다. 알츠하이머병이나 파킨슨병, 다발성경화증, 루게릭병 등 다양한 난치·불치 신경 퇴행성 질병들과 '만성'이나 '신경성'이라고 얼버무려야 했던 '원인 모를' 통증들도 교세포 이상에서 비롯된다는 것도 그렇게 알게 됐다.

2005년 2월 과학 저널 〈셀Cell〉에 기고한 논문을 통해 성상교세포astrocyte의 뉴런 형성 비밀을 처음 밝힌 게 미국 스탠퍼드 의대 신경생물학부 벤 바레스Ben Barres와 그의 연구진이었다. 이후 '바레스연구소'는 잇따른 획기적인 교세포 관련 논문들로 뇌신경학 연구의 새 장을 앞장서서 개척해왔다. 이제 뇌신경과학자들은 벤 바레스를 '교세포의 대부'라 부른다. 1990년대 초 박사후연구원이던 바레스를 3년간 지도했던 런던대 래프연구소 소장 마틴 래프Martin Raff 교수는 "교세포 분야에서 바레스연구소를 빼면, 그 분야 자체가 아예 없다고 해야 할 것"이라고도 했다.

하지만 그의 이름이 학계 바깥으로 알려진 건 2006년 7월 그가 〈네이처〉에 「성별이 문제라고Does gender matter?」라는 제목의 에세이를 발표한 뒤부터였다. 당시 하버드대 총장이던 로런스 H. 서머스Lawrence H. Summers의 성차별 발언에 맹공을 퍼부은 글이었다. 하버드대 최연소 정교수 타이틀 보유자로, 대통령 경제자문위원과 클린턴 행정부의 재무장관 등을 역임한 경제학자 서머스는 2005년 1월 전미경제연구소가 개최한 과학·공학 분야의 다양성 토론회에서 여성 과학자 및 종신 교수가 턱없이 적은 이유를 선천적인 젠더 차이, 즉 "타고난 생물학적 적성의 차이 때문"이라고 말해 논란을 일으켰다. 리베카 솔닛은 책 『여자들은 자꾸 같은 질문을 받는다』에서 서머스 재임 기간 중 하버드대가 여성을 종신 교수로 채용한 비율이 36퍼센트에서 13퍼센트로 떨어졌다는 〈가디언〉 보도를 인용했다. 솔닛은 책에서 바레스를 성차별의 증언자로 호명했다.

바레스는 생물학적 여성으로 태어나 1994년 성전환수술로 남성이 된 트랜스젠더 과학자였다. 바레스는 2006년 에세이에서 여성으로서 교육받고 연구자로 살아온 시절과 성전환 이후 겪은 바를 대비하며 자신의 성차별 경험을 폭로했고, 그것이 개인적인 문제가 아니라 학계를 포함한 사회 전반의 고질병이라는 점을 다양한 연구 데이터로 고발했다. "여자가 무슨 과학이냐"며 MIT 진학을 만류했다는 고교 담임교사 이야기, MIT 생명공학부 시절 남성 동급생들이 못 푼 수학 문제를 바레스가 풀자 교수가 칭찬은커녕 "남자 친구가 대신 풀어준 것 아니냐"며 커닝이라도 한 듯 대하더라는 이야기, 하버드대 박사과정에 있을 때 고급 논문high impact journal 여섯 편을 발표한 자기를 제치고 단 한 편을 쓴 남자 동료가 펠로십에 뽑혔다는 사실도 썼다. 심지어 지원서를 읽은 학장이 바레스에게 "당신이 훨씬 빼어나다"라고 말했다는 사실도 함께(그 남성 경쟁자는 1년여 만에 펠로십을 그만뒀다고 바레스는 훗날 한 인터뷰에서 말했다).

바레스는 미국의 4~18세 청소년 2만 명의 수학 성적을 조사한 결과 유의미한 젠더 차이가 없었다는 데이터, 여성과 소수자가 연구비를 타기 위해서는 남자보다 2.5배의 연구 실적이 필요하더라는 조사 자료, 2005년 미국 국립보건원의 혁신과학자상Pioneer Award 심사위원 64명 중 60명이 남성이었고 수상자 9명 전원이 남성이었다는 사실을 활용했다. 서머스를 편든 하버드대 정치학자 하비 맨스필드Harvey Mansfield가 여성이 남성보다 훨씬 감정적(덜 이성적)이라고 주장한 데 대해서는, 분노에 의한 폭력 범죄를 저지르는 건 여성보다 남성이 25배나 많다는 데이터를 들어 반박했다.

이른바 '서머스 가설'을 둘러싼 공방은 서머스의 발언 직후부터 트위터 등을 통해 뜨겁게 전개됐다. 아이오와주립대의 저명한 정신의학자 낸시 앤드리슨Nancy Andreasen은 인터뷰를 통해 학술지에 논문을 보낼 때 풀 네임 대신 이니셜(N.C. Andreasen)로만 쓰면 쓸수록 확률이 훨씬 높아지더라는 경험담과 함께, "미국 국가과학자상을 수상한 지금도 내가 '여성'이라는 사실을 자각할 때가 자주 있다"고 말했다.

『우리 본성의 선한 천사』를 쓴 하버드대의 스타 인지심리학자 스티븐 핑커Steven Pinker는 서머스를 편들었다. 그는 자신이 페미니스트라는 사실을 전제한 뒤 "다양한 실험들이 보여주듯, 평균적으로, 여성은 수학적 계산과 언어능력 등에서 남성보다 뛰어나고, 남성은 공간지각능력과 수학적 추론 면에서 앞선다. (…) 내 분야인 언어 발달 연구 분야에서 여성들이 두각을 나타내고 기계공학 분야에선 남성들이 약진하는 건 결코 놀라운 일이 아니다. (서머스의 발언을 성차별로 공격하는 건) 공정성fairness과 동일성sameness을 혼동한 결과다"라고 말했다. 논쟁이 격해지면서 핑커는 "바레스는 과학을 오프라쇼science to Oprah 수준으로 격하시킨다"고 비난했고, 맨스필드는 그를 "정치적 얼뜨기"라고 조롱했다. 영국 케임브리지대 분자생물학자 피터 로런스는 "과학 분야를 포함해 모든 일터에서 같은 수의 남성과 여성이 일하게 되는 그런 어느 맑은 날"은 "유토피아의 꿈일 뿐"이라고 말하기도 했다.

바레스 등은 '스티븐 제이 굴드Stephen Jay Gould 가설', 즉 저 주장들이 말하는 천성nature의 차이란 교육 및 양육nurture의 차이일 뿐이라는 입장을 견지했다. 바레스는 "아시아 여학생들의 수학

성적이 왜 미국 남학생들보다 나은가? 당신들 말처럼 그것도 천성의 차이인가?"라고 반문했고, 하버드대 발달심리학자 엘리자베스 스펠크는 "통계로만 본다면, 19세기 과학계에 중국인이나 인디언 얼굴은 보이지 않을 것이다. (…) 당신들은 수학적 재능 면에서 유럽인의 유전자가 아시아인의 유전자보다 훨씬 탁월하다고 말할 것인가? 왜 노벨상 수상자 대다수가 남성인지 함께 생각해보자. 그건 중세 피렌체의 위대한 과학자들이 모두 기독교 신자인 것과 같은 이유다"라고 말했다. 서머스는 2006년 총장직을 사임했다.

교세포 연구의 선구자

벤 바레스는 1954년 9월 13일 뉴저지 웨스트오렌지에서 3녀 1남의 장녀 바버라Barbara로 태어났다. 아버지는 세일즈맨이었고, 가족은 가난했다. 이란성쌍둥이였던 바버라는 인형보다 함께 태어난 남동생 도널드의 장난감과 옷을 더 좋아했고, 할로윈 때도 군인이나 미식축구 선수로 분장하곤 했다고 한다. 과학을 좋아해 공공도서관에서 현미경과 실험 장비들을 만지며 자랐고, 고교 시절에는 수학 천재로 불렸다. 교사의 만류를 뿌리치고 갓 여학생을 받기 시작하던 MIT에 진학해 생명공학을 전공했고, 1979년 다트머스대 의대에서 박사학위(M.D)를 받았다. 웨일코넬대 의대 신경과 클리닉에서 인턴·레지던트 과정을 이수하면서 다양한 퇴행성 신경증에 무력한 의료 현실에 눈을 뜬 뒤, 그 숙제를 풀고자 1983년 하버드 의대 신경학 대학원 과정을 시작했다. 환자 뇌조직의 손상 부위 주변에 교세포가 비정상적으로 증식하는 현상을 처음 관찰한 것도 레지던트 시절이었다. 가족 구성원 중 유일하게 그만 대학에 진학한 건, 그가 탁월해서이기도 했지만 가난 때문이기도 했을 것이다. 그는 밤에는 진료의로 일하며 대학원 연구를 병행해 1990년에야 박사학위(Ph.D)를 땄다.

당시로선 교세포 분리 증식 분야에서 앞서 있던 런던대 래프 연구소에서 3년간 박사후연구원으로 일했고, 1993년 스탠퍼드대 신경생물학과 조교수가 되면서 귀국해 1998년 부교수, 2001년 정교수가 됐다. 래프는 런던 시절 "바레스는 놀랍고도 혁명적인 성과들을 잇달아 내놓곤 했다. (…) 내 연구실 바닥에서 잠을 자기 일쑤여서 출근한 내가 문을 열다 그의 머리를 찧은 게 한두 번이 아니다"라고 말했다. 교세포의 일종으로, 뉴런의 긴 줄기(축삭돌기)를 전선 피막처럼 감싸 전기 신호가 바깥으로 유출되는 것을 막아주는 절연체myeline, 미엘린와 그 구성 요소인 희소돌기아교세포oligodendrocyte의 메커니즘을 규명한 게 런던 시절 바레스의 대표적 업적이었다.

스탠퍼드에서 그와 연구진은, 성상교세포가 뉴런 생성 및 시냅스 기능 활성화에 결정적인 기능을 한다는 사실을 발견했고, 성상교세포와 미세아교세포microglia의 면역기능 이상이 만성 통증 및 다양한 퇴행성 신경장애 유발과 밀접한 관련이 있다는 것을 최초로 규명했다. 바레스는 2017년 인터뷰에서 "퇴행성 신경장애의 메커니즘을 확인한 것이 우리 연구소 최대 업적일 것"이라고 말했다. 그 말은 레지던트 시절 가졌던 의문을 푼 것과 연구자로 진로를 바꾸며 꾸던 꿈의 문을 찾은 데 대한 개인적 소회이기도 했을 것이다.

다양성을 지지한 과학자

1996년, 41세의 '바버라'는 어머니의 사인死因이기도 했던 유방암 진단을 받고 양쪽 유방절제술을 받았다. 그리고 이듬해 스탠퍼드대 젠더 클리닉에서 호르몬요법과 함께 외과적 성전환수술을 받고 42세의 '벤'이 되었다. 목소리가 굵어졌고, 수염이 나기 시작했고, 머리도 벗어졌다.

그는 남성이 된 뒤에야 비로소 과거 자신이 겪은 여러 부당한 일들이 성차별이었다는 걸 깨달았노라고, 그전까지는 "나 자신을 여성이라고 생각해본 적이 없었기 때문에 성차별인 줄도 몰랐다"고 2006년 〈뉴욕타임스〉 인터뷰에서 말했다. 그는 수술을 받고 얼마 뒤 자신의 수업을 들은 누가 다른 사람과 대화하며 "벤의 오늘 세미나 대단했어. 역시 누이('바버라' 시절의 벤)보다 훨씬 나은걸" 하더라는 이야기, 사람들이 자신을 대하는 태도가 트랜스젠더란 걸 알기 전과 후에 달라지더라는 이야기, 그래도 이제는 남자에게 중간에 말을 끊기지 않고 끝까지 말할 수 있게 됐다는 이야기 등도 2006년 에세이에 썼다. 그는 "역사를 보더라도, 집단에 대한 차별과 소외의 원인을 타고난 열등성에서 찾는 모든 시도는 쓰레기 과학junk science과 편협의 소산일 뿐"이라고, "인종이나 종교, 젠더, 성 지향을 근거로 학생의 우열을 평하는 것은 그 자체로서 언어폭력"이라고 썼다. 심한 안면 인식 장애를 앓아 목소리나 헤어스타일로 사람을 식별해야 했던 그는, 물론 무척 불편하기야 했겠지만, 외모로도 사람을 차별하지 않았을 것이다.

그는 시간을 쪼개가며 젠더 관련 다양한 학회 등 행사 초청에 성실히 응했다. 남성 동성애자였던 그는 제자 및 동료들과 함께 게이·트랜스젠더 행사도 꾸준하게 찾아 다녔다. 그런 잦은, 도드라진 '외도'가 학자로서의 커리어나 연구실적 평가에 해가 될지 모른다는 우려를 그 자신도 했다지만, 그는 2011년 미국고등과학협회AAAS 펠로에 뽑혔고, 2013년 트랜스젠더 과학자로선 최초로 미국과학아카데미NAS 회원이 됐다. 연구자로서 상대적으로 짧았고 또 예외적으로 다망했던 시간을 살면서, 그는 167편의 학술논문을 발표했다.

하버드 의대 신경학과 교수 베스 스티븐스는 2004~2008년 바레스연구소에서 성상교세포와 미세아교세포의 면역기능 연구를 주도한 연구자였다. 그가 하버드대에 자리를 얻어 스탠퍼드대를 떠나게 되자 바레스는 스티븐스에게 그 연구를 하버드로 가져가서 계속하라고 권하며 "너보다 그걸 더 잘 해낼 사람은 없을 것"이라고 했다고 한다. 자기 연구소의 아이템을 후배 연구자에게 떼어주는 예는 극히 드물다고 한다. 앞서 바레스는 자신이 찾아낸 교세포를 종류별로 배양하는 독자적이고 효율적인 기법을 조건 없이 공유하기도 했다.

그의 후임으로 스탠퍼드대 신경생물학과장을 맡은 앤드루 휴버먼은 저 모든 그의 미덕을 '과학의 열정'이란 말로 압축했다. "그의 모든 열정은 오롯이 과학을 향해 있었다. 모든 사람을 동등하게 대하고, 과학 안에서 더불어 성장하게 하는 것을 그는 소명이라 여겼다." 당연한 일이겠지만, 바레스연구소의 연구진은 다양성의 모범적인 표본 같았고, 여성이 남성보다 많을 때도 많았다고 한다. 스티븐스는 "그렇게 즐겁고 창조적으로 다이내믹한 연구소는 없을 것"이라고 〈워싱턴포스트〉 인터뷰에서 말했다.

바레스는 2016년 4월 췌장암 진단을 받고 20개월의 투병 끝에 2017년 12월 27일 별세했다. 향년 63세. 스탠퍼드대는 부고에서 투병 말기의 바레스가 "내게 남은 시간이 얼마든 반드시 해내야 할 가장 중요한 일"이라며 매달린 것이 제자 및 연구원들의 추천서를 쓰는 일이었다고 전했다. 그렇게 분화한 연구자들이 하버드대와 듀크대, 뉴욕대를 비롯한 각지로 퍼져서 각자 교세포와 씨름하고 있다.

2017년 1월 스탠퍼드대가 개최한 '바레스 헌정 심포지엄'은 드물게 성대했다고 한다. 그 행사는 물론 학술대회였지만, 연구자로서, 교육자로서, 반차별·다양성 옹호 활동가로서의 스승이자 동지였던 바레스의 정신과 업적을 기린 자리이기도 했다. 스탠퍼드대 총장 마크 테시에 라빈은 기조 발언에서 30년 동안 쌓아온 바레스와의 우정과 그의 헌신, 용기를 회고하며 "우리가 그처럼 낡은 생각에 도전하는 용기와, 차이를 포용하며 서로에게 배우려는 자세를 유지하는 한 우리의 잠재력은 무한할 것이다. 바로 그것이 (벤이 가르쳐준) 다양성의 힘이다"라고 말했다.

건설하는 당신

1943.3.18—2021.8.2

이문자

그는 가장 오래 듣고 가장 깊이 울었다

이문자

피해 여성의 곁을 지킨 '여성의전화'의 대모

한국 여성운동이 종속적 운동에서 벗어나 여성주의(페미니즘)의 독자적 운동으로 갈래를 형성한 시기를 여성사 학계는 1980년대 어름으로 본다. 도식화하면 여성운동은 개화기 신여성의 계몽-교육 운동으로 시작해 일제시대 민족주의 계급운동과 구국-독립운동에 동참했고, 해방 직후에는 이념 정치단체의 선전 활동에 머물거나 직능단체의 권익 운동에 치우친 경향이 강했다. 1960~70년대 개발독재 시대 들어 여러 단체가 가족법 개정과 여성·노동·인권 등 이슈들을 부각했지만 그 역시 반독재-민주화운동의 큰 흐름 안에 있었다.

이러한 오랜 활동 경험과 반성 위에서, 1970년대 서구 페미니즘 이론을 학습한 활동가들은 1979년 독재 권력의 붕괴와 1980년 '서울의 봄'을 거치며 스스로를 조직화하고 젠더 차별 및 억압의 근원적 문제로 눈을 돌렸다. 신군부가 올림픽 유치 등을 통해 학살의 흔적을 지우느라 바빴던 무렵인 1983년, '서울의 봄'의 좌절과 위축감을 떨쳐낸 활동가들이 6월 11일 '여성의전화'를,

6월 18일 '여성평우회'를 각각 창립했다.

> "(우리의 목적은) 남편에게 구타당하는 아내들과 성폭력 (피해)
> 여성들을 돕고 가정에서 폭력을 추방하는 동시에 사회 전체의 심
> 리적 건강에 기여"하며 "여성들에게 비인간적 삶을 강요하는 모
> 든 제도나 관습, 인습을 없애고 남녀의 평등한 인격 관계를 수립
> 해 정의롭고 평화로운 가정과 사회를 이루는 데 있다."
> ─여성의전화 창립취지문

> "인간은 누구나 인간으로서의 존엄성과 행복하게 살 권리를 가
> 지고 태어난다. (⋯) 한국 여성은 가부장적 제도의 희생자요, 산
> 업사회의 소외된 계층이고 국토 분단의 비극적 피해자이다. (⋯)
> 한국 여성이여, 우리 모두 단결하여 여성의 인간화 운동에 앞장
> 서 나가자."
> ─여성평우회 발기취지문

'25세 여성조기정년제 철폐' 등 제도-정치 투쟁과 활동가 재생
산을 위한 이념 교육에 치중하던 여성평우회는, 1980년대 중반
운동 진영의 이념-노선 갈등과 분열 속에 1987년 8월 해산했다.
활동가 일부는 노동운동과 제도권, 1987년 출범한 '여성민우회'
등 여성단체로 무대를 옮겼다.

이념보다는 현실, 즉 가정폭력과 성폭력이라는 선명하고 구체적
인 문제와 대치했던 여성의전화(이하 여전)는, 역설적으로 너무나
만연한 범죄적 사례들 덕에, 공감과 분노라 해도 좋을 '현장의 힘'

덕에 조직의 역량과 규모를 키우며 운동체로서의 정체성을 심화해왔다. 서울 중구의 한 건물 옥탑방에서 달랑 전화기 한 대로 문을 연 여전은 2021년 현재 전국 25개 지부에 32개 상담소와 10개의 가정폭력 피해자 쉼터를 둔 우람한 조직으로 성장했다.

가정폭력과 성폭력이라는 말 자체를 대부분 생경해하던 때였다. 작가 박완서가 여전 사무소 개소식 축사에서 언급한 "여자 팔자"란 말이 가정폭력을 아우르는 잔혹한 일상어였고, 남의 가정사는 모른 척하는 게 미덕으로 통하던 시절이었다. 창립 첫해 여전이 서울 지역 기혼 여성 708명을 상대로 벌인 한국 최초 가정폭력 실태조사의 공식 용어도 가정폭력이 아니라 '아내 구타'였다. 조사 결과 구타당한 경험이 있는 이는 응답자의 42.2퍼센트였다. 그해 여전에는 6개월 동안 4천여 통의 전화가 쇄도했다.

이문자는 광의의 젠더폭력 피해자였다가 활동가로 변신해 여전의 역사를 몸으로 지탱해온 수많은 이들 중 한 명이다. 그는 1988년 자원봉사자로 여전과 인연을 맺은 이래 상담부장과 부설 쉼터 관장, 여성인권상담소장 등을 역임했고, 오늘날 여전 안팎에서 맹렬히 활동 중인 수많은 전문 상담가를 양성하는 데 직간접적으로 관여했으며, 성폭력 관련 법 제정 등 여러 정책적 진전을 위한 청문회와 투쟁을 이끌었다. 저 세월 동안 그는 피해 여성들의 곁을 떠난 적이 없었고, 정년퇴직 후에도 김포와 성남 등의 지역에서 여전 활동을 거들었다. 선후배 및 동료 활동가들이 정당의 공천을 받아 정치인이 되고, 관변 여성단체나 공직의 장을 맡아 떠나는 동안에도 그는, 적어도 이력으로 드러난 바에 따르면, 울타리 너머를 기웃대지 않았고 오히려 더 안으로, 피해 여성의 곁으로 다가가고자 했다. 1990년대 말 정년에 가까운 나이로 이화여대 대학원에 진학하며 여성학이나 사회학이 아니라 사회복지학을, 다시 말해 이론보다는 실천에 가까운 전공을 선택한 까닭도 어쩌면 그 때문이었을 것이다.

대외적 활동이 드물었던 탓에 그는 진영 바깥에는 상대적으로 덜 알려졌지만, 그랬기 때문에 여전의 활동가들은 그를 조직의 '대모'나 '맏언니' 혹은 '끈끈이 같은 존재'라 부르며 존경했다. 그럼으로써 그는 그리 길지 않은 한국 여성·시민운동 역사에서 비정부기구NGO의 참된 가치와 현장 활동가의 위태로운 존엄을 지켜냈다. 이문자가 별세했다. 향년 78세.

여성의전화의 역사와 함께 한 '맏언니'

이문자는 충북 영동군수를 거쳐 상공부(현재의 산업통상자원부) 고위 공무원을 지내고 두 차례 총선에도 출마한 아버지와 전업주부 어머니의 6남매 중 넷째로 전북 전주에서 태어났다. 아버지가 선거운동으로 가산을 탕진하면서 성장기의 그는 가난에 길들어야 했고, 장남-장녀와 막내아들-딸 사이에 끼어 별 존재감 없이 성장했다고 한다. 훗날 그는 그 덕에 독립심과 자립심을 기를 수 있었다고 말했다.

그는 서울 중앙여고와 이화여대(도서관학)를 졸업하고, 동양방송TBC에 취직해 음악부에서 근무하던 중 '서울대 나온' 남자를 만나 1977년 결혼, 아들 둘을 낳은 뒤 1983년에 이혼했다.

홀몸으로 외아들을 키우며 사업에 크게 성공한 권위적인 시어머니는 며느리에게 시종 절대 복종을 요구했고, 남편은 고부간의 갈등을 나 몰라라 했다고 한다. 그는 위자료도 자녀 양육권도 얻지 못한 채 시어머니에게서 "소박맞은 년"이란 말까지 들으며 사실상 쫓겨났고, 이후 시어머니를 상대로 결혼 파탄의 책임을 묻는 위자료 청구소송을 벌였지만 패소했다. 시어머니에게 소송을 건 것 자체가 당시로선 파격이었고, 다수에겐 패덕이었을 것이다. 훗날 그는 파경의 사유를 '고부갈등', 즉 여성 대 여성의 갈등으로 치환하는 데 반대하며 광의의 젠더차별(의식)에서 기인한 '시집갈등'이라 불렀고, 시어머니 역시 가부장적 사회구조로부터 '심리적으로 매 맞는 아내'였다고 말했다.

2005년 책 『왜 여성주의 상담인가』에 수록된 자전 에세이 「피해자에서 생존자로 세상을 보다」에 이문자는 아이들과의 생이별을 자초했다는 자책감과 이혼 직후의 고립감에 대해 이렇게 썼다. "몸과 마음이 만신창이가 되도록 긴 고통의 시간을 보내고 이제는 다 잃은 상태에서 어떻게 살아야 할지 막막했다."* 친정어머니도 세상을 떠난 뒤였고, 아버지는 젊은 여성과 재혼해 깨를 볶고 있었으며, 하소연이라도 할 만한 자매들은 모두 외국에 나가 살던 때였다.

1988년 '변월수 사건'이 터졌다. 강간하려는 남자의 혀를 깨물어 자른 혐의(상해)로 피의자가 된 32세 여성 변월수에게 1심 법원은 징역 6개월과 집행유예 1년을 선고하며, 판결문에 "앞길이 구만리 같은 청년의 혀를 잘라……"라고 썼다. 이문자가 여전과

---

*   이문자 외, 『왜 여성주의 상담인가』, 한울아카데미, 2005, 124쪽.

인연을 맺은 게 그해였다.

그는 한 후배의 소개로 1988년 3월 여전 상담원 교육을 받고 자원봉사를 시작했다. 그해 6월 어느 바닷가에서 가진 수련회에서 그가 살아온 이야기를 어렵사리 털어놓자 모두가 이혼의 용기를 칭찬하고 격려했다고 한다. 그 자리의 감동을 그는 평생 마음에 새겼고, "(그것이) 여성주의에서 말하는 임파워먼트empowerment였다"고 훗날 썼다. 그는 만 2년간 자원봉사자로 일한 뒤 정식 상담자가 됐다. 상근자 월급이 40만 원쯤이던 시절이었다.

운동사적 의미와 별개로, 피해 여성에게 여전은 존재 자체로서 벅찬 존재다. 예나 지금이나 여전에 전화를 거는 이들은, 대부분 경찰 보호나 가족의 응원을 못 받고, 수치심 등 여러 사정 때문에 지인에게도 도움을 청하거나 받을 수 없는(없다고 생각하는) 사람들이다. 가정폭력으로 여전의 상담을 받은 적이 있는 '양육비해결총연합회' 부대표 손민희 씨는 "'걱정 마세요. 저희가(경찰이) 곧 갈 거예요. 도와드릴게요'라는 상담자의 따뜻한 말 한마디가 피해 여성에게 얼마나 큰 힘이 되는지 상상하기 힘들 것"이라고 말했다. 무기력과 학습된 체념에 '내가 죽어야 고통도 끝나리라' 생각해온 이들에게 '살 수 있고, 살아야 한다'고 말해주고, 보듬어주고, 쉼터를 내주고, 법률 상담을 제공하는 게 이문자가 평생 해온 일이자 여전의 일이다.

하지만, 끊임없이 이어지는 피해자들의 사연은 상담자에게도 좌절과 절망, 학습된 무기력의 원인이 될 수 있다. 활동가들도 어쩌지 못하는 안타까운 사연들, 달라지지 않는 듯한 현실과 현실보다 더 완강한 법과 제도와 관습과 의식, 늘 빠듯해서 헐떡여야 간신히 버티는 물적·인적 자원의 한계…… 상담자들은 먼저 지쳐 주저앉지 않기 위해, 피해자들 곁에 든든한 존재로 서 있기 위해 버텨야 한다. 다른 단체들과 연대해 구조의 불의와도 싸워야 하며, 토론하고 학습하며 여성주의 상담 이론과 역량도 길러야 하고, 뒤를 이를 전문 상담가들을 양성해야 한다. 그 모든 것도 여전의 일이자 이문자의 일이었다.

1997년 한국여성의전화는 '연합'으로 개편됐다. 연합에서 분가한 '서울여성의전화' 초대 회장(이상덕)이 이듬해 청와대 여성특위 조정관으로 발탁되면서 이문자는 회장이 됐다. 그 무렵 한 인터뷰에서 그는 "회장 자격이 안 되는데 오랫동안 상담 일을 해오고, 나이가 많다는 이유로 된 것"이라고 말했다. 만 4년의 상담 활동을 거쳐 1992년부터 8년간 쉼터 관장으로 재직하며 "독신이었던 덕에" 여성들과 숙식까지 함께하며 가족처럼 지내온 그였다. 이후 그는 한국여성의전화연합 공동대표(2000~2003), 여전 여성인권상담소 소장(2003~2005), 정년퇴직 후 김포 여성의전화 상담소장과 강북여성인권연대 대표(2006)를 지냈고, 상담자들의 실무를 코칭하며 전문 상담 역량을 강화해주는 직책인 '여성주의 상담 슈퍼바이저'로도 일했다.

1993년 성폭력 특별법이 만들어졌고, 1997년 가정폭력범죄 처벌 특례법과 피해자 지원법이 제정됐다. 모든 여성단체가 함께 이룬 성과였지만, 여전이 없었다면 훨씬 더디었을 진전이었다.

때로는 거칠고, 또 자애로웠던 '전문가'

한편 현실 정치의 완고한 장벽을 경험한 시민운동 진영에서는

상담자들은 먼저 지쳐 주저앉지 않기 위해,
피해자들 곁에 든든한 존재로 서 있기 위해
버텨야 한다.

1990년대 중반 무렵부터 독자적인 정치세력화(여성의 정치세력화)의 필요성들이 제기되기 시작했다. 시민운동의 상당수 활동이 정치 지형, 더 엄밀히 말해 선거에도 영향을 미쳤다. 시민운동의 정치(세력)화는 1998년 김대중 정부 출범과 함께 점차 현실화했고, 2002년 지방선거와 2004년 총선을 기점으로 본격화했다. 시민운동의 자율성 침해 및 시민단체의 정치세력화에 대한 우려와 비판도 조직 안팎에서 함께 제기됐지만, 추세를 거스르진 못했다.

이 사안에 대한 이문자의 입장이 어떠했는지는 알 수 없다. 그가 정치참여에 반대하지 않았다고 하는 이도 있었고, 달리 말하는 취재원도 있었다. 그는 공식적으로 자신의 생각을 밝히거나 기록한 적이 없었고, 어쩌면 자기와는 관련 없는 일이라 여겼을 수도 있다. 자의든 타의든, 그는 유력 정치인과 친분을 쌓을 수 있는 자리, 혹은 수많은 이들이 함께 이룬 뭔가를 보여주는 돋보이는 자리에 나선 적이 거의 없었다.

타협이 정치력의 주요한 일부라면, 이문자는 정치력 있는 활동가가 아니었다. 입에 발린 소리를 혐오했고 스스로도 자신을 직설적이라고, "때로는 거칠고 다혈질적인" 사람이라고 했다. 2000년대 중반 여성폭력피해자지원단체 협의회 총회장에서 '미국서 가족학 박사학위를 받은 전문가'라고 자신을 소개한 30대 후반 남성이 여성폭력 현장과는 다소 무관한 말을 장황하게 늘어놓은 일이 있었다고 한다. 그 자리에 있던 한 활동가는 "그 말을 듣던 이문자 선생님이 '전문가는 현장에서 피해자들과 함께 오래 해온 여기 있는 사람들'이라고 면박을 준 일이 있었다"고 했다.

2018년 '배드파더스'라는 양육비 미지급자 신상공개 사이트를 운영하며 '양육비해결총연합회'를 설립해 이끌어온 조카 이영 씨도 고모 이문자를 "살가운 분이라고 말하기 힘든, 어려운 분"이라고 기억했다. 그는 "어린 시절부터 보아온 고모는 결코 남에게 치대지 않는 독립적인 성향의 여성이셨다"고, "일상에서도 부당하거나 잘못된 일을 보면 그냥 지나치는 분이 아니어서, 피해자를 대할 때도 상담과 위로에 그치지 않고 실질적인 도움을 주기 위해 깊이 고뇌하셨던 것 같다"고 말했다. 그런 고모여서, 이영 씨는 새 단체를 꾸려 활동을 시작하면서도 '의존하고 치대는' 인상을 줄까 봐 고모에게 도움을 청하거나 자문을 구하지 못했다고 한다.

이영 씨가 2000년대 초 가정폭력에 시달리던 친구를 고모에게 소개한 일이 있었다. 듣는 사람조차 답답해할 만큼 '바보같이 너무 착하기만 한 친구'여서, 혹시 고모가 호통이라도 치지 않을까 조마조마했는데, 웬걸 그렇게 자상할 수 없더라고, 조곤조곤 위로하고 격려하며 조언을 건네는 모습이 "진짜 내 고모 맞나 싶더라"고 했다. 이문자는 내담자에게서 젊은 날 수련회 바닷가에 앉아 있던 자신을 보고, 그를 보듬어주며 '임파워먼트'를 알게 한 동료들의 자리에 자신을 놓아보곤 했을지 모른다. 그것이 이문자가 생각하는 '전문가'였다.

2013년 여전 후배들이 마련한 '우리가 사랑하는 여자 이문자 고희 파티'에서 그는 "아무것도 모르고 발을 디뎠고 지금까지 한눈팔지 않았다"고, "여전은 내 삶"이라고 말했다.

은퇴 후 그는 서울 마포의 작은 빌라에서 혼자 지내며 지역 독서 모임과 후배들과의 산책 모임 등으로 활동적인 말년을 보냈다.

연금과 '노인 일자리' 월급 28만 원까지 합쳐 월 100만 원 남짓 되는 돈이 그의 수입의 전부였다고 한다. 생전의 그는 호탕하게 웃으며 스스로를 "가난한 독거노인"이라 말하곤 했다지만, 그건 농담도 엄살도 아니었다. 그의 사정을 아는 후배들이 언젠가 1박 2일 여행을 함께 한 뒤 그의 몫의 경비를 대신 부담하려 하자, 버럭 역정을 내며 "이러면 함께 안 놀겠다"고 하더라고, 한 후배는 전했다. 2020년부터 시작된 코로나19 사태로 모임도 활동도 줄었고 '노인 일자리'도 끊겼다. 그는 좀 더 고독해졌고, 가난해졌다.

가까운 후배들은 개별적으로 연락해서 만나는 것과 별개로, '문자리 산책방 with 이문자' 등 이름을 붙인 정기 모임을 만들어 그의 안부를 챙겼다. 그는 8월 2일 모임에 참여하지 못했다.

1954.6.3—2021.3.21
샤론 머톨라

밀림 변방에 '야생의 대사관'을 열다

샤론 머톨라

길 잃은 동물들의 수호자

벨리즈Belize는 '카리브해의 보석'이라 불리는 중앙아메리카 작은 나라다. 국토 면적(2만 2970제곱킬로미터)은 경기도의 약 두 배. 그중 60퍼센트가 야생의 우림이고, 25개의 자연보존지구가 있다. 카리브해와 면한 386킬로미터 해안선 연안은 호주 그레이트 배리어리프 다음으로 긴 산호초 띠를 둘렀고, 450여 개 섬들이 구슬처럼 꿰어 있다. 그런 환경 덕에 주력산업도, 코로나19 사태로 지금은 어렵지만, 농어업에서 관광서비스업으로 바뀌었다. 1990년대 GDP의 10퍼센트 남짓이던 관광업 비중은 2019년 44.7퍼센트였다.

긴 식민지 침탈을 겪고도 온전했던 건 이렇다 할 자원이 없어서였다. 2011년까지 종주국이었던 영국이 군대를 파견해 국경을 지켜준 덕에 정정이 불안한 이웃 나라의 침탈을 면했고, 인구 급증의 압박도 적어 1981년 독립 당시 약 20만 명이던 인구는 근년에도 40만 명 정도다.

좋은 동물원이 무엇인지 보여주는 곳

벨리즈 국민들에게 자연-생태의 가치를 일깨운 존재가 있었다. 결코 동물원 같지 않은, 벨리즈 유일의 '벨리즈 동물원'이었다. 그 동물원은 1983년 문을 연 때부터 지금까지, 다치거나 병들거나 어미를 잃고 구조된 녀석들이 한 식구처럼 지내는, 매너만 지키면 철창 없이 사는 곳이다. 2021년 현재 식구는 45종 200여 마리. 다리 하나를 잃은 재규어 '엔젤'과 벨리즈의 스타라는 고아 테이퍼 '에이프릴' 등 모두가 사연이 있고 이름이 있다. 시민들도 그들을 고유명사로 부르며, 이웃처럼 안부를 챙긴다.

한마디로 그곳은 진귀한 쇼의 공간이 아니라, 종의 존재를 이해시키고 공존의 가치를 도모하는 야생의 대사관 같은 곳이고, 국제야생보존트러스트WPTI, Wildlife Preservation Trust International 전 의장 빌 콘스턴트의 말처럼 "좋은 동물원이란 게 뭔지를 정확히 보여주는 곳"이다. 시민들은 '나는 벨리즈 동물원을 사랑해I Love The Belize Zoo'란 문구의 스티커를 자랑삼아 자동차 범퍼나 바이크에 붙이고 다닌다.

동물원만큼이나 유명한 게 설립자 샤론 머톨라Sharon Matola다. 서커스단 댄서 겸 맹수 조련사로 일하던 무일푼의 28세 여성이 맨몸으로 야생에 울타리를 두르고 동물원 간판을 내건 사연에서부터, 동물들 먹이느라 닭을 키워 팔고 '막노동꾼' 같은 관광가이드로 5년 넘게 뛰어다닌 초기의 고생, 무슨 행사 소식만 들리면 배낭에 드레스를 챙겨 넣고 낡은 모터바이크로 달려가서는 동물원 사진첩을 펼쳐 보이며 후원을 청하던 일상, 때로는 배낭에 보아뱀 '벨보아'를 담아 초등학교를 돌며 자연과 생명의 소중함을 가르치고, 초청장(어린이 무료)을 돌리고, 동요를 짓고 동화책을 내 읽힌 일, '국가의 공적enemy of the state'이란 비난까지 들으며 댐 건설 반대운동을 주도한 일까지……. 그의 이름은 몰라도 '주 레이디Zoo Lady'를 모르는 이는 드물었고, 불량배들도 그를 마주치면 돌아설 정도였다. 벨리즈 출신인 캐리비언 기후변화센터 사무총장 콜린 영은 "벨리즈 시민들이 갖게 된 자연에 대한 이해의 대부분이 머톨라에게서 비롯됐다"고 말했다.

스스로를 "동물들과 함께 뒹굴며 살 수 있어서…… 세상에서 가장 행복한 사람"이라고 했던 벨리즈의 '주 레이디' 샤론 머톨라가 2021년 3월 21일 심장마비로 별세했다. 향년 66세.

그는 메릴랜드주 볼티모어의 한 양조업체 판매 임원 아버지와 로욜라대 행정직 어머니의 딸로 태어났다. 여느 아이들처럼 벌레나 나비, 다람쥐에 열광했지만 도시에서 성장했고, 고양이 알레르기도 있었다고 한다. 고교 졸업 후 공군에 입대, 부대원 2천여 명 중 여성은 13명뿐이던 스페인의 주둔군 기지에서 2년 반을 복무했고, 1976년 부대 치과의와 결혼했다. 제대 후 남편 고향인 아이오와에 정착해 아이오와대에 입학(러시아어 전공)했다가 이내 이혼하고는 플로리다로 이주해 1981년 새러소타의 뉴칼리지를 졸업했다. 전공은 진균학과 동물행동학. 군 복무 시절 파나마 정글에서 야생 적응 훈련을 받으며 열대의 매력에 빠져든 영향이었다.

대학원에 진학한 1981년 어느 날 레스토랑에서 전공책을 읽던 그에게 루마니아 출신의 한 서커스단 맹수 조련사가 조수 자리를 제안했다. 학비도 벌 겸 약 3개월간 사자들과 어울리던 머톨라는 멕시코 순회 서커스단이 백인 여성 무용수를 구한다는 신문광고를 보았다. 밤에만 일하고, 급여도 쏠쏠하고, 무엇보다 중남미 여행을 많이 할 수 있다는 내용이었다. 좋아하는 춤을 추며 돈도 벌고 낮엔 중미 지역 버섯 현장 연구도 병행할 수 있겠다는 생각에 그는 잽싸게 응했는데, 전공책과 관찰 및 표본 채집 도구를 챙겨 집결지에 갔더니 다른 이들은 모두 하이힐에 화장품 케이스를 들고 있더라는 이야기.

댄서 겸 조련사 보조 생활은 몇 달 뒤 대규모 서커스단에서 쇼 도중 호랑이에게 물리는 사고를 겪고 끝났다. 1982년 5월, 플로리다로 되돌아오며 반려 원숭이 '로키'의 까다로운 검역과 통관을 면하려고 안내인을 고용해 리오그란데강 밀수 루트로 밀입국한 일화도 있다. 그는 수배를 피해 플로리다로 피신했다는 시카고 밀주업자 할아버지의 유전자 영향이라고 말했다.

영국의 유명 자연다큐멘터리 감독 리처드 포스터Richard Foster로부터 벨리즈 초대장을 받은 게 귀국 직후였다. 다큐멘터리 모델인 동물들을 보살펴달라는 내용이었다. 학부 시절 어류분류학 현장실습차 벨리즈 산호섬 케이콜커Caye Caulker에서 '꿈같은 세 달'을 보낸 기억이 있던 그는 다시 곧장 짐을 쌌고, 1982년 9월 벨리즈시티에서 약 45킬로미터 떨어진 변방의 밀림에 정착했다. 하지만 삼 개월 뒤 자금난으로 프로젝트가 중단됐고, 포스터는 재규어와 보아뱀 등 야생동물 20마리를 머톨라에게 떠맡긴 채 인도네시아로 떠났다. 프로젝트를 주관한 영국 제작사는 머톨라에게 전화로 "동물들은 도살하라"고 했다고 한다. 한 인터뷰에서 머톨라는 "대부분 야생 적응 능력이 없는 녀석들이었다. 내 선택지는 모두 죽이든지 돌보든지 둘 중 하나였다"고 말했다.

그는 1983년 1월, 나무판자에 노란 페인트로 '벨리즈 동물원'이라 적은 간판을 내걸었다. 팩스도 없고, 근처에 마을도 없고, 가장 가까운 고속도로는 포장도 덜 된 때였다. 시민들은 동물원 자체를 낯설어했다. 신생 정부 역시 신경 써줄 형편도 의지도 없던 시절이었다. 1983년 말 동물원 허가를 내주면서 정부가 미심쩍다는 표정으로 건넨 지원금 250달러를 그는 자랑스러워했다. "가난한 국가가 적으나마 예산을 떼어줄 가치를 인정한 셈이기 때문"이었다.

머톨라는 동물원 한편에서 닭을 키워 식용으로 팔고, 과테말라 마야 유적지 티칼Tikal의 관광가이드로 하루 열두 시간씩 5년 넘게 일하며 버텼다. 가장 가까운 이웃인, 비포장길 약 5킬로미터 너머 영국군 단골 술집 주인에게 혹시 따분해하는 여행자가 있으면 보내달라고 부탁도 했다. 군인들은 초기 동물원 길 닦기 등에 일손을 보탰고, 머톨라는 1990년대부터 주둔군 라디오방송 DJ로 일하며 보답했다.

그는 틈만 나면 후원금을 모으러 돌아다녔다. 국제야생보존트러스트 전 의장 콘스턴트가 그를 알게 된 것도 1984년 마이애미의 한 행사장에서였다. "샤론은 동물원 앨범을 들고 자기 얘기를 들어주는 사람이면 누구든 붙들고 대화했다. (…) 여느 동물원과는 태생부터 다른, 예사롭지 않은 그의 프로젝트에 나는 매료될 수밖에 없었다." 머톨라는 해리슨 포드 주연으로 벨리즈에서 촬영된 1986년 영화 〈모스키토 코스트The Mosquito Coast〉의 자문을 맡았고, 해리슨 포드의 후원금도 받았다. 그렇게 차츰 동물원이 알려졌다.

대부분 야생 적응 능력이 없는 녀석들이었다.
내 선택지는 모두 죽이든지 돌보든지
둘 중 하나였다.

동물원 식구는 대부분 벨리즈 토종이어서 시민들에겐 낯익었고, 다수는 사냥감이거나 가축과 농작물을 해치는 애물들이었다. 1980년대 벨리즈를 방문한 여왕 엘리자베스 2세가 스테이크로 먹었다는 파카Paca, 대형 설치류도 동물원 식구였다. 일부는 께름칙한 미신의 주인공이었다. 벨리즈인에게 개미핥기는 콧구멍으로 개의 뇌수를 빨아먹는 괴물이었다. 머톨라의 동물들은 그런 미신과 '사냥감'이라는 인식에 맞서 싸워 공생의 자격을 인정받아야 했다.

머톨라가 병든 고아 테이퍼 '에이프릴'을 데려와 동숙하며 바나나셰이크를 먹여 구해낸 이야기, 불구의 재규어와 동거하게 된 이야기 같은 저마다의 사연이 도움이 됐다. 관광객이 애완용으로 구입했다가 차 시트를 다 뜯어놓는 바람에 버리고 갔다는 원숭이 한 쌍, 머리에 총알이 박힌 테이퍼 '불릿헤드'도 있었다.

그는 몇 곡의 동물 동요와 두 권의 동화책을 써서 아이들에게 읽혔다. 거미원숭이 우리의 표지판 "나쁜 애완동물을 만드는 건 인간입니다! 우리는 인간 유인원보다 원숭이들과 더 많이 어울려야 해요. 그런데 인간들이 애완용으로 어미를 죽이고 우리를 훔쳐가요", 검은매 표지판 "나는 위대한 블랙호크지만, 사람들은 커다란 칠면조처럼 우리에게 총질을 해대요", 앵무새 표지판 "제발 우리를 자유롭게 살게 해주세요. 사냥하지 말아주세요. (…) 야생의 미래를 허락해주세요"도 모두 그의 작품이었다. 그는 "아이들 마음에 닿을 수 있다면, 절반은 승리한 셈"이라고 말했다. 그는 야생에서 포획된 생존력 있는 동물은 일절 들이지 않았다.

동물원이라면 흘겨보던 여러 단체와 재단이 70만 달러 목돈을 후원했다. 동물원은 1991년 약 12만 제곱미터의 너른 공간을 얻고 야생교육센터도 지었다. 하지만 머톨라는 원년의 움막에서 재규어 '엔젤', 테이퍼 '에이프릴'과 함께 말년까지 거주했다. 한번은 '에이프릴'이 가출한 일이 있었다고 한다. 찾다가 지친 머톨라가 에이프릴을 간병하며 늘 듣던 밴드 '도어스The Doors'의 노래 〈Light My Fire〉를 크게 틀었더니 그걸 듣고 에이프릴이 제 발로 돌아왔다는 일화가 있다. 동물원 직원은 현재 32명(코로나19 이전 58명). 모두 어릴 적부터 동물원을 제집처럼 드나들던 그들은 머톨라의 주선으로 전문 사육 프로그램을 이수했다.

동물에게 배운 환경보호 활동가

벨리즈 서부 자연보존지구를 관류하는 마칼Macal강 유역은 테이퍼와 재규어, 금강앵무Scarlet Macaw의 번식지이자 생물종의 보고다. 캐나다 자본과 벨리즈 정부가 합작해 2001년 그 유역에 댐 건설을 시작했다. 전력의 3분의 1을 공급하던 멕시코와의 계약이 곧 만료될 상황이었다. 머톨라는 국제 환경단체 및 학계와 연대해 댐 건설 저지 운동에 나섰다. 수질오염과 생태계 파괴가 불가피하며, 환경영향평가도 조작됐다고 고발했다. 정부는 그 운동을 "벨리즈를 저개발 상태로 묶어두려는 인종주의적 음모"라고 비난했다. 머톨라는 "시민을 가난하게 하려는 부유한 백인 외국인"이자 "국가의 공적"이 됐고, 동물원 인근에 대규모 쓰레기매립장을 조성하겠다는 협박도 당했다. 머톨라 등이 제기한 소송은 2004년 영국 추밀원 상고심에서 패했고, 완공된 댐은 유역 생태계에 치명상을 입혔다. 2009년 보도에 따르면 댐 침전물 무단 방류로 강물은 마시기

느커녕 수영도 못할 지경이 됐고, 어부들은 일터를 잃었으며, 전기 요금은 더 비싸졌다. 미국 환경 저널리스트 겸 작가 브루스 바콧은 2008년 『주홍 마코앵무새의 마지막 비상』란 제목의 논픽션으로 머톨라와 댐 이야기를 세상에 알렸다.

벨리즈 동물원의 모든 전력은 태양광 발전으로 충당된다. 정부 대변인이 "샤론의 활동이 너무나 정력적이어서 때로는 두 명인가 싶을 때도 있다"고 말한 건 사이가 좋던 1990년대 중반이었고, 한 당국자가 그를 토종 부채머리수리에 비유하며 "일단 발톱을 박으면 결코 놓는 법이 없다"고 말한 건 싸움이 한창일 때였다. 어쨌건 댐의 재앙으로 벨리즈 정부와 시민들은 뼈아픈 교훈을 얻었다.

2019년 지구의 날(4월 22일), 벨리즈 미국대사관은 "벨리즈 청년들의 롤모델"인 머톨라를 '올해의 인물'로 선정했다. 머톨라는 1988년 인터뷰에서 "벨리즈에서 평생 살 것"이라고, "지금 입은 이 재킷도 단돈 25센트짜리"라고 말했다. 1990년 그는 벨리즈인으로 귀화했다. 2017년 그는 동물원 운영권 일체를 직원들에게 물려주었고, 숨지기 2주 전까지 동물들의 야생 복귀 훈련을 도우며 어린 동물들의 미래를 걱정했다.

1992년 인터뷰에서 그는 벨리즈에 오던 무렵만 해도 동물원 운영은커녕 "환경에 대한 생각 자체가 거의 없었다"고 말했다. 동물들이 그의 발목을 잡았고, 동물을 알아가며 변화해온 벨리즈 시민들이 그를 환경보호론자로 만들었다고, "(그렇지만) 결코 엘리트 환경론자가 되고 싶진 않"으며 "다만 땅바닥에 엎드려 땀 흘리는 게 좋다"고 했다. 뒤를 이어 동물원 운영을 맡은 셀소 푸트의 말처럼 벨리즈 동물원은 샤론 머톨라의 삶 자체였다.

1947.3.13—2018.9.9

비트 리히너

그가 바란 건 아픈 아이들을
돌보는 것뿐이었다

비트 리히너

캄보디아 어린이를 보듬은 첼리스트 의사

캄보디아 시엠레아프Siem Reap의 앙코르와트를 여행한 이라면, 남문에서 도보로 5분 남짓 거리의 아동 전문병원 '자야바르만 7세 Jayavarman Ⅶ' 앞에 걸린 '비토첼로Beatocello'의 자선 콘서트 홍보 입간판을 봤을 수도 있다. 혹시 짬이 나서 거기 들렀다면, 어린이 환자와 보호자들, 관광객들에 둘러싸인 비토첼로의 바흐나 카잘스, 혹은 자작곡 연주와, 그 연주를 배경음악 삼아 판소리 사설처럼 읊조리는 캄보디아의 의료 현실, 그리고 자기 병원 이야기를 듣기도 했을 것이다. 토요일 저녁, 관광 성수기엔 목요일까지 매주 두 차례 열리던 자선 콘서트의 마지막 멘트는 으레 후원 요청이었다. "나이 든 방문객은 돈을, 청년들은 헌혈을 해달라. 청년도 노인도 아니면 둘 다 기부해달라." 그의 말에 대개는 웃었지만, 그는 늘 간절했다. 웬만한 여행자 하루 숙박비면 결핵이나 폐렴으로 입원한 어린이 한 명의 목숨을 구할 수 있기 때문이었다.

자신이 안은 첼로처럼 후덕한 체구의 인상 좋은 그, 비토첼로는 캄보디아 어린이들의 구원자로 불리던 스위스 의사 비트 리히너Beat Richner였다. 그는 캄보디아 내전이 끝난 직후인 1992년 수도 프놈펜에 무료 아동병원 '칸타보파 제1병원Kantha Bopha I'을 연 이래 시엠레아프의 자야바르만까지 총 5개 아동·산모 병원을 개설해 운영하며 지금까지 25년여간 약 1천 7백만 명을 진료하고 중환자 170만 명을 치료했다. 병원을 늘리고, 의료 기구를 장만하고, 의사 등 직원 2500여 명의 급여를 마련하는 모든 책임이 그의 것이었다. 그는 병원 운영을 동료에게 맡긴 채 고국 스위스의 여러 도시를 첼로를 메고 다니며 모금 연주회를 열곤 했고, 스위스와 캄보디아 정부 당국자들의 지원을 부탁하러 다녔으며, 그의 "지속 불가능한" 의료봉사 모델을 비판한 세계보건기구WHO 등 국제기구와 글로벌 비정부기구NGO 등에 맞서 싸웠다. 스스로 지은 예명 비토첼로로 더 알려진 비트 리허너가 2018년 9월 9일 별세했다. 향년 71세.

가난한 나라의 아이 목숨도 똑같은 목숨이다

캄보디아 현대사는 1991년 파리평화협정 전과 후로 나뉜다. 캄보디아는 프랑스의 식민 지배를 받다 1954년 독립했지만 이내 인도차이나-베트남전쟁에 휩쓸렸고, 크메르루주Khmer Rouge 집권기(1975~1979)의 폭압 이후에도 약 10년간 베트남 등이 개입한 내전을 치러야 했다. 그 끝이 파리평화협정이었고, 1년의 과도기를 거쳐 망명 국왕 노로돔 시아누크Norodom Sihanouk와 훈 센Hun Sen 총리 체제의 입헌군주정이 시작됐다. 농업사회주의를 표방했던 크메르루주 정권은 부르주아와 인텔리겐치아를 표적 삼아 탄압했고, 그 결과 지식인과 의사 등 전문인 다수가 학살당하거나 수용소에서 기아와 질병으로 숨졌다. 독립 이후 어렵사리 구축해온 사회·의료 시스템이 사실상 와해된 것이었다. 리히너가 자신이 운영하던 취리히의 병원을 동료에게 넘기고 캄보디아 수도 프놈펜으로 건너간 게 1991년 그해였다.

캄보디아 병원 재건은 평화협정이 진행 중이던 1991년, 프랑스 파리의 한 모임에서 시아누크가 리히너에게 즉흥적으로 건넨 제안이었다고 한다. 칸타보파 병원은 시아누크가 1952년 숨진 네 살 딸을 추모하기 위해 건립한 국립 아동병원이었고, 리히너는 신참 의사였던 1974~75년 스위스 적십자 의료봉사단의 일원으로 거기서 일한 인연이 있었다. 크메르루주 집권으로 중도에 되돌아온 게 안타까웠던 그는 즉석에서 시아누크의 제안을 수락했지만, 출국하는 날까지 스스로도 불안했다고 훗날에야 인터뷰에서 말했다. 국왕은 실권 없는 상징적 존재였고, 신생 내각은 가난했다. 병원은 거의 폐허 상태였다. 의료진도 장비도 새로 구해야 했고, 건물도 수리해야 했다. 그 난관을 그는 돈키호테 같은 낭만적 기질과 용기로, 그리고 스위스 시민들의 후원으로 돌파해나갔다.

스위스 주간지 〈슈바이처 일루스트리르테Schweizer Illustrierte〉의 편집장이던 페터 로텐뷜러Peter Rothenbühler는 '첼로를 든 소아과의사'로 꽤 알려졌던 리히너가 가난한 나라의 어린이들을 돌보러 떠난다는 소식을 전하며 독자 상대 모금을 시작했다. 다들 불가능하리라 말했지만 그는 "취리히에만 해도 손 벌릴 수 있는 은행가와 백만장자가 충분하다"고 말했다고 한다. 하지만 그때나 지금이나, 기부금은 대부분 평범한 시민들이 냈다. 리히너는 그렇게 모은 종잣돈 5만 스위스 프랑과 가방 두 개, 첼로와 바이올린을 메고 출국했다. 초창기부터 그를 도우며 칸타보파의 '영원한 넘버 2'를 자임했던 동료 의사 페터 슈투더Peter Studer는 "돈도 없었지만 물자도 없어, 벽돌 하나 수도꼭지 하나까지 외국에서 수입해야 했고, 침상도 주위 와 고쳐 쓴 게 여러 개였다"고 말했다. 60개 침상을 갖춘 첫 병원은 1992년 11월 개원했다.

칸타보파 병원은 여러모로 특별했다. 진료·입원비가 전액 무료였고, 의사는 물론이고 수위도 뇌물을 받지 않는 병원이었다. 캄보디아는 지금도 국제투명성기구 부패인식지수CPI, Corruption Perceptions Index 최하위권(2017년 175개국 중 161위)이지만, 당시는 더 심했을 것이다. 경찰, 학교, 법원은 물론이고, 심지어 병원에서도 급행료를 내야 했다고 한다. 2002년 인터뷰에서 리히너는 "교통사고 응급환자여도 100달러쯤 지니고 있지 않으면 아무도 거들떠보지 않을 것"이라고 말했다. "먼저 병원에 들어서려면 경비에게 50달러쯤 뇌물을 줘야 하고, 병원 관계자에게 또 돈을 내야 한다." 그는 "시엠레아프 병원 환자 가족의 95퍼센트, 프놈펜 병원 환자 가족의 약 85퍼센트가 병원비로 1달러도 낼 형편이 안되는 이들일 것"이라고 말했다. "그들은 아이가 아프면 먼저 바이크를 팔고, 소를 팔고, 결국 땅을 팔아야 하는 이들이다. 무료 진료를 못 받으면 가계가 아예 파산할 수밖에 없다."

리히너는 의사부터 병원 미화원까지 자신을 뺀 전 직원의 급여를 현실화했다. 2002년 기준 월 생활비 260달러가 드는 프놈펜의 공공보건의 월급이 20달러였다. 그러니 부업을 해야 했고, 뇌물을 받아야 했고, 약품을 빼돌려 팔아야 했다. 그는 칸타보파 병원의 미화원에게 초임 200달러, 간호사에게 200~300달러, 의사에겐 600~700달러를 지급한다고 밝혔다. 대신 일체의 뇌물과 비리는 용납하지 않았다. 그는 "일에 대한 자부심이 성공의 관건"이라며 그 전제가 합당한 급여라고 말했다.

그의 방식을 캄보디아 정부 공무원이나 의료계가 곱게 봤을 리 없다. WHO도 예외가 아니었다. 의료봉사도 빈곤국 경제 현실에 보조를 맞춰 전개해야 한다는 게 WHO 활동 및 지원의 원칙이다. 리히너가 2000년대 초 고가의 CT 촬영 장비를 구입하자 WHO와 유니세프가 거칠게 비판했다고 한다. 더 급한 기초 보건·위생 수요도 많은데 무슨 낭비냐는 거였다. 리히너의 기준은 단순했다. 결핵을 진단하려면 CT 촬영 장비가 필수적이고, 스위스 아이들이 CT로 진단을 받는다면 캄보디아 아이들도 마땅히 그래야 한다는 거였다. 캄보디아는 결핵 유병률이 65퍼센트에 달하는 국가로 악명 높고, 오염된 혈액 수혈로 하루 평균 30명의 아이들이 HIV에 감염되며 24명이 간염에 걸린다. 리히너의 병원들은 한 해 100만여 달러를 들여 헌혈받은 혈액을 검사한다. 그의 원칙은 'One Child, One Life', 즉 가난한 나라의 아이 목숨도 똑같은 목숨이라는 거였다.

리히너는 한 인터뷰에서 이렇게 말했다. "세계를 누비며 보건 컨설팅과 자문 등을 업으로 삼는 국제기구 전문가들이 있다. 그들은 시엠레아프의 방값 340달러짜리 5성급 호텔에서 잔 뒤 우리 병원에 와서는 '현지 실정을 무시한 채 고가 장비로 고급 의료서비스를 제공하고 있다'고 비판하곤 한다. 여기 환자들의 평균 입원 기간은 5.5일이고 그들의 목숨을 구하는 데 우리가 들이는 총 비용은 평균 240달러다. 하루 숙박비 340달러를 쓴 전문가가 보기엔 캄보디아에서 목숨값 240달러는 비싸다는 것이다. 경제 현실을 따지자면 대다수 캄보디아 어린이의 목숨값은 제로다." WHO 등은 그가 '롤스로이스 의료Rolls-Royce Medicine'를 고집한다고 비난했고, 리히너는 치명적인 전염성 질병에 손 씻기만 독려하는 WHO의 프로토콜을 '소극적 제노사이드'라고 퍼부으며, 사실을 과장한 말이지만, WHO 한 해 예산이면 그의 병원 같은 걸 세계 200곳에 설립할 수도 있을 것이라고 말했다.

리히너의 병원은 1996년 시아누크가 기증한 왕궁 부지에 칸타보파 제2병원을 설립한 이래 2007년의 제5병원까지 총 5개 3천여 병상 규모의 기관으로 커졌다. 1999년부터 인턴-레지던트 과정 교육센터를 운영해왔고, 2001년 모자보건센터를 설립했다. 2016년 한 해 15만 5천여 명이 입원했고, 84만 8천여 명이 외래진료를 받았으며, 2만 4천여 건의 수술을 진행했고, 2만 3천여 명의 신생아 출산을 도왔다. 저 숫자는 전년 대비 8~13퍼센트 늘어난 실적이었다. 그건 그가 모금해야 할 돈이 늘어났다는 의미이기도 했다.

1992년부터 2016년 말까지 그의 병원 재단은 5억 6천만 달러를 모금했다. 캄보디아 정부가 모금액의 3.2퍼센트를 댔고, 스위스 연방정부가 4.3퍼센트를 댔다. 92.5퍼센트는 스위스 시민들의 개인 기부였다. 그의 병원들은 2017년 한 해 4천 350만 달러를 썼다. 예산의 95퍼센트는 약값과 인건비 등 병원 운영비였고, 기금모금 등 재단 운영에 쓰인 돈은 총 예산의 5퍼센트였다. 다시 말해 시민들의 후원금은 전액 환자들을 위해 쓰였다. 2000년 스위스 정부는 칸타보파 병원 그룹을 감사한 뒤, 비용과 실적에 근거해 제3세계 의료복지의 모범이라 평가했다. 외국인 16명과 현지인 68명으로 출범한 리히너의 병원그룹은 2000년대 중반 이후 외국인 단 두 명과 현지인 2500여명으로 구성된, 명실상부한 캄보디아의 병원으로 변신했다.

삶은 달걀 두 개와 커피 한 잔의 동력으로

2017년 3월, 리히너를 이어 병원 운영 총괄이 된 카이 산티Ky Santy 박사는 "리히너에겐 병원과 첼로 연주 외 사생활이 거의 없었다"고 말했다. 22년 된 승용차로 출퇴근하며 휴가 없이 하루 12시간씩 일했고, 사무실도 따로 없어 병원 식당에 상주하면서 주요 병원 업무와 회의를 주재하곤 했다. 독신인 그는 식사도 모두 병원에서 해결했다. 아침 메뉴는 늘 삶은 달걀 두 개와 커피 한 잔이었다.

비트 리히너는 1943년 3월 13일 취리히에서 태어났고, 1973년 의사가 돼 취리히아동병원에서 1년 근무했다. 1974년 캄보디아 봉사활동을 갔다가 이듬해 4월 귀국, 취리히아동병원에 복귀했다가 친구와 함께 병원을 개업했고, 비토첼로라는 예명으로 수준급 첼로 연주 실력을 뽐내곤 했다. 청년 시절 한 차례 결혼을 했지만 3개월 만에 이혼했고, 그 뒤론 독신으로 지냈다. 새벽 5시면 일어나 이메일과 고국 뉴스 및 날씨를 확인하곤 했는데, 날씨가 안 좋으면 덜 억울해서 조금 기분이 풀린다고, 이따금 향수병을 느낀다고도 말했다. 페더러의 경기는 빠짐없이 보는 테니스 팬이었고, 말년까지 소형 엽궐련을 즐겼으며, 잠들기 전 와인 한두 잔을 마시곤 했다. 운동은 "위험해서" 일절 안 했다. 그는 농담을 즐겼지만, 보이는 것처럼 사교적인 편은 아니어서, 혼자 첼로를 연습하는 30~40분이 하루 중 가장 행복한 시간이라고 말했다.

칸타보파 병원이 자랑스럽지 않느냐는 질문에 그는 아니라고, 재정 자립 문제를 풀지 못하고 있다고 말했다. 그는 마지막까지 그 문제를 푸는 데 몰두했다. 2013년 이후 캄보디아 정부의 지원 예산이 점차 늘어났다. 훈 센 총리 부인이 의장인 캄보디아 적십자사도 연간 100만 달러를 지원하고, 총리의 딸이 의장인 바얀 Bayan재단도 연 150만 달러를 대고 있다. 결연 병원인 취리히아동병원도 도움을 주고 있고, 그를 인연 삼아 캄보디아로 여행 오는 스위스인들도 꽤 늘었다. 근년에는 병원 총 예산의 3분의 1이 캄보디아에서 충당된다. 그렇다곤 해도, 그의 명성과 카리스마가 사라진 칸타보파의 내일을 낙관하기는 어렵다.

그는 1991년으로 되돌아간다면 국왕의 제안을 거절할지 모른다고, 취리히 호반의 안락한 집에 살면서 성공한 의사로 가끔 첼로 콘서트나 열며 살았을 것이라고 말했다. 그건 그냥 해본 말이 아니었을지도 모른다. 슈투더는 "한번 생각해봐라. 그는 하루 평균 12만 스위스 프랑을 모금해야 했다"고 말했다. 리히너는 "입원한 아이들을 안고 사진 찍는 걸 싫어한다. (…) 그건 저속하고kitsch, 무례한 짓이다. 그들을 돕는다는 발상 자체가 무례다"라고 말했다. 하지만 그는 모금을 위해 그런 사진들을 찍어야 했다. 기억을 잃어가는 퇴행성 뇌질환을 얻은 그는 2017년 3월 스위스로 귀국해 치료를 받았다.

그의 별세 소식에 병원 전 직원은 묵념으로 애도했고, 삶은 계란 두 개와 커피 한 잔을 놓은 빈소를 마련했다. 일주일의 애도 기간을 선포했던 캄보디아 정부는 조문객이 쇄도하자 기간을 100일로 늘렸다. 슈투더는 "그가 바란 건 아픈 아이들을 돌보는 일뿐이었다"고, "(나는 슬프지만) 그에게 죽음은 어쩌면 구원이었을 것"이라고 말했다.

"캄보디아는 내가 살 곳이 아니고, 결코 그걸 바란 적도 없다. 재정문제만 해결되면 홀가분하게 스위스로 돌아갈 것"이라던 그였지만 죽어서는 캄보디아에 묻히길 원했다. 슈투더는 "병원 한편에 리히너가 즐겨 머물곤 하던 커다란 나무 한 그루가 있다"고 말했다. 이제 그의 공연은 볼 수 없지만, 그의 나무를 보러 가는 이들은 있을 것이다.

1933.5.21—2019.1.22

프레더릭 D. 톰슨

그는 나를 달릴 수 있게 해준 사람이다

프레더릭 D. 톰슨

흑인 여성에게 육상의 길 열어준 코치

미국 연방의회는 1972년 6월 교육법을 개정Title IX, 타이틀 나인, 초·중등 공립학교 커리큘럼과 특별활동에서의 성차별을 금지했다. 지역과 여건에 따라 다르긴 했겠지만, 그전까지 학교 운동장과 체육관은 주로 남학생 차지였고, 운동부도 대부분 남자들만 받았다. 여학생 커리큘럼에는 체육 수업이 아예 없는 곳도 많았다. 한마디로 스포츠는 남성의 영역이었다. 참가 신청서에 성별란이 아예 없던 1967년 보스턴마라톤에 'K. U. 스위처'라는 중성적인 이름으로 참여한 최초의 여성 캐서린 스위처Katherine Switzer보다, 뒤늦게 여성인 걸 알아채고 그의 달리기를 저지하려 한 대회 운영위원들과 남성 참가자들이 더 '상식적인' 이들이었다.

그러니 뉴욕 브루클린의 변호사 프레더릭 D. 톰슨Frederick D. Thompson이 1959년 흑인 여성 육상 클럽 '아톰 트랙 클럽Atom Track Club, 이하 아톰클럽'을 만든 건, 조금 과장하자면 자메이카에서 봅슬레이 팀을 만드는 것에 견줄 만한 일이었다. 당연히 아무런 지원이 없었다. 시민회관 복도가 그들의 트랙이었고, 몰래 학교 담장을 넘나들기도 했다. 멤버는 여덟 살 아이부터 삼십대 주부까지 다양했지만 대부분은 십대였다. 가입과 강습은 당연히 무료. 하지만 청소년의 경우 엄격한 가입 요건이 있었다. 성실히 학교를 다녀야 한다는 것. 당시 뉴욕, 특히 브루클린의 가난한 십대 흑인 청소년들에겐 학교보다, 달리기보다 훨씬 유혹적인 것들(술, 마약, 섹스, 폭력)이 널려 있었다.

그런 어려움들을 딛고 톰슨의 아톰클럽은 1960~70년대 다수의 올림픽 메달리스트와 전미육상대회 스타 선수들을 배출하며 독보적인 흑인 여성 육상 명문 클럽으로 이름을 날렸다. 설립자이자 유일한 코치 겸 후원자인 톰슨은 스포츠 아마추어리즘의 시대가 저문 2000년대까지, 다시 말해 트랙에 서 있을 힘이 다 빠질 때까지 클럽을 지켰다. 개정 교육법 '타이틀 나인'의 영향으로 여학생 운동부들이 우후죽순 생겨나던 1973년, 그는 생활용품 회사인 콜게이트의 요청으로 미국 최대 여성 아마추어 육상대회인 '콜게이트 위민스 게임Colgate Women's Game'을 창설했다. 그는 그해 변호사업을 아예 접고 대회 운영위원장으로 2014년까지 일했다.

아톰의 '아이들'은 톰슨을 코치란 호칭 대신 '프레디'라 불렀고, 성인이 된 뒤에도 힘들 때면 찾아와 기대곤 했다. 그들에게 톰슨은 '스톱워치'로는 잴 수 없는 귀한 것들을 베푼 멘토이자 친구였다. 프레더릭 D. 톰슨이 2019년 1월 22일 별세했다. 향년 85세.

뉴욕 맨해튼 할렘의 흑인들이 이스트강 너머 브루클린으로 밀려난 것은 1930년대부터였다. 대공황으로 일자리를 잃고 유럽 이민자 유입으로 상승한 집세가 부담스러워진 사람들은 브루클린에 자리를 잡았다. 변두리긴 해도 1930년대 브루클린에는 일거리 많은 상업 항구와 해군 군항이 있었다. 톰슨은 그 무렵인 1933년 5월 21일 브루클린 베드퍼드스타이베슨트Bedford-Stuyvesant에서 태어났다. 가난한 부모가 이혼하면서 다섯 살이던 그와 동생은 이모에게 맡겨졌다.

브루클린의 활력은 1950년대부터 식기 시작했다. 슬럼이 확산하고 부동산 부담이 커지면서 공장들이 빠져나가기 시작했고, 당연히 부두도 한산해졌다. 연방·주정부의 주택자금 지원 정책으로 중산층 백인들이 대거 퀸즈나 롱아일랜드, 뉴저지 등지로 이주했고, 그 빈자리를 흑인과 이민자들이 채워갔다. 휴버트 셀비 주니어가 소설 『브루클린으로 가는 마지막 비상구』에 담은 마약과 폭력의 브루클린은 한국전쟁이 한창이던 1952년 무렵의 사정이지만, 그게 결코 바닥이 아니었다. 1955년 월드시리즈에서 뉴욕 양키스를 누른 흑인들의 자부심 재키 로빈슨(첫 흑인 메이저리거)의 브루클린 다저스가 1957년 연고지를 LA로 옮겼다. 10년 뒤인 1966년 해군기지가 폐쇄됐고, 브루클린 최악의 해로 기록된 1977년 폭동과 약탈의 대정전 사태가 이어졌다. 아방가르드 예술가들이 '브루클린 르네상스'의 물꼬를 튼 것은 1990년대나 되고 나서였다.

어린 톰슨 형제에게 이모는 늘 두 가지를 당부했다고 한다. 대학 졸업장은 아무도 못 빼앗아가니까 어떤 일이 있어도 반드시 따라는 것, 혼자 잘 살지 말고 이웃을 도우며 살라는 것이었다. 사실 저 두 지침은 '블랙파워' 운동의 정신이자 1960년대 시작된 아프리칸아메리칸의 문화 축제 '콴자Kwanzaa'의 정신이기도 했다.

톰슨은 SF 작가 아이작 아시모프의 모교이기도 한 브루클린 명문 '보이스고등학교Boys High School'를 거쳐 뉴욕시티칼리지에서 화학공학과 역사학을 전공했으며, 1958년 세인트존스대 로스쿨을 나와 1961년 브루클린에 변호사 사무실을 열었다.

1950년대 말 브루클린 청소년들과 함께 생활하며 그들의 일상 사진전을 연 한 포토저널리스트에 따르면 당시 뉴욕에는 십대 갱만 약 천여 명이 활동했다. 톰슨은 "갱들이 지천이어서 아이들은 쉽사리 거기 휩쓸리곤 했다. 지금 같진 않았지만 마약도 문제였다"고 말했다. 가정환경도 대부분 좋지 않았고, 이성 문제 등 개인적인 문제를 지닌 이들도 많았다고 한다. 그는 그런 사정들을 외면할 수 없었다.

그가 굳이 육상을 선택한 건, 가장 돈 안 들이고 당장 할 수 있는 종목이기 때문이었다. 고교 및 대학 시절 그는 육상부원이기도 했다. 그는 "나는 스타 선수는 아니었다. 하지만 스포츠가 가르쳐준 것들, 이를테면 규율을 사랑했다"고 말했다.

그는 로스쿨을 졸업하자마자 시험 삼아 육상 모임을 시작했고, 2년 군복무를 마친 뒤 변호사로 돈을 벌며 본격적으로 뛰어들었다. 그가 말한 스포츠의 규율은 비행과 범죄의 유혹으로부터 스스로를 지킬 수 있는 힘이었다. 베드퍼드스타이베슨트의 커뮤니티 센터 복도가 아톰클럽의 첫 훈련장이었다. 사정이 여의치 않을 땐

방과 후 인근 학교 담장을 넘기도 했다. 브루클린의 예술 전문학교인 '프랫 인스티튜트Pratt Institute'가 체육관 한편의 비품 창고 겸 연습장을 내어준 뒤부터는 허들 훈련도 할 수 있게 됐다. 예술 명문인 프랫 인스티튜트는 "계층·인종·젠더 차별 없이 동등한 교육 기회를 부여하자"는 취지로 한 사업가가 1887년 설립한 학교다. 그렇게 비바람은 피할 수 있게 됐지만, 거기서도 대학 선수들이 훈련을 시작하면 멈춰야 했다.

그런 설움과 어려움에도, 마분지를 잘라 잉크로 직접 찍은 'ATOM CLUB' 티셔츠 유니폼을 아이들은 자랑스러워했다. 클럽 구성원은 그들의 새로운 가족이었고, 점점 나아지는 기록은 열정을 쏟아 도전할 만한 일이었다. 아톰클럽 멤버는 평균 50여 명, 많을 땐 근 200명에 이르기도 했다. 딸의 연습 장면을 구경하고 응원하기 위해 가족들이 찾아오는 예도 점차 늘어났다. 간식거리를 챙겨오는 이들, 어두울 때 쓰라고 플래시를 만들어 선물한 부모도 있었다고 한다.

이런저런 대회에 학교 대표팀이 아닌 아톰클럽 소속으로 출전하는 것이 대회 규정상 쉽지 않을 때가 많았다. 심지어 육상 트랙이 아닌 실내 구기 코트에서, 코너링 연습도 못하는 직선 코스만 주로 달린 아이들이었지만, 20주년이던 1979년 무렵 그들은 이미 다섯 차례 전미 실내 육상대회 팀 우승과 옥외 대회 3번 우승, 10여 개의 개인 금메달을 획득한 명문 팀이 돼 있었다. 텍사스대와 애리조나대 등이 톰슨에게 꽤 탐나는 연봉을 제시하며 육상 팀 코치를 맡아달라고 제안하기도 했다. 물론 그는 제 돈을 써야 하는 아톰클럽 코치로 남았다.

영원한 스승이자 친구로 곁을 지키다

1979년 그를 인터뷰한 〈뉴욕타임스〉 기자는 톰슨이 어린 멤버들을 가리키며 '난 그들의 (코치가 아니라) 친구'라고 말했다고 적었다. 그는 멤버들의 학교 출석부와 성적표를 늘 챙겼다. "잘 달리는 것 못지않게 공부가 중요하다"고, 이모가 어린 그에게 늘 말했듯이 "사회에 도움이 되는 사람이 돼야 한다"고 말하곤 했다. 그는 팀 성적 못지않게 창단 이후 15년 사이 팀원 중 약 50명이 대학에 진학해 교사나 변호사, 간호사, 학자, 사업가가 된 걸 무척 자랑스러워했다. 1972년 뮌헨올림픽 은메달리스트(400미터 계주) 셰릴 투생Cheryl Toussaint이 그들 중 한 명이었다. 13살이던 1965년 여름 아톰클럽에 들어와 1970년 전미육상대회 600야드(약 548미터) 신기록을 세운 투생은 올림픽 후 뉴욕대(수학 전공)를 나와 증권회사 메릴린치에서 일했다. 1979년 NBC TV 다큐〈리얼 피플Real People〉이 방영한 톰슨 특집방송에서 투생은 "아톰클럽은 내게 용기를 준 제2의 가족이다. 만일 누가 프레더릭을 성자라 부른다 해도, 나는 흔쾌히 동의할 수 있다"고 말했다. 1972, 1976년 올림픽에 조국 바베이도스 대표로 출전했던 로나 포드Lorna Forde는 "프레디는 미친 사람이다. 자기가 번 돈의 거의 전부를 우리에서 쓰면서 '돈이야 나중에 벌면 되고……'라고 말하곤 했다. 그런 사람은 아마 없을 것이다"라고 말했다. 톰슨은 평생 독신이었다. 그는 한 인터뷰에서 두어 차례 결혼할 기회가 있었지만 잘 안 됐다고, "어떤 여자가 나처럼 사는 걸 곱게 봐주겠나"고 말했다.

1972년 교육법이 바뀌면서 여학생 운동부를 만드는 게 학교 운영 예산을 타내는 데 유리해졌다. 운동부들이 우후죽순처럼 생겨났다. 생활용품 회사인 콜게이트가 톰슨에게 경비를 댈 테니 아마추어 여자 육상경기대회를 만들어달라고 청한 게 그해였다. 이듬해 봄 '제1회 콜게이트 위민스 게임'에는 초등학생부터 대학생 및 삼십대까지 미국 동부 지역 여성 5천여 명이 육상 단거리와 높이뛰기, 투포환 등 8개 종목에 출전했다. 초·중등생의 경우 예선 출전 자격은 단 하나, 출석부 사본을 제출하는 것이었다. 예선과 준결승을 거쳐 결승에 오른 학생들은 대회 직전 공지되는 주제의 에세이도 제출해야 했다. 주최 측이 밝힌 대회 목적은 "젊은 여성들의 개인적 성취감과 자존감, 교육의 중요성을 고취하는 데 도움"을 주는 거였다.

1984년 LA올림픽과 1988년 서울올림픽 400미터 계주에서 각각 금메달과 은메달을 딴 다이앤 딕슨Diane Dixon도 열두 살 무렵부터 아톰클럽에서 달리기를 배운 톰슨의 제자였다. 다이앤은 "톰슨은 나를 키우다시피 했고, 나를 달릴 수 있게 해준 사람이다. 내가 세상에 나설 수 있게 해준 게 그였다"고 말했다. 그런 다이앤이 올림픽 한 해 전인 1987년 톰슨과 다툰 뒤 결별을 선언, 오하이오의 센트럴주립대 등에서 다른 코치들과 훈련을 시작했다. 그러면서도 둘은 1988년 서울올림픽 미국 여자 육상 대표팀 단거리 코치와 선수로 함께 했다.

결혼과 이혼 등 방황과 슬럼프를 겪던 다이앤은 1990년 무렵 톰슨의 아톰클럽으로 되돌아왔다. 〈스포츠 일러스트레이티드〉 인터뷰에서 톰슨은 "다이앤이 잘못한 건 하나도 없었다. 다만 그의 곁에 안 좋은 이들이 좀 있었다"고 말했다. 마약을 팔다 10년 형을 받은 다이앤의 전 남자친구가 그런 이들 중 하나였다. 다이앤은 톰 슨 바로 옆집에 살며 프랫 인스티튜트의 아톰클럽 훈련장에서 다시 연습을 시작했고, 1991년 세계육상실내선수권대회 400미터 결승에서 50.64초의 미국 신기록으로 화려하게 재기했다. 대회 직후 인터뷰에서 다이앤은 "달리는 동안 내겐 톰슨의 목소리만 들렸다. 경기장의 모든 소음 속에서도 나는 그의 목소리를 들을 수 있었다"고 말했다. 그의 기록은 2010년까지 건재했다.

아누차 브라운 샌더스Anucha Browne Sanders는 아톰클럽을 거쳐 노스웨스턴대 농구팀에서 활약하며 두 차례 '올해의 선수'에 뽑힌 이력의 스타였다. 그는 여자프로농구WNBA 출범 전인 1985년 대학을 졸업(커뮤니케이션 전공), 플로리다주립대에서 마케팅-커뮤니케이션학으로 석사학위를 받고 IBM의 스포츠 마케팅 프로그램 매니저와 올림픽 국가대표팀 홍보팀으로 일했다. 그는 NBA 팀 뉴욕 닉스의 마케팅 이사와 팀 수석부회장을 지내다 2006년 갑자기 해고당했다. 그 직후 샌더스는 자신의 상관인 총괄매니저의 성희롱 사실을 폭로하며 그와 회사를 상대로 소송을 제기했다. 상관의 성적 요구를 거부한 데 대한 보복성 해고라고 그는 주장했고, 회사 측은 샌더스의 미흡한 업무 성과가 해고 사유이며 성희롱은 없었다고 맞섰다.

샌더스의 곁에 73세의 전직 변호사이자 전 코치이자 오랜 친구인 톰슨이 있었다. 그는 언론 인터뷰 등을 통해 소송 제기 후 샌더스와 그의 가족이 겪은 직간접적 협박과 위협들을 폭로하며 가해자 측의 비열한 행위를 고발했다. 그리고 "아톰클럽의 모든 어린 선수들에게 샌더스는 모범적인 롤 모델 중 한 명이다. 그의 꿈이 지금 무참히 부서졌다. 농구는 그의 사랑이고 삶이었다. 지금 나는 무척 화가 나 있다"고 말했다. 2007년 10월 법원은 상사의 성희롱 사실과 사측의 은폐 혐의를 인정, 회사가 징벌적 손해배상금 1160만 달러를 지급하라고 선고했다. 양측은 그해 12월 1150만 달러에 합의했다.

톰슨은 알츠하이머병을 앓았다. 셰릴 투생은 1999년부터 콜게이트 대회 부위원장을 맡아 노쇠한 스승을 도왔고, 로나 포드는 이웃에 살며 그를 아버지처럼 간병했다. 그가 사망한 뒤 열린 제45회 콜게이트 대회 결승은 상복 차림의 투생이 위원장을 맡아 치렀다. 그리고 닷새 뒤 브루클린의 한 교회에서 영결식이 열렸다. 제자들은 단체 추도사에서 "우리는 톰슨처럼 놀랍고 비범한 이를 만나 함께 지내는 커다란 행운을 누렸습니다. 지금 우리가 미소 지을 수 있는 것도 모두 그의 덕입니다"라고 했다.

1971.5.25—2019.11.11
제임스 르 메주리어

한 생명을 구하는 일이 곧 인류 전체를 구하는 일이다

제임스 르 메주리어

시리아 내전 인명구조대 '화이트 헬멧' 창설한 영웅

시리아 내전 인명구조대의 공식 명칭은 '시리아 민방위대Syria Civil Defense'지만 '화이트 헬멧White Helmets'이란 이름으로 더 유명하다. 2017년 만해대상 평화상을 수상하면서 국내에도 꽤 알려졌지만, 그보다 더 전인 2014년 콘크리트 더미 속에서 생후 10일 된 아이를 구조한 뒤 흐느껴 우는 영상으로 세계인을 감동시킨 바 있다. 그 장면이 포함된 2016년 넷플릭스 다큐멘터리 〈화이트 헬멧: 시리아 민방위대〉는 이듬해 아카데미 단편 다큐멘터리상을 수상했고, 2017년 개봉한 영화 〈알레포의 마지막 사람들〉은 그해 선댄스영화제 다큐멘터리 부문 심사위원대상을 탔다.

시리아 정부군의 반군 지역 무차별 폭격은 2012년 말부터 시작됐다. 많은 이들이 피난을 가고 국경을 넘었지만 끝내 마을을 떠나지 못한 이들도 있었다. 정부군은 그들을 뭉뚱그려 반군이라 지목했고, 더러는 테러 집단의 배후 세력이라 하기도 했다. 그렇게 민간 시설 및 거주 지역 폭격을 정당화했다.

폭격이 멎으면 시민들은 콘크리트 더미로 달려가 생존자를 구조하곤 했다. 건물 추가 붕괴로 다치고 목숨을 잃는 이들도 생겨났다. 국경 너머 터키 이스탄불에서 그런 사정을 안타깝게 지켜보던 이가 있었다. 영국군 장교 출신 안전·보안 전문가 제임스 르메주리어James Le Mesurier였다.

메주리어는 시민들이 최소한의 훈련과 장비만 갖춰도 보다 안전하고 효율적으로 생명을 구조할 수 있다는 걸 알았다. 전역 후 만 17년 동안 유엔과 여러 국제단체 및 민간 보안 회사에서 일해 온 그는 매년 수백 수천만 달러씩 퍼붓는 중동 평화·안보 프로젝트들보다 시민들에게 헬멧과 로프를 들려주는 게 더 값지고 절박한 일이라 판단했다. 그는 영국과 미국, 일본 정부기관과 중동 지원기금 운영자들을 설득해 후원금 30만 달러를 모았다. 그리고 터키의 비영리 구난 단체인 '수색구조협회AKUT'의 도움을 얻어 7일짜리 초단기 인명구조 훈련 프로그램을 마련했다. 2013년 초 시리아 제2의 도시 알레포에서 자원한 시민 스무 명이 처음 그 프로그램을 이수했다.

내전이 격화하면서 지원자도 점차 늘어났다. 훈련 프로그램도 1개월로 확장되고 세분화해, 형식적인 팔다리 부목법은 골반 대퇴골 부목법으로, 단순 지혈은 팔다리 절단 지혈로 전문화했다. 화재 진압 장비와 기술, 생존자 유무와 위치를 보다 정교하게 파악하는 청음 장비 조작 기술도 프로그램에 포함됐다. 시리아 북부 이들리브에서 최남단 다라까지, 반군이 있고 전투와 폭격이 벌어지는 곳이면 어디에나 그들이 있었다. 전국 100여 곳에서 개별적으로 활동하던 그들이 2014년 10월, 단일 네트워크의 '시리아 민방위대'로 정식 출범했다. 누구는 시리아인들의 희망이라고

하고 누구는 휴머니즘의 마지막 보루라고도 부른, 총 인원 3천 200여 명의 화이트 헬멧이 그렇게 탄생했다.

메주리어는 '메이데이 레스큐Mayday Rescue'라는 조직도 만들어 후원금을 모으고, 훈련을 주선하고, 장비를 보급했다. 위키피디아 등 다수의 자료들은 그를 화이트 헬멧의 공동 창설자로 소개하고 있지만, 그는 단 한 번도 공개적으로 화이트 헬멧을, 단수로든 복수로든 1인칭으로 지칭한 적이 없었다. 그는 늘 "나는 도우미일 뿐"이며, "영웅은 그들"이라고 말했다.

그건 사실이었다. 그는 폭격 현장에서 직접 인명을 구조하거나, 화재를 진압하거나, 불발탄을 수거하거나, 끊긴 도로와 전기·상수도 시설을 복구한 적이 없었다. 하지만, 그가 없었다면 화이트 헬멧도 없었을지 모른다는 점에서, 그의 말은 100퍼센트 진실도 아니었다. 중동 전문 영국인 저널리스트 루이즈 캘러헌의 말처럼, 적어도 그는 "화이트 헬멧의 영웅"이었다. 그가 2019년 11월 11일 새벽, 터키 이스탄불 베욜루Beyoğlu의 사무실 겸 자택 인근 도로에서 숨진 채 발견됐다. 터키 경찰은 "타살 흔적은 없다"고 밝혔다. 향년 48세.

의미 있는 일을 하고 있다는 실감

제임스 르 메주리어는 1971년 5월 25일 싱가포르 창이 공군기지에서 태어났다. 아버지는 영국인 해병대 장교였고 스웨덴계 어머니는 주부였다. 그는 초·중등학교를 영국에서 다녔지만 군영에서 자라다시피 했고, 영국의 학사장교 프로그램으로 북아일랜드 얼스터대와 웨일즈 에버리스트위스대에서 국제정치학 학사학위를 받았다. 이후 영국 샌드허스트육군사관학교에 진학해 1994년 퀸스메달을 받으며 최우등 졸업, 육군 그린재킷(경보병부대) 2대대 중위로 임관했다. 그는 노르웨이 극지 전쟁지휘관 훈련 코스를 별도로 이수할 만큼 군무에 열정적이었고, 리더십도 탁월하다는 평을 듣곤 했다.

그의 주 무대는 보스니아와 코소보 등 분쟁지역이었고, 주 임무는 분쟁 저지와 평화 유지를 위한 지역 동향 정보 수집·분석이었다. 그는 호감 가는 외모에 언변도 좋아 사라예보 주둔 당시 지역 종교 지도자와 함께 유엔 활동을 홍보하는 TV 프로그램에 출연한 적이 있었고, 코소보 주둔 땐 지역 에너지 회사의 대형 비리를 적발할 만큼 정보장교로서도 유능했다. 2000년 대위로 전역한 뒤부턴 프리랜서 평화·안보 전문가로서 가장 뜨거운 시장이던 중동에서 활동했다. 그의 주요 고객은 유엔과 영국과 미국, 이스라엘, 아랍에미리트연합국 등이었고, 민간·국영 정유 시설과 항만 안전·전략 컨설팅 그룹에서도 일했다. 2004년 말 인도네시아 쓰나미 당시 현장에 가서 인명구조 및 자원봉사 활동을 벌이기도 했다. 한마디로 그는 최상급 경력과 인맥과 아랍어 능력을 지닌 고액 연봉의 업계 최고 중동 전문가였다.

그런 배경이 당연히 화이트 헬멧 후원 활동의 밑천이었지만, 동시에 그의 족쇄이기도 했다. 시리아 및 러시아 정부는 그를 알카에다와 연계된 테러 배후 조종자라 비난했고, 일부 음모론자와 반미 활동가들은 그를 제국주의자들의 중동 스파이라 의심했다.

전역 후 드러난 그의 이력은 스파이나 일반적인 용병과는 사뭇 달랐다. 아랍에미리트연합국에서는 정유·가스 시설 대테러 경비

인력을 양성했고, 알카에다의 테러 위협 속에 치러진 2010년 걸프 컵 예멘 대회 땐 보안 업무를 지휘했다. 그가 일한 중동지역 민간 보안업체 '굿 하버Good Harbor'는 부시와 체니를 전쟁범죄자라 비판 했던 전직 백악관 군사 자문 위원 리처드 D. 클라크Richard D. Clarke 가 운영한 회사였다.

메주리어가 여유로운 은퇴자의 삶 대신 화이트 헬멧 후원 사 업을 시작한 2012년 말, 그에겐 사라예보 전쟁터에서 만난 강아 지 '폴리바'와 국제개발 분야에서 일하던 두 번째 아내 토시, 토 시와 낳은 연년생 두 딸이 있었다. 그는 얼마 뒤 토시와도 이혼, 2018년 7월 스웨덴 국적의 전 영국 외무 공무원 엠마 빈베리와 재혼했다. 빈베리는 남편과 함께 '메이데이 레스큐'를 운영했다.

메주리어는 유엔과 EU 등을 지목해 "그 기구들이 효율적이라 고 말할 수 있는 사람은 아무도 없을 것"이라고 말한 적이 있다. 그리곤, 막대한 예산의 광역 평화 프로젝트보다 작은 마을 단위 에서 가시적인 성과들을 획득해가며 평화와 안정의 기초를 다져 가는 게 훨씬 효율적이라고 믿게 됐다고 했다. 시리아는 그러니 까, 그 신념의 시험장이었다. 2014년 그는 "내 생애를 통틀어 지 금만큼 내가 의미 있는 일을 하고 있다고 스스로 납득할 수 있던 때가 없었다"고 말했다.

비범한 일을 선택한 평범한 시민들

'더블 탭Double Tap'이란 게 있다. 1930년대 중국 상해 조계지 내 의 영국 경찰이 범죄자를 제압하는 데 활용한 권총 테크닉에서 유래한 것으로, 첫 발을 쏜 뒤 반동으로 튀어 오른 총을 서서히

내리며 가늠쇠에 상대의 머리가 조준되는 순간 방아쇠를 또 한 번 당기는 기술을 의미하는 용어다. 그러는 게 명중률도 높고 방탄복을 입은 적을 제압하는 데도 효과적이었다는 것이다. 제2차 세계대전 당시 나치 전폭기들이 영국 본토 공습 때 저 원리를 답습했다. 1차 폭격을 가한 뒤 현장을 수습하려고 몰려든 군인과 치안·의료 인력, 시민들을 노려 2차 폭격을 가하는 것이다. 시리아와 러시아 공군이 구사한 전술이 바로 더블 탭이었고, 주요 타깃은 화이트 헬멧이었다.

2015년 알자지라 인터뷰에서 메주리어는 "대개 15~30분 뒤 2차 폭격이 시작된다. 화이트 헬멧 대원들 중에는 건물 잔해에 깔린 생존자의 절박한 시선에 붙들려 차마 피신하지 못하고 그대로 머무는 이들도 있다"고 말했다. 2012년 말부터 2018년 말까지 만 6년 동안 최소 10만여 명의 인명을 구조하는 사이 화이트 헬멧 대원 252명이 목숨을 잃었고, 500여 명이 평생 장애를 동반하는 중상을 입었다. 2014년 장장 16시간의 사투 끝에 생후 10일 된 아이를 구조한 뒤 벅찬 울음을 터뜨렸던 화이트 헬멧의 '스타' 칼리드 오마르 하라Khaled Omar Harrah도 2016년 더블 탭 폭격에 목숨을 잃었다. 메주리어는 "화이트 헬멧의 사상자 비율은 아프간 전쟁과 이라크전 전투병 사상자 비율보다 높고, 제1차 세계대전 참호전의 그것보다 더 끔찍한 수준"이라고 말했다.

시리아·러시아군에게 화이트 헬멧은 명분이야 어떻든 반군 지역의 기반을 지탱하는 적이었다. 고프로Go-Pro 동영상으로 병원·학교 등 민간 시설 폭격 현장과 시민 학살 실태를 고발하고, 2017년 사린가스 공격 등 전쟁범죄의 전모를 거의 실시간으로 외부 세계에 폭로한 감시자이자 증언자이기도 했다. 시리아 내전이 인류 전쟁 역사상 가장 잘 기록된 전쟁이라는 평가의 이면에 화이트 헬멧이 있었다. 그들은 핵심 표적이었다.

러시아가 군사개입을 시작한 2015년 9월부터 화이트 헬멧과 메주리어에 대한 사이버 공격도 본격화했다. 러시아의 사이버 화력은 미국 대선에 영향을 미칠 만큼 막강하다고 알려져 있다. 얼마간의 사실에 거짓과 음모론을 버무린 조직적 공세는 주요 사이버 검색 엔진과 SNS의 알고리즘을 흔들 정도였고, 평범한 시민들을 께름칙하게 하기에 충분했다. 시리아 평화를 위한 비정부기구 '시리아 캠페인'은 "러시아와 시리아 정부의 사이버 선전은 주류 언론의 영향력을 압도할 정도여서 가히 전쟁의 새로운 양상이라 할 만하다"며 "분석 결과 2016~2017년 시리아 내전 주요 10대 이슈에 대한 그들의 무한 복제 선전 자료는 전 세계 네티즌 약 5억 6천만 명에게 노출됐다"고 전했다.

메주리어는 "어느 테러리스트가 제 목숨을 걸고 시민들의 목숨을 구하러 다니느냐"고 반문했다. 알자지라 인터뷰에서 그는 '한 생명을 구하는 일이 곧 인류 전체를 구하는 일'이라는, 쿠란에서 가져왔다는 화이트 헬멧의 모토를 소개하며 이렇게 말했다. "그들은 모두 비범한 일을 선택한 평범한 시민들이다. (…) 내전 전 제빵사였고, 건설 인부였고, 택시 기사였고, 학생이었고, 교사였던 이들이지만 (…) 총을 들거나 피난을 떠나는 대신, 부상자를 위해 들것을 들기로 결심한 것이다. (…) 그들은 정부군 병사들을 구조하기도 한다. 그들의 일은 목숨을 구하는 것이지 목숨을 판단하는 건 아니기 때문이다."

그들은 정부군 병사들을 구조하기도 한다.
그들의 일은 목숨을 구하는 것이지
목숨을 판단하는 건 아니기 때문이다.

2018년 7월 반군 남부 거점도시 다라가 정부군에게 함락되기 직전, 처형 위기에 몰린 화이트 헬멧 대원 및 가족 422명이 이스라엘 검문소를 거쳐 요르단으로, 그야말로 극적으로 피신했다. 영국과 미국을 포함한 여러 정부를 설득해 '군사작전'을 방불케 한 그 탈출을 성사시킨 게 메주리어였다. 그들은 모두 영국과 캐나다 등에서 난민 지위를 인정받았다. 메주리어는 그 소식을 전해준 한 기자에게 "그들은 그야말로 위대한 인간들이다. 그들을 품게 된 건 영국의 행운이다"란 문자를 보냈다.

2014~2018년까지 만 4년간 메이데이 레스큐가 거둔 1억 2천 7백만 달러의 막대한 후원금, 다라 탈출을 도운 메주리어의 영향력 등은 그의 스파이설을 뒷받침하는 강력한 근거였다. 2016년 11월 화이트 헬멧 대원들이 구조 장면을 정지 영상처럼 연출해 찍은 비디오 클립을 당시 유행하던 '마네킹 챌린지 해시태그 (#MannequinChallenge)'를 달아 공개했다가 "위기를 연기하는 배우들"이라는 비아냥을 산 일, 일부 대원이 비무장 원칙을 어기고 총을 들고 사진을 찍어 SNS에 올렸다가 "이래도 평화의 구조대냐"라는 비판을 받은 일도 있었다.

일부 악의적인 블로거와 러시아 국영방송 등을 상대로 소송이라도 걸라는 조언에 메주리어는 "그 비용으로 한 명이라도 더 구하는 게 낫다"고 했고, 그를 영국 4대 정보기관 중에서도 가장 평판이 안 좋다는 MI5(국내 정보 파트) 장교라고 주장한 어떤 블로거를 두고는 "어딜 봐서 내가 그 빌어먹을 기성 양복이나 입고 다닐 사람처럼 보이느냐"고 장난스럽게 화를 낸 적도 있었다고 한다. 그가 숨진 채 발견되기 불과 사흘 전 러시아 외무장관은 자기 트윗에 그를 '테러조직과 연계된 전직 MI6(해외 파트) 요원'이라고 비난했다.

저 모든 정황들이 그를 맥 빠지게 했을 것이다. 그의 아내는 그가 우울증 치료제와 수면제를 복용했다고 터키 경찰에 진술했다. 하지만 그를 가장 힘들게 한 건 아마도 시리아 내전의 전황 자체였을 것이다.

시리아 정부와 야권, 그리고 이른바 시리아 시민사회 대표단은 지난 10월 말 스위스 제네바에 모여 내전 종식을 위한 새로운 헌법 제정위원회를 구성했다. 위원회 출범식에 참석한 유엔 시리아 특사는 "역사적 순간"이라며 "내전 고통을 끝내기 위한 실질적 방안을 마련해달라"고 당부했다. 러시아 전폭기를 앞세운 시리아 정부군이 반군의 마지막 거점인 북부 이들리브 주 탈환을 목전에 둔 시점이었다. 보름 전인 10월 15일 '국경없는의사회'도 시리아에서 철수했다. 위험지역에 가장 먼저 들어가 가장 마지막까지 버티기로 정평이 난 그들조차 "더 이상 국제 직원들의 안전을 보장할 수 없는 상황"이라 판단했기 때문이었다. 화이트 헬멧 대원들은 지금도 현지에서 활동 중이다.

근년의 메이데이 레스큐는 소말리아 모가디슈와 레바논 북부 베카 계곡의 응급의료 지원 시스템 구축 사업 등 새로운 프로젝트를 시작했다. 하지만 메주리어는 시리아의 저 모든 절망적 상황을 마지막까지 감당해야 했을 것이다. 오랫동안 현장을 누빈 기후 활동가들이 악화하는 기후 상황을 속절없이 지켜보며 늪처럼 빠져든다는 '기후 우울증Climate Grief', 비영리 및 공익 활동가

들이 흔히 겪는다는 번아웃 모두 메주리어의 사정이기도 했을
것이다.

1960.2.25—2017.7.25

룰라 콰워스

교육이란 당당히 말할 수 있는 능력을 길러주는 것이다

룰라 콰워스

요르단의 한 세대를 가르친 페미니스트

1984년 요르단대학 영문과 대학원생 룰라 콰워스Rula Quawas에게 지도교수가 추천한 논문 주제는 T.S. 엘리엇과 타예브 살리 Tayeb Salih, 영국에서 활동한 수단 출신 이슬람 작가의 작품 분석이었다. 콰워스는 그 무난한 선택이 못마땅했다고 한다. 그는 19세기 미국 페미니스트 작가 케이트 쇼팽Kate Chopin을 염두에 두고 있었다. 케이트 쇼팽은 이슬람권에서 상대적으로 자유롭고 친서구적인 요르단에서조차 생경한 작가였다.

콰워스는 케이트 쇼팽의 대표작 『각성』에 매료돼 있었다. 1899년 작품 『각성』은, 애정 없이 결혼해 두 아이를 둔 미국 남부의 한 상류층 여인(에드나)이 여름 휴양지에서 육체적·정신적 사랑에 눈뜬 뒤, 시대와 계층의 인습과 아내이자 어머니에게 부과된 사회적 금기, 윤리적 책임을 벗어던지고 여성으로서의 주체적 자아를 찾아가는 과정을 그린 작품이다. 당시로선 "적나라한" 육체적·심리적 성애 묘사로 "천박하고 혐오스럽다"는 평가와 불륜을 미화한 "유해한 작품"이라는 비난을 받으며 작가는 지인들로부터 외면당하고 책은 공공도서관에서조차 거부당하게 만든 문제작이었다.

콰워스가 논문을 쓰려던 무렵 요르단의 젠더의식은 케이트 쇼팽이 살던 19세기 말 미국 남부의 그것과 별반 다르지 않았다. 콰워스는 논문을 포기하고 미국에 유학 중이던 남동생에게 건너가 석 달 남짓 거의 도서관에서 살다시피 했다고 한다. 그렇게 여성 작가 이디스 워튼Edith Wharton과 윌라 캐더Willa Cather, 아그네스 스메들리Agnes Smedley 등을 알게 됐다. 콰워스에겐 그들의 작품뿐 아니라 젠더에 갇히길 거부했던 그들의 삶, 예컨대 워튼의 여행 편력과 당당한 이혼, 스메들리의 저널리스트 활동 등이 부러웠을 것이다.

귀국 후 그는 용기를 내 교수에게 미국 여성주의 작가 넷에 대한 논문을 쓰겠다고 했고, 대강의 작품 내용을 설명했다. "교수님의 첫 반응은 '섹스에 대해 쓰겠다는 거냐?'는 거였어요." 논문을 지도해줄 만한 페미니스트는커녕 여성 교수도 전무하던 때였다. 논문 심사 통과 과정이 험난할 것이라며 교수는 만류했지만, 그는 각오가 돼 있노라 말했다고 한다.

어쨌건 그(의 논문)는 교내에 모스크를 둔 그 대학의 완고한 남자 교수들을 설득해냈고, 1991년 요르단에선 처음으로 페미니즘 문학 이론으로 석사학위를 땄다. 1995년 미국 노스텍사스대에서 박사학위를 받고 귀국한 후 모교 영문과 교수가 된 그는 비록 대학원 선택과목이긴 했지만 요르단 최초의 페미니즘 강좌를 개설했고, 대학 내 여성학연구센터와 요르단 국가여성위원회 지식생산분과를 만들었다.

하지만 그가 만들고 이끈 건 강좌와 연구센터가 아니라 요르단의 새로운 한 세대였다. 룰라 콰워스가 2017년 7월 25일 별세했다. 향년 57세.

학장직을 잃고 제자들을 얻다

룰라 콰워스는 1960년 2월 25일 요르단 수도 암만에서 태어났다. 아버지는 군 정보기관 공무원이었고, 어머니는 영어 교사였다. 그의 조국은 형식상 국왕 위에 헌법을 둔 입헌군주국으로, "모든 시민은 인종과 언어, (심지어) 종교로 차별받지 않는다"(제6조)는 조항을 두었지만, 거기에 젠더는 포함시키지 않는 나라다. 여성 투표권이 인정된 건 1974년이었다. 1948년 무일푼으로 팔레스타인에서 이민 온 부모는 가난했지만 자녀 교육을 중시했고, 특히 어머니가 룰라에게 큰 영향을 주었다고 한다. 그는 어머니가 교사로 일하던 암만의 사립 여학교를 나왔다.

미국 예일대 여성센터 블로그 〈폭넓은 인식Broad Recognition〉과의 2011년 4월 인터뷰에서 콰워스는 케이트 쇼팽을 알게 된 대학원 시절부터 스스로 페미니스트라 인식했다고 말한 뒤 이렇게 덧붙였다. "하지만 훨씬 전부터 여성(의 삶)에 대해 글을 쓰고 싶다는 생각은 품고 있었어요. 페미니즘은 당신이 매일 먹고 마시는 것들처럼, 내겐 자연스러운 거였어요. 대놓고 페미니스트라 말하기 시작한 건 대학에서 페미니즘으로 석사학위를 받은 뒤부터였죠."

대부분의 처음이 그렇듯, 그의 선택은 급진적이고 혁명적이었다. 풀브라이트 장학금으로 미국 버몬트대에 체류하던 2014년 인터뷰에서 그는 "그들(동료 교수들)은 나를 매의 눈으로 감시하곤 합니다. 나는 서방의 첩자라는 말도 들었고, 학생들의 마음을 식민화한다는 비난을 받기도 했죠. 실은 내가 그들을 탈식민화하는 거예요. 그들은 내게 뭔가를 하더라도 제발 쉬엄쉬엄하라고, 그게 진화라고 말합니다. 하지만 지금이 21세기잖아요. 요르단에는 혁명적 변화가 필요해요"라고 말했다.

'쉬엄쉬엄하라'는 저 조언은, 2년 전 그의 강좌 수강생들이 수업 과제로 제작하고 발표한 교내 성희롱·성추행 고발 비디오를 두고 한 말일 것이다. 2011년 가을 학기 페미니즘 이론 수업을 들은 학생(전원 여성)들이 학내에서 겪은 성희롱 사례를 적은 피켓을 들고 얼굴을 가린 채 찍은 148초 분량의 비디오에 온 나라가 경악했다고 한다. 제자 중 누가 히잡을 벗고 다니면 콰워스를 흘겨보던 때였다. 요르단 언론들은 콰워스가 학생들을 대놓고 선동한다고 비판했고, 일부는 피켓의 문구들 자체가 외설이라고 비난했다. 대학 측도 콰워스가 학교의 위신을 훼손했다며 그의 외국어학부 학장직을 박탈했다. "동료 중 누구도 내 연구실에 찾아와 격려해준 이가 없었어요. (…) 그들을 이해할 수 있어요. (…) 다들 가족이 있고, 월급이 필요하고, 지켜야 할 평판이란 게 있죠. 그러더군요. 그들은 (독신인) 나처럼 자유롭지 않다고요. 하지만 완벽하게 자유로운 사람이 있을까요?" 그는 매일 밤마다 집에 가서 울었다고 말했다.

바깥에서는 거꾸로 요르단 사회와 대학의 반응에 경악했다. 북미동아시아학회가 요르단 정부 및 요르단대 총장에게 공식 항의 서한을 보냈고, 민주주의 인권을 위한 국제 독립언론 〈열린 민

© 주유진 〈춤추는 나의 천사들〉 | 『가만한 당신 세 번째』 **마음산책**

2016년에 나란히 출간되었던 책 『가만한 당신』과 『함께 가만한 당신』을 기억하시나요. 최윤필 기자의 동명 칼럼 「가만한 당신」을 엮었던 두 책은 든든히 자리를 지켜왔습니다. 6년 만에, 그 뒤를 잇는 『가만한 당신 세 번째』가 출간되었습니다.

책에는 사회로부터 소외당했지만 스스로의 빛을 잃지 않고 삶을 힘껏 살아낸 소수자들의 이야기가 담겨 있습니다. 6년이라는 시간 동안 우리 사회에는 소수자를 향한 환대의 시선이 생기기 시작했습니다. 하지만 여전히 부족합니다. 여전히 우리에게는 가만한 '당신'들이 필요합니다.

소수에는 두 가지 뜻이 있습니다. 소수少數, 수가 적다는 의미도 있지만, 소수素數, 1과 자기 자신 외에는 어떤 것으로도 나눠지지 않는 수라는 의미도 있습니다. 『가만한 당신 세 번째』에 등장하는 여성, 장애인, 성폭력 피해자, 퀴어, 트랜스젠더, 동물 같은 소수자들의 인생을 읽다 보면, 소수자는 '마이너'하다는 의미가 아니라 고유하다는 의미임을 깨닫게 됩니다. 사회가 부여한 이름이 아니라 스스로 붙인 이름을 증명하고 빚어가는 에너지가 느껴져요.

겨울은 가장 추운 만큼 가장 따뜻한 계절이기도 합니다. 빛이 들지 않는 가장자리에서 누구보다 뜨겁게 살아낸 사람들의 이야기를 통해 희망이라는 작은 불씨를 키워보시는 건 어떨까요.

마음산책 드림

주주의Open Democracy〉는 그 일이 있기 직전 세계 500대 대학 진입을 목표로 선언한 요르단대학의 후진성과 여성인권의 실상을 칼럼으로 고발했다. 콰워스는 끝내 보직을 되찾지 못했다. 학생들이 찍은 비디오는 "시민 자유는 어디서 시작되는가? 프라이버시, 그것이 나의 자유다"라는 자막으로 끝을 맺는다.

강의실이라는 해방구

요르단 페미니즘의 진전은 적어도 콰워스 입장에서는 아주 더뎠다. 2000년대 초 교수로 임용된 뒤 그는, 우호적인 동료 교수들의 조언에 따라 종신 재직권을 받기 전까지 커리큘럼에서든 학내 활동에서든 무척 몸을 사렸다고 한다. 당시 요르단 사회는 페미니즘 자체를 거의 몰랐고, 안다고 하는 이들도 페미니즘을 이슬람과 무관한 서구문화 혹은 반反이슬람 정서의 한 갈래쯤으로 이해하는 게 대다수였다. 콰워스는 여성이고, 독신이고, 팔레스타인 혈통의 그리스정교회 신자라는 '핸디캡'까지 안은 채 종교·사회적 몽매에 맞서야 했다. 그는 자신과 자기 강좌와 제자들을 지키기 위해 신자들보다 더 열심히 쿠란을 읽고 연구해야 했다고 말했다. 예일대 인터뷰에서 그는 "영문학과장이 하루는 나를 부르더니 '당신이 미국 페미니즘으로 학위를 받았기 때문에 박사로 인정 못 한다고 하는 이들이 많다'고 하더라"는 말도 했다. 교수직도 위태로울 수 있다는 엄포이고 협박이었다.

제자들이 겪은 어려움도 컸다. "페미니즘 강좌를 수강하는 사실을 주위에 비밀로 하던 제자도 있었어요. (…) 그 수업을 듣는 것만으로 찍힐 수 있는 낙인들, 예컨대 레즈비언이라거나, 남성혐

135

오주의자라거나, 비이슬람·반이슬람주의자라거나, 서방의 첩자라거나 하는 것들…… 한마디로 국민, 시민으로서의 정체성을 부정당할 수 있는 거죠."

수업 자체의 어려움도 컸을 것이다. "강의나 토론 중 듣고 말해야 하는 어떤 단어들—페니스, 버자이너, 몸의 정치학, 성소수자 정체성 등—은 그 자체로 종교적 규범에 대한 '도전 또는 범죄'라 여겨질 수 있죠." 페이스북 계정을 세 개씩 만들어 가족용·친구용·애인용을 따로 쓰는 제자도 있었다고 한다. "내가 젊은 여성들에게 거짓말을 하도록 가르치는 것일까? 그 거짓말은 물론 살기 위한 방편일 테지만, 그게 제대로 된 삶일까?" 그는 연민해야 할지, 분노해야 할지 혼란스러울 때가 많았다고 말했다. 결혼해서 아이를 둔 제자도 있었고, 낮엔 일을 하고 저녁엔 수업을 듣는 학생도 있었다. 공부가 어려워서가 아니라 시선을 감당하는 게 힘들어서 수강을 중도 포기하는 학생도 적지 않았다.

그런 와중에도 그의 강의실은, 그 자체로 여성들의 값진 해방구이자 저항의 진지였다. 그는 제자들에게 "매일 아침 눈뜰 때마다, 주문을 외듯, 우리는 자율적 권리의 주체이며 그 권리 위에서 이미 당당한 존재라는 사실을 일깨워야 한다"고 말하곤 했다. 2017년 4월 청년·여성 인권을 주제로 열린 요르단대학 모의 유엔총회 연설에서는 13세기 이슬람 법학자이자 시인 루미Rumi의 말을 인용하기도 했다. "여러분은 대양을 이루는 물 한 방울이 아니라 그 대양을 품은 방울들입니다." 그 말들은 콰워스 자신의 오랜 주문이기도 했을 것이다.

사실 눈엣가시였을 그의 교수직을 지켜내고, 2006년 대학 내 여성학연구센터를 설립할 수 있었던 데는 현 국왕(압둘라 2세)의 고모인 바스마 빈트 탈랄Basma Bint Talal 공주의 후원 덕이 컸다고 한다. 2009년 콰워스는 여성 지위 및 인권 신장에 기여한 공로로 탈랄 공주가 주는 리더십·헌신 공로 훈장을 탔고, 2013년 미국 국무부의 '국제 용기의 여성상IWCA, International Women of Courage Award' 최종 후보에 오르기도 했다.

2017년 8월 1일, 요르단 의회는 강간범이 피해자와 결혼하면 기소하지 않도록 규정한 형법 308조, 이른바 '강간범 결혼 면책법Marry-Your Rapist Law'을 폐지했다. 성폭력 피해를 가문의 수치로 여겨 여동생이나 딸을 '명예살인'하기도 하는 아랍 몇몇 나라와 가톨릭 국가인 필리핀 등이 지금도 저 법을 유지하고 있다. 앞서 모로코가 강간을 당한 뒤 강제 결혼을 앞두고 있던 16세 소녀 아미나 필랄리Amina Filali의 자살 2년 뒤인 2014년 저 법을 폐지했다. "여성은 고깃덩이가 아니라 영혼을 지닌 주체로 인식돼야 한다. 반드시 그리되리라 나는 믿는다. 내 생애에 이뤄지지 않더라도 언젠가는……"이라고 말하던 콰워스는, 저 기쁜 소식을 듣지 못했다. 그는 대동맥 파열로 수술을 받았지만, 사인은 생체검사 합병증이었다.

콰워스는 이십대 무렵의 선택을 한 번도 후회한 적 없다고 말했다. "내가 하는 일이 옳다는 걸 믿기 때문에, 내 소명임을 알고 내가 해낼 수 있다는 걸 알기 때문에, 그리고 누구도 내게 다른 길을 가라고 요구할 권리가 없으며 좋은 교육의 가능성을 믿기 때문에, 후회하지 않는다." 그는 "교육이란 스스로 뭔가를 해낼 수 있는 힘과 기술, 비판적이고 창조적이며 지적으로 사고할 수 있는 능력,

그리고 맞서 도전하며 '내 생각은 다르다'고 당당히 말할 수 있는 능력을 길러주는 것"이라고 말했다. 그의 지인과 제자들은 그의 가르침뿐 아니라 그의 열정과 애정을 더불어 추모했다.

이십대 초반의 쾨워스는 소설 『각성』을 읽으며 부러움과 막막함과 자괴감으로 흐느꼈다고 말했다. 소설은 주인공 에드나가 영혼의 해방을 맞이했던 루이지애나 그랜드아일Grand Isle의 해변에 다시 가 알몸으로 헤엄쳐 나아가는 장면으로 끝을 맺는다. "헤엄을 치며 앞으로 나아가던 그날 밤이 떠올랐고, 해변으로 다시 돌아갈 수 없을 것만 같은 공포심에 사로잡혔던 기억도 되살아났다. 에드나는 지금 뒤를 돌아보지 않고 계속해서 앞으로 나아갔다. 어린 소녀시절 시작도 끝도 없는 것 같은 푸른 초원을 가로지르던 그때가 생각났다. 팔과 다리에서 서서히 힘이 풀렸다."*

에드나처럼, 쾨워스도 뒤돌아보지 않고 나아갔다. 그는 숨이 멎을 때까지 힘을 잃지 않았다.

---

*   케이트 쇼팽, 『각성』, 이지선 옮김, 문파랑, 2010, 302쪽.

질문하는 당신

1932.1.28 — 2020.9.25
버지니아 R. 몰런코트

할렐루야, 아이 엠 퀴어!

버지니아 R. 몰런코트

퀴어 신학의 선구적 전사

원죄를 품고 태어나 동성同性을 사랑하는 이중의 죄를 짓고, 제 안에 든 악마의 영을 저주하며 감정도 판단도 불신하고, 심지어 교사에게 두꺼운 성경책으로 얻어맞고 그만 살자고 물에 뛰어든 적도 있는 여성이, 문학에서 위안을 얻으며 공부해 교수가 되고, 성경을 다시 읽음으로써 신에 대한 오해를 풀고 자신을 긍정하게 됐다. 그 경험과 배움을 그는 '잃어버린 신을 되찾아야 한다'는 요지의 책으로, 그것도 여러 권이나 "독창적이고도 설득력 있게" 썼고, 보수 교단과 열성 신자들의 위협과 조롱, 저주를 측은히 여기게도 됐다. 그는 십여 권의 책과 숱한 강연을 통해 자신이 찾은 진짜 예수를, 차별 없는 사랑과 다름에 대한 격려로 북돋는 신앙을 열성적으로 '전도'했다.

"할렐루야, 아이 엠 퀴어Hallelujah, I'm Queer!" 퀴어 신학의 선구적 전사 버지니아 R. 몰런코트Virginia R. Mollenkott가 2020년 9월 25일 별세했다. 향년 88세.

몰런코트는 '근본주의자'란 말을 자랑스럽게 여기던 보수 기독교인 부모의 딸로 1932년 1월 28일 펜실베이니아주 필라델피아에서 태어났다. 어머니는 정육점을 겸한 식료품점을 운영했고, 아버지는 지압사였다. 아홉 살 때 아버지가 가출하면서 가족은 변두리 흑인 동네로 이사해야 했고, 전학 간 학교의 유일한 백인이던 몰런코트는 따돌림당하고 분풀잇감이 되기도 했다. 그가 10년 연상의 여성과 "사랑을 나눈" 건지 성추행을 당한 건지 알 수 없는 행위를 하다가 어머니에게 들킨 건 열한 살 때였다. 어머니는 '악마가 깃든' 딸을 더 엄격한 '남부장로교회' 기숙학교로 전학시켰고, 전학 사유를 알게 된 교사는 그를 성경책으로 때리는 등의 공개적 단죄를 하곤 했다. 또래의 괴롭힘은 더 험해졌고, 죄의식은 더 무거워져갔다. 그 지독한 고립감과 기도로도 어쩔 수 없던 '사악한 천성'에 고통받던 그는 급기야 물에 몸을 던졌다. 열세 살 때였다. 그는 "나란 존재가 악이어서 내 감정과 지각조차 신뢰할 수 없었다. 유일한 위안이 예수님의 십자가 죄 사함이었다"고 당시를 회고했다.

그가 보수 기독교 학교인 밥존스대와 템플대 대학원을 스스로 택한 것도, 동성애 성향을 '치유'하는 데 도움이 되리란 학부 교수의 조언을 좇아 동창생 남성 프레드 몰런코트Fred Mollenkott와 1954년 결혼한 것도, 신앙을 통한 자기부정과 자기 극복의 적극적 의지 때문이었을 것이다.

근본주의의 눈가리개를 벗어던지다

그는 영문학을 전공했다. 몰런코트가 신앙과 삶의 접점을 다시

모색할 용기를 얻은 건 뉴욕대 박사과정 무렵이었다. 엄밀히 말하면 논문 주제로 택한 17세기 청교도 사상가 겸 논객 존 밀턴 덕이었다. 청교도 혁명기를 살았던 밀턴은『실낙원』말고도 일련의 글쓰기로 표현의 자유를 옹호했고, 네 편의 이혼론 산문을 통해 결혼과 이혼, 성의 문제에 대한 교회의 도그마와 의회법을 논박했다. 불행한 결혼 생활을 겪은 밀턴은 창세기와 신명기의 새로운 해석을 근거로, 결혼이 출산, 음행 방지뿐 아니라 개인의 고독을 극복하고 영적 성숙과 정신적 사랑을 이루는 데 더 큰 목적이 있으며, 부부간 영적 대화와 사랑이 불가능하다면 이혼도 가능하다고 주장했다.

몰런코트는 "밀턴을 깊이 읽으며 비로소 성경에 대한 억압적 굴레에서 해방될 수 있었다"고, 성경을 "문학적 형식과 맥락 (…) 은유와 상징 등에 대한 새로운 해석이 가능한 역사적 텍스트"로 읽을 수 있게 됐다고, 비로소 '근본주의의 눈가리개'를 벗을 수 있는 용기를 얻게 됐다고 말했다. "인간은 섬이 아니다No Man is an Island"라 했던 시인 존 던의 메시지, "직관의 문을 열어 맑은 눈으로 보면, 모든 것이 그 자체로 성스러운 것을……"이라던 윌리엄 블레이크의 통찰도 비로소 수긍하게 됐다. 그는 1964년 박사학위를 땄고, 가정폭력 때문에라도 끝장내야 했던 만 19년 결혼 생활에도 1973년 종지부를 찍었다. 그에겐 아들 폴이 있었다.

그는 대학원 시절부터 모교인 밥존스대 학부에서 강의했고, 학위를 받기 전 뉴저지의 기독교 학교 셸턴칼리지 영문학과 교수로 학과장까지 맡았으며(1955~1963), 학위를 받은 뒤 뉴욕 나야크칼리지(1963~1967)를 거쳐, 윌리엄패터슨대에서 1967~1997년까지 재임한 뒤 명예교수가 됐다.

그는 1970년대 중반부터 페미니즘과 퀴어 신학을 주제로 한 10여 권의 책을 전투적으로, 한풀이하듯 출간했다(일부는 공저). 40년도 더 전인 1978년 그는 『동성애자도 내 이웃인가Is the Homosexual My Neighbor?』를, 5년 뒤엔 '신을 여성으로 상정하면 왜 안 되는가'라는 메시지를 던진 『여성적 신성The Divine Feminine』을, 2001년에는 트랜스젠더 신학을 다룬 『편재하는 젠더Omnigender』를 출간했다. 동성애를 긍정하고, 신과 예수의 남성성을 부각하는 신학적 판단을 논박하고, 기독교 신앙과 성서 해석에 널린 성차별을 고발하고, 다양한 스펙트럼의 성정체성을 지닌 모든 인간이 예수가 말한 차별 없는 사랑의 대상이라 주장한 그의 책들은 충격적이고, 도발적이고, 무엇보다 선구적이었다. 그가 교회의 가부장 권위를 비판한 첫 페미니즘 신학서 『여성, 남성, 그리고 성경Women, Men, & the Bible』을 쓴 건 1977년이었다.

진보 복음주의 신앙의 전도자

『여성적 신성』 출간 강연에서 그는 "예수가 남성이란 걸 부정하는 건 아니다. 내가 부정하는 것은 그가 생물학적 남성이란 사실이 인류 구원의 규범적 근거가 될 순 없다는 것이다. (…) 예수 자신도 남성성을 강조한 적이 없었고, '소피아'로 표상되는 여성적 지혜로, 암탉 같은 존재로 스스로를 드러내기도 했고, 흔히 여성의 일로 인식되는 발 씻기기 같은 일을 스스로 행하기도 했다. 그리스도를 '그He'로만 지칭하고 '그녀She'란 대명사론 쓰지 말아야 할 이유가 없지 않은가"라고 말했다. 그는 "성서는 해석하고 적용하는 관점에 따라 여성을 억압하는 근거가 될 수도, 힘을 북돋우고 해방하는 근거가 될 수도 있다"고, 마찬가지로 "끔찍한 전쟁도 평화적 공존도 정당화할 수 있다"고 말했다.

『여성적 신성』의 주제 중 하나는 '차별 언어의 배제Inclusive Language'였다. "창조주 하나님은 모든 인간을 동등하게 조건 없이 사랑하신다고 하면서, 일요일 교회에서 들리는 말은 온통 "맨Men, 형제, 아들, 아브라함의 신, 이삭, 야곱 등 남자를 가리키는 말 뿐이다. 당장 하나님부터 '그He'이고 (…) 교회 조직 자체가 성차별적이다." 그는 미국 기독교교회협의회의 추천으로 국제성서개역판 작업에도 참여해 "인간으로서의 하나님에 초점을 맞춰 남성 하나님의 색깔을 탈색하려고 노력"했으나, 보수주의 벽에 막혀 그리 역량을 발휘하진 못했다고 말했다.

1960~70년대의 혁명적 기운을 받으며 교회 내 진보적 복음주의도 성장했다. 몰런코트는 그들의 선봉으로서 집회나 세미나 등에 참여해 열성적으로 강연했고, 1974년의 복음주의 페미니스트 단체 '복음주의와 세계교회주의 여성협회' 등 여러 단체 설립을 주도했다.

보수 교단은 그를 악마처럼 여겼다. 학부 모교인 밥존스대 총장 밥 존스 3세는 1989년 편지에 "몰런코트가 우리 학교 출신이고, 학생들을 가르치기까지 한 사실이 수치스럽다"며 "동성애를 옹호하는 악마" 같은 "그의 파멸을 위해 기도하는 것도 부적절하지 않을 것"이라고 썼다. 몰런코트의 책 『여성적 신성』에 분노한 한 여성은 "어떻게 감히 하나님을 여성이라 하느냐! 하나님은 신성한 존재임을 모르는가?"라는 내용의 편지를 보내온 적이 있었다고 한다. 몰런코트는 "부디 하나님She이 그 자신과 우리에 대해, 여성 일반에 대해 하신 말씀을 떠올려보시라. 우리 모두가 신성한 하나님의 형상에 따라 만들어졌는데, 우리는 신성하지 않다는 말씀이냐?"라고 답장을 썼다.

몰런코트는 목숨의 위협까지 감당해가며 행한 자신의 분투를 "목숨을 걸 만한 가치가 있는 일"이라고 말하곤 했다. 실제로 그의 책을 읽고 강연을 들으며 죄의식을 벗고 위안과 힘을 얻은 이들이 적지 않았다. 성소수자 중심 교파인 메트로폴리탄 커뮤니티교회 목사 겸 작가로 활동해온 키트리지 체리Kittredge Cherry도 그들 중 하나였다. 그는 "몰런코트의 1978년 책을 읽고 힘을 얻어 살아남은 LGBTQ 기독교인이 얼마나 많은지 우리는 상상도 할 수 없을 것"이라고, 그가 "할렐루야, 아이 엠 퀴어"라고 우람차게 외친 1987년 강연 테이프를 지금도 찾아 듣곤 한다고 썼다.

미국 연합감리교회 목사이자 트랜스젠더인 데이비드 위클리David Weekley와의 인터뷰에서 몰런코트는 트랜스젠더들에 대한 폭력 등 혐오 범죄의 대처법에 대해 "건강한 자의식과 같고 다른 이들끼리의 연대 외에는 궁극적 해법이 없다"며 상상을 통해 타인의 감정에 다가설 수 있는 능력, 즉 '공감적 상상력sympathetic imagination'이 도덕의 바탕이라고 말했다. 같고 다른 이들의 상호 존중과 믿음, 힘의 북돋움empowering이 페미니즘의 핵심이라 했던 것, 차별 없는 사랑과 연민이 성경과 신의 참모습이라 했던 것이 그렇게, 윤리학-철학-문학이 구현하고자 했던 공감적 상상력과 포개졌다. 나는 윤리야말로 궁극의 '능력'이라고 믿는다. 그런 점에서 신은 전능하고, 전능해야 신이다. 스스로는 보편구제설을 믿는 복음주의자라 했지만, 몰런코트는 이미 신앙의 망토를 두른 인본주의자였다.

2018년 인터뷰에서 그는 자신을 "마음으로 남성이기도 하고 여성이기도 한 바이젠더bigender"라 했고, 『편재하는 젠더』에서는 "남성적 여성, 트랜스섹슈얼은 아닌 트랜스젠더"라고도 자신을 소개했다. 그는 재무설계사인 데브라 모리슨과 16년간 파트너로 지냈고, 1997년 연인으로 만난 고교 교사 주디스 수재너 틸턴과 2013년 결혼해 사별할 때까지 해로했다. 그는 2020년 6월 낙상 사고 후 치료를 받았고, 대통령 선거 우편투표와 집에서 임종하고 싶다는 두 가지 마지막 소원까지 이룬 뒤, 아들 부부와 전 파트너 모리슨 등이 지켜보는 가운데 편히 눈을 감았다.

1939.12.2—2022.5.14

레이 힐

정치의 부재가 극단주의를 키운다

레 이 힐

이데올로기를 가로지른 한 노동자

영국인 노동자 레이 힐Ray Hill의 삶은 크게 5단계로 나뉜다.

- 가난한 노동자의 아들로 태어나 학교를 중퇴하고 거리의 거친 싸움꾼으로 성장한 청소년기
- 군 제대와 결혼 후 버스 차장 등 온갖 노동으로 돈을 벌어 가족을 부양하고자 분투한 시기
- 극우 이념에 사로잡혀 네오나치 단체 활동가로 살았던 삼사십대 20년 세월
- 공개적으로는 극우파 리더로 살면서 은밀히 조직의 비밀을 언론에 폭로해 여러 조직을 내파시킨 '변절-전향'의 5년
- 자신의 부끄러운 진실과 극우의 추한 얼굴을 폭로하고, 극우 이념에 취약한 청년들의 현실을 고발하는 데 바친 여생

힐의 드라마 같은 삶에서 특히 주목되는 건, 그가 글과 말로 먹고산 '이데올로그'가 아니라, 극우 활동가로 사는 동안에도 늘

몸으로 가정을 부양한 노동자였다는 사실이다. 그는 자신과 가족의 미래를 위해 스스로 옳다고 여긴바, 저 광역의 이념 지대를 가로질렀다. 말년의 그는 "'칠면조에게 크리스마스에 표를 주라 ask turkeys to vote for Christmas'고 설득하는 것으로는 결코 정치적 극단주의를 극복할 수 없다"고 말하곤 했다. 공적인 해악을 알면서도 극단주의에 선동당하는 이들에게 극단주의가 나쁘다고 말하는 것은 공허하다는 의미, 자신의 이익에 반하는 바에 동조하라는 요구는 한계가 있다는 의미였다. 대신 그는 이렇게 주문했다. "(한때의 나처럼) 가난한 백인 청년 노동자계급이 극우의 유혹에 빠지지 않게 하려면, 그들에게 영감의 리더십과 진정한 열망, 무엇보다 희망을 위한 기회의 평등을 약속하는 주류 정치의 공간을 제공해야 한다."

극우의 파도에 휩쓸리다

영국이 2차대전 전후의 15년만큼 이민자들에게 너그러웠던 때는 드물다. 영국은 갓 독립한 '신영연방', 즉 호주, 뉴질랜드, 캐나다, 남아프리카공화국과 인도, 파키스탄, 스리랑카 출신이면 원칙적으로 누구에게나 영국 국적을 부여했고, 다른 나라 출신이어도 7년 이상 영국에 거주하며 영어에 능숙하고 범죄 전과가 없으면 귀화할 수 있는 기회를 제공했다. 연방 내 종주국 지위와 영향력을 유지하고, 전후 노동 인력 수요를 충당하기 위해서였다. 신영연방 신규 이민자는 1959년 2만 1550명, 1960년 5만 8300명, 1961년 12만 5400명으로 매년 폭증했다.

반면 국가 경제는 전쟁 부채 등으로 피폐한 상태였다. 그나마 1950년대에는 다른 유럽 국가에 비해 인프라와 공장 등의 전쟁 피해가 적어 고용과 소비 증가로 버틸 만했지만, 1950년대 말부터 이른바 '영국병'이라 불리게 되는 고비용-저효율 구조가 심화하고, 독일·일본 등과의 수출 시장 경쟁에서 고전하면서 전통 제조업이 휘청대고 노사갈등이 심화했다.

불황과 경기침체의 압박을 가장 첨예하게 받는 건, 늘 그렇듯 저소득 노동자 계층이었다. 그들의 궁핍과 불안을 이민자 탓으로 돌림으로써 분노를 조직화하는 '극우 정치'가 더불어 본격화했다. 더욱이 당시 이민자는 주로 2차대전 이전의 아일랜드계 백인들과 달리 아시아계 '비백인Non-White'이었다.

보건장관을 지낸 보수당 정치인 이녁 파월Enoch Powell이 당 전당대회장에서 이민자들에 대한 인종적 편견을 여과 없이 표출한 이른바 '피의 강물Rivers of Blood' 연설을 한 게 1968년 4월이었다. 그는 "영국이 천 년 역사상 유례없는 격변을 맞이하고 있다. (…) 이민자들이 영국을 파괴하고 있다"며, '내 눈에는 피로 흘러넘치는 테베레강이 보인다'던 로마 시인 베르길리우스의 시구를 인용했다. 저 인종주의 연설로 파월은 보수당 그림자 내각에서 배제됐지만, 상당수 노동자들은 그를 지지하는 시위를 벌였고 두 달 후 총선에서 보수당은 승리했다. 영국 의회와 정부는 1962년과 1968년 영연방이민자법과 1971년 이민법 개정을 통해 이민 규제를 점차 강화했다. 잉글랜드 중부 레스터에 살던 만 27세 노동자 레이 힐도 1967년 '반이민협회AIMS'에 가입하면서 극우의 파도에 휩쓸렸다.

그는 영국의 '러스트벨트'라 할 만한 랭커셔Lancashire, 현재는 그레이 트맨체스터라고 불림 모슬리의 양모 공장 노동자 아들로 1939년 태어나 애슈턴에서 성장했다. 훗날 그는 "모슬리도 거친 동네였지만, 중학교 시절을 보낸 애슈턴은 거의 전쟁터였다"고, "아이들과 주먹질하는 게 거의 일상이었"고, 학교에서도 교사들에게 매 맞기 일쑤였다고 말했다. 졸업장도 기술자격증도 하나 없이 학교를 중퇴한 그는 온갖 공장을 전전하며 노동으로 생계를 도모했고, 복싱장 스파링 아르바이트까지 하며 돈을 벌었다. 싸움꾼인 그가 용케 '뒷골목'으로 빠져들지 않은 데는 틈만 나면 책 읽기를 좋아했던 덕도 있을 것이다. 그는 독학하는 습관 덕분에 자신이 지적으로 각성한 삶을 살 수 있었다고, 평생 그 습관을 유지하고자 애썼다고 말했다.

그는 3년간의 군복무 후 자신의 딸을 임신한 웨이트리스 글레니스 샵코트Glennis Shapcott와 1966년 결혼해 레스터의 가난한 동네에 거처를 마련했다. 하지만 혼자 벌어 가족을 부양하는 게 당시 그에겐 무척 버거웠다고 한다. 그는 배운 것 없고 가진 것 없는 무능한 가장이라는 자괴감에 시달렸다. 그런 그에게 솔깃하고 강렬한 유혹이 찾아왔다. '모든 게 이민자 탓'이라는 극우의 꼬드김이었다.

훗날 그는 자서전에 "당신의 불행이 모두 다른 누군가의 탓이라고 생각하게 되면, 무능한 가장이라는 자괴감이 감쪽같이 사라진다. 이제 내 마음 속에서, 인종 편견은 가장으로서의 위신을 세우는 동력이 된다. 가난과 고통은 더 이상 내가 못난 탓이 아니다. 모든 원인은 이민자들에게 있고, 이민자와 싸우는 것이야말로 내 가정을 지키는 것이 된다"고 썼다.

그는 신념의 활동가이자 열정적 웅변가였다. 1968년 더 규모가 큰 극우단체 국민보존협회RPS, Racial Preservation Society로 옮겨 당시 영국 네오나치의 거물 콜린 조던Colin Jordan을 만났다. 힐은 조던이 1968년 설립해 초대 회장을 맡은 전국 규모의 극우단체 '브리티시무브먼트BM'의 레스터시 지부장이 됐다. 조던이 이듬해 버밍엄 하원 보궐선거에 출마(낙선)했을 땐, 보디가드 겸 핵심 참모로 그를 그림자처럼 따라다녔다. 아내 글레니스는 점점 변해가는 남편을 못마땅해하면서도 대체로 참아줬다고 한다.

내부에서 극우의 불의를 폭로하다

1969년 말, 그는 한 유대인 카페 주인을 폭행해 상해 혐의로 불구속 입건됐다. 그러곤 경찰조사를 피해, 가족과 함께 남아프리카공화국 요하네스버그로 도망치듯 이주했다. 영연방인 남아공에도 극우 인종주의 네트워크는 존재했고, 힐은 공장 노동자로, 소방수와 버스 차장, 보험 판매원 등으로 일하며 남아공국민전선SANF, South African National Front 핵심 멤버로 활약하다 1978년 의장이 됐다. 의장 시절 그가 주도한 캠페인 중 하나가 남아공의 대표적인 아파르트헤이트 법 중 하나인 '집단지구법Group Areas Act, 1950년에 제정된 인종별 이용·거주지역 구분 법률'을 보다 엄격히 집행하라는 거였다.

1979년 그는 요하네스버그 힐브로Hillbrow 지구의 한 인도인 이민자 가족이 경찰에 의해 집에서 쫓겨나 길바닥에 나앉은 걸 봤다. 자신과 남아공국민전선의 캠페인 탓이었다. 이민자로서 남아공에 정착해 사는 동안 그의 가족도 유대인 등 여러 '2등' 이웃들의 도움을 받았고, 인종차별과 비백인의 비참을, 그들의 인권·저항운동을 보고 겪은 터였다. "창자가 꼬이는 느낌이었다. 그 일가족이 당한 일이 나 때문이라는 걸 어떻게 말할 수 있을까? 이 세상 어디에도 갈 곳 없이 거리에 내몰린 그 불쌍한 가족을 위로하고 싶었지만, 바로 내가 그들을 곤경에 처하게 했다는 자각 때문에 그 단순한 인간적 동정조차 할 수 없었다. (…) 한없이 부끄러웠다. (…) 인종주의자로서의 나의 삶이 그렇게 끝이 났다." 몇 달간 번민하던 끝에 그는 1979년, 아내와 셋으로 불어난 아이들과 함께 10년 만에 레스터로 귀향했다. 2015년 인터뷰에서 그는 "인간적인 마음을 조금이라도 지닌 사람이라면 남아공에서 10년을 머물며 아파르트헤이트를 혐오하지 않을 수 없을 것이다. 너무 끔찍했다. 끔찍함 그 자체였다"라고도 말했다.

영국 노동당계가 창간한 대표적 반파시즘 탐사보도 월간지 〈서치라이트Searchlight〉에 1980년 초부터 익명의 제보 전화가 잇달아 걸려오기 시작했다. 레스터 지역 극우파 활동 계획에서부터 1982년 극우 국민전선NF의 파생 정당으로 출범한 '브리튼국민당BNP, British National Party' 당원 명부까지 알짜배기 정보가 수두룩했다. 제보의 주인공은, 놀랍게도 레이 힐이었다. 귀국 직후 극우 활동을 재개해 브리시티무브먼트 부위원장으로 일했고, 브리튼국민당 창당 멤버로 당수 존 틴들John Tyndall과 나란히 창당 행사장 단상에 앉았던, 바로 그였다.

대외적으로 그는 누구보다 악질적인 극우파 리더였다. 싸움꾼

한없이 부끄러웠다. (…)
인종주의자로서의 나의 삶이
그렇게 끝이 났다.

출신으로 브리티시무브먼트 조직 내 강성 '스킨헤드'들의 전폭적 지지를 받던 그는, 브리튼국민당 창당과 극우조직 통합을 명분으로 브리티시무브먼트 리더였던 마이클 매클로플린에게 맞서 조직을 재편했고, 1982년 6월 BBC 라디오쇼 〈질문 있습니까Any Questions?〉의 반극우 공개방송 현장에 당원들을 이끌고 난입해 극우 구호를 외치며 방송을 중단시키기도 했다. 1983년 브리튼국민당 후보로 레스터 서부 지역 총선에도 출마(낙선)했다. 극소수를 제외한 〈서치라이트〉의 누구도 제보자의 신원을 알지 못했고, 극우 진영의 누구도 그를 의심하는 이는 없었다.

힐의 제보 덕에 1981년 이탈리아 볼로냐, 프랑스 파리, 독일 뮌헨 등지에서 잇달았던 극우 폭탄테러의 배후, 즉 유럽 네오나치 네트워크가 드러났고, 여러 건의 무기 밀거래 현장이 적발됐으며, 1981년 런던 노팅힐 페스티벌 폭탄테러를 미연에 방지할 수 있었다. 이탈리아 극우파 테러리스트들의 영국 내 비호 및 은신 네트워크를 적발한 것도 그의 제보 덕이었다. 극우파 리더로서 음지에서 저 활약을 펼치는 동안에도 그는 노동자였다. 택시 기사였고, 도박장 매니저였으며, 아내를 도와 게스트 하우스를 운영했다.

1984년 BBC 채널4 다큐멘터리 〈테러의 이면The Other Face of Terror〉에 그가 비로소 실명과 얼굴까지 공개하며 출연해 자신의 진실, 즉 극우파로 산 20년과 내부 첩자로 산 지난 5년의 진실을 고백하고 극우파의 이면을 폭로했다. 〈가디언〉은 당시의 충격을 두고 "(영국 극우파가) 할 말을 잃고 분노로 졸도할 지경이 됐다"고 썼다.

보복 살해 등 힐에 대한 극우파의 위협이 이어졌다. 소이폭탄

테러로 집이 전소된 적도 있었다. 하지만 그는 말년까지 학교 강연과 집회 등을 통해 인종주의 극우집단의 해악과 비열함을, 불의와 부도덕을 폭로하는 데 헌신했다. 〈서치라이트〉는 "그 누구도(적어도 실명을 공개할 수 있는 이들 중에서는) 영국 극우 운동에 레이 힐보다 치명적인 타격을 가한 사람은 없었고, 반파시스트 세대에 영감을 제공한 사람도 없었다"고 썼다.

그는 극우 운동에 포섭된 가난한 백인 청년 노동자 계층에 대한 직접적인 비판은 한사코 삼갔다. 극우의 유혹에 그들(의 처지)이 얼마나 취약한지, 유혹의 방식과 논리가 얼마나 교묘하고 능란한지, 그래서 얼마나 저항하기 힘든지 누구보다 잘 알기 때문이었다. 무엇보다 극우를 자라나게 하는 궁극적인 토양, 다시 말해 책임이 정치의 실패, 정치의 부재에 있다는 사실을 알기 때문이었다.

1928.1.20 — 2021.9.10
사디 야세프

20세기 무슬림 테러의 논쟁적 첫 장을 열다

사 디 야 세 프

독립 영웅과 테러리스트 사이

이라크전쟁 개전 직후인 2003년 9월 미국 국방부는 파병 장교와 백악관 안보보좌관실 관계자 등 40여 명을 모아놓고 영화 한편을 단체 관람했다. 또 이례적으로 그 사실을 언론에 공개했다. 초대장에는 이런 구절이 있었다. "(프랑스는) 어떻게 테러와의 전쟁에서 이기고도 이념 전쟁에서 패배했는가. (…) 이 영화는 어쩌다 그렇게 됐는지를 보여주는 드문 작품이다." 이들이 본 영화는 이탈리아 감독 질로 폰테코르보Gillo Pontecorvo의 1965년 영화 〈알제리 전투〉였다.

영화는 130년 프랑스 식민 치하에서 벗어나기 위해 알제리인들이 벌인 독립전쟁(1954~1962) 중 1956, 1957년 수도 알제에 집중된 테러와 보복 테러, 체포, 고문과 살인, 진압의 양상을 다뤘다. 네오리얼리즘 거장 폰테코르보는 뉴스 화면을 편집한 것 같은 흑백 다큐 기법으로 저 영화를 촬영했고, 출연진도 한 명을 뺀 전원을 일반 시민과 여행자로 채웠다.

영화 〈알제리 전투〉는 이탈리아 공산당원이던 좌파 감독 폰테코르보가, 테러 주체인 알제리 민족해방전선NLF, National Liberation Front 전투 사령관의 회고록을 토대로 만든 시나리오로, 독립 직후 알제리 자본으로 만들어졌다. 폰테코르보는, 군인들의 고문 장면뿐 아니라 알제리 민족해방전선의 냉혹한 테러 양상, 예컨대 유럽 민간인 여성, 아이들까지 무차별적으로 희생시킨 폭탄테러 장면까지 여과 없이 담았고, 테러 및 고문의 논리와 심리까지 파헤침으로써 값싼 선전영화의 함정을 벗어나 폭력과 해방, 야만과 휴머니즘이라는 본질의 틈새로 돌진했다. 영화는 1966년 베니스 영화제 황금사자상과 아카데미 최우수외국어영화상을 수상했다. 하지만 당시 프랑스 당국은 고문 사실 자체를 부정하며 영화의 국내 상영을 5년간 금지했다.

테러-반테러의 교과서가 된 영화

영화는 예술적 평가와 별개로 이데올로기적 도구로도 각광받았다. 1960년대 미국 대학가 반전-급진주의 활동가들이 저 영화를 필수 교재처럼 활용했고, 아일랜드공화국군IRA과 블랙팬서스Black Panthers, 팔레스타인해방기구PLO와 근년의 알카에다 등 수많은 (준)테러단체들이 조직원들의 적개심과 투지를 돋우고 고문, 테러의 기술적 기초를 전수하며 테러 활동을 정당화하는 데 이용했다.

'테러와의 전쟁'을 막 시작했던 미국 정부가 영화 단체 관람 사실을 공개한 까닭도 그와 무관하지 않았다. 당시 〈뉴욕타임스〉는 "정말 정부가 영화를 통해 뭔가를 배우고자 했다면, 훨씬 상위

권력자들이 은밀히 저 이벤트를 벌였을 것"이라며 모종의 노림수를 의심했다. 꼬집어 밝히진 않았지만, 그 노림수란 테러의 잔혹성과 테러범에 대한 고문의 불가피성 등을 간접적으로 인정하는, 정서적 충격 완화를 위한 일종의 백신이었을 것이다.

사디 야세프Saadi Yacef는 도심 테러의 지휘자인 알제자치지구 민족해방전선 게릴라 사령관이었고, 영화 시나리오의 원작인 『알제전투 회고록Souvenirs de la bataille d'Alger』을 쓴 작가였으며, 감독을 섭외하고 제작비를 댄 영화 제작자였고, 직접 출연까지 해서 자신(엘 아디 자파르 역)을 연기한 배우였다. 다시 말해 그는 해방전쟁의 분수령이 된 1956~57년 알제 테러의 주역이자 영화의 숨은 주연이었다.

폰테코르보의 성취에 가려져 있던 사디 야세프의 존재가 부각된 것은 원작 필름이 고화질 영상으로 복원된 2004년 무렵이었다. 그는 후세대가 자신들의 삶과 활동을 있는 그대로 기억해주길 바랐다고, 다만 자신들의 테러에 대해선 조금도 후회하지 않는다고 말했다. 1990년대 이슬람 원리주의자들에 의한 '알제리 내전' 테러에 대해서는 "민족해방전선의 테러와 방식만 닮았을 뿐 동기도 지향도 전혀 다르다"고, "그들은 부끄러워해야 한다"고 주장했다.

20세기 무슬림 테러 역사에 논쟁적인 첫 장을 연 '이슬람 전사' 출신의 작가 겸 영화인 사디 야세프가 2021년 9월 10일 별세했다. 향년 93세.

1954년 10월 31일 밤, 알제리 민족주의 무장단체들이 수도 알제와 동부 도시들의 군·경찰서 및 산업시설 50여 곳을 동시 습격했다. 농촌과 산악 지역에 국한됐던 게릴라의 총구가 식민 통치의 심장부로 향한 거였다. 다음 날 아침, 주요 도시에 'NLF'란 단체 명의의 전쟁선언문이 나붙었다. 프랑스를 적으로 규정하며, 민중의 역량으로 적을 타도하고 잔재를 청산하자는 선전포고 겸 독립선언이었다. 민족운동 중추였던 알제리인민당PPA의 후신 민주자유승리운동에서 독립한 비밀 지하조직 민족해방전선은, 합법 정치 무대 한복판에서 테러·무장투쟁을 통해 알제리 인민의 독립 의지와 당위를 전 세계에 알리고자 했다.

고대 로마제국 시대부터 지중해 무역 거점이던 알제리는 오스만제국의 지배를 거쳐 1830년 프랑스 식민지가 됐다. 프랑스는 알제리를 북아프리카 마그레브 지역 장악의 교두보로 삼고, 튀니지·모로코 등의 '보호령'과 달리 본국 영토의 일부로 편입해 외교부가 아닌 내무부가 관장하도록 했다. 유럽인의 알제리 정착을 적극 권장했고, 그들의 편의를 위한 근대화 사업도 차별적으로 추진했다. 매입과 몰수로 토지와 자본을 독점한 프랑스 및 유럽 이주민colon, 일명 콜롱과 현지에서 태어난 유럽인pieds-noirs, 일명 피에누아르은 1등 시민으로 군림했고, 알제리인은 총체적 불평등 속에 130년 세월을 견뎠다. 민족해방전선이 출범한 1954년 말 기준 알제리의 유럽인은 약 98만 명, 알제리인은 848만 명이었고, 초등교육을 이수한 알제리 남성은 약 15퍼센트, 여성은 5퍼센트에 불과했다.

19세기 이후 이어진 알제리 민족운동은 2차대전을 거치며 비폭력 노선에서 무장투쟁으로 급격히 선회했다. 그들은 연합군 일원으로 참전해 프랑스 해방에 기여했지만 정작 자신들은 여전히 피식민 하층민으로 살아야 하는 현실에 분노했다. 동시에 무기와 전투 경험을 얻었고, 해방의 가능성을 확인했다. 1945년 5월 1일, 노동절 기념행사를 기점으로 시작된 '세티프 봉기(또는 세티프 학살)'는 알제와 오랑 등 여러 도시에서 폭동 양상으로 한 달 가까이 이어졌다. 하지만 폭격기까지 동원한 프랑스군과 경찰, 민병대에 의해 약 4만 5천 명(프랑스 측 추산은 6천~8천 명)이 숨지거나 실종되며 무참히 짓밟혔다. 그 끝에 탄생한 게 민족해방전선이었다.

사디 야세프는 1928년 1월 20일 수도 알제의 아랍인 거주지 카스바Casbah 지역에서 태어났다. 학교를 다닌 적 없는 베르베르족 혈통의 제빵사 아버지는 알제리인민당 당원 겸 연락책으로 일했고, 빵집 아들 야세프도 민족주의자로 성장했다. 1942년 2차대전 연합군이 학교들을 군사시설로 징발하면서 열네 살의 야세프는 학업 대신 제빵 기술을 익혀야 했고, 열일곱 살에 알제리인민당에 입당해 1945년 세티프 봉기에 가담했다.

알제리는 식민지가 아닌 프랑스 국내법 지배를 받는 해외 '도道'였다. 1937년 민족 정당 알제리인민당이 출범한 것도 프랑스 국내법이 보장한 정당 설립의 자유 덕이었다. 1945년 봉기 이듬해 알제리인민당은 강제 해산됐고, 민주자유승리운동이 뒤를 이었다. 야세프는 민주자유승리운동의 준군사조직OS에서 빼어난 전사였다. 그는 1949년 OS가 해산된 직후 프랑스로 건너가 노동자로 약 3년을 지낸 뒤 1952년 귀국, 민족해방전선 창설 멤버들을 도와 군사 부문 조직 작업을 이끌었다. 1956년 게릴라전을 본격화하던 무렵 그의 직함은 알제 자치지구 민족해방전선 작전사령관이었고, 주 임무는 구역별 테러조직을 관리하며 타깃을 정하고 작전을 지시하는 거였다.

1957년 1월 프랑스는 민족해방전선 소탕과 '치안'을 위해 제 10공수부대를 급파했다. 영화 속 '마티외Mathieu' 대령으로 등장하는 진압군 사령관은 2차대전 자유프랑스군의 영웅 자크 마쉬 Jacques Massu와 부사령관 폴 오사레스Paul Aussaresses 장군이었고, '샴페인 작전'이라고 이름 붙인 소탕전의 핵심 전술은 훗날 스스로 인정한바 고문이었다. 2000년 오사레스는 알제리인 수천 명을 '실종'시키고, 민족해방전선 고위직 스물다섯 명을 살해한 뒤 자살로 위장한 사실을 회고록을 통해 거리낌 없이 밝혔다. 인터뷰에서 그는 모든 행위는 "다 알다시피" 프랑스 당국의 승인하에 이뤄졌고, 오직 후회스러운 건 고문으로 그들을 죽이면서 아무 성과도 얻지 못한 몇몇 사례들뿐이라고 말했다. 1968년 프랑스 정부는 사면법을 제정해 알제리에서 자행된 반인륜 범죄의 모든 법적 책임을 면제했지만, 오사레스는 고문이 아니라 고문과 전쟁범죄를 정당화한 죄목으로 2001년 기소돼 7500유로 벌금형을 받았다.

야세프는 1957년 9월 체포돼 사형선고를 받았고, 1958년 9월 샤를 드골의 프랑스 제5공화국 정부 출범 직후 사면됐다. 글을 깨치지 못한 그가 옥중에서 구술로 쓴 게 회고록이었다.

야세프는 1962년 알제리 독립 후 '카스바 필름 컴퍼니'를 설립, 폰테코르보를 직접 찾아가 영화 제작을 제의했다. 폰테코르보와 시나리오 작가 프랑코 솔리나스는 약 18개월간 알제 카스바에 머물며 사건 현장을 둘러보고 관련자들을 인터뷰했다. 영화 촬영에는 단 5개월이 걸렸다. 폰테코르보는 프랑스군 출신의 저널리스트를 주인공 삼아 알제리전투를 다룬 영화를 구상 중이었고, 주연 배우로 폴 뉴먼을 캐스팅할 생각이었다고 한다. 2008년 인터뷰에서 야세프는 "나는 폰테코르보에게 '지금 알제리전투 이야기를 하려는 것 맞나? 차라리 존 웨인을 캐스팅하는 건 어떤가? 픽션처럼 보여서 아무도 믿지 않을 것이다'라고 말했다"고 했다. 영화에 출연한 직업 배우는 프랑스 진압군 대령 '마티외' 역의 장 마르탱이 유일했고, 그나마도 당시엔 연극에만 출연해 영화 판에서는 생소한 배우였다. 폰테코르보의 고집으로 야세프도, 시나리오 작가도 영화에 출연했다. 야세프는 2016년 인터뷰에서 "책 내용 중 약 60퍼센트가 영화에선 빠졌다. 내가 허벅지에 세 군데 총상을 입은 이야기도 제외됐다. (…) 하지만 최대한 사실을 있는 그대로 구현하기 위해 팔다리를 잃고 병원에 있던 아이들을 엑스트라로 출연시켰고, 영화 속 주인공인 알리가 폭사당하는 장면과 테러 장면을 촬영하기 위해 원래 있던 아파트 건물과 카페를 새로 복원하기도 했다"고 말했다.

전쟁이 보여준 테러와 고문 이데올로기

저널리스트 출신 연구자 노서경의 『알제리전쟁 1954-1962』는 전쟁 자체를 밑그림으로 깔고 당시 프랑스와 알제리 및 북아프리카 지식인들의 지적 개입의 양상을 좇은 방대한 책이다. 저자는 해방 전쟁을 지지, 지원하며 프랑스공화국의 제국주의적 위선을 폭로한 레지스탕스 전통의 가톨릭 저항 세력과 진보 언론 및 출관계, 사르트르, 카뮈, 프란츠 파농과 레지스탕스 출신 인류학자 제르멘 틸리온 등의 활약상을 상세히 소개했다. 〈한겨레신문〉 기자 정의길은 『이슬람 전사의 탄생』이란 책에서 "알제리 독립전쟁은 그 잔혹함과 이슬람주의 세력이 가담한 무장투쟁이란 점에서 향후 이슬람권 분쟁의 성격을 보여주는 첫 분쟁"이라 썼다. 2015년 1월 '샤를리 에브도 테러'의 원죄를 '알제리전쟁'에서 찾는 이들도 있었다.

영화에서 마티외 대령은 고문 여부를 추궁하는 프랑스 기자들에게 "프랑스가 알제리에 남기를 바라는가? 만일 그렇다면, 우리는 그에 필요한 모든 조치들도 함께 수용해야 한다"고 말한다. '조치'란 한마디로 고문을 포함한 전쟁범죄였다. 프랑스 공수부대에 체포된 민족해방전선 간부 벤 미히디Ben M'hidi는 민간인 테러의 비열함을 추궁하는 기자들에게 "그럼 민간인 마을을 폭격하는 것은 괜찮은가? 만일 우리에게 폭격기를 준다면 폭탄을 버리겠다"고 말했다. 1962년 독립 후 권력을 장악한 민족해방전선은 '하르키Harki', 즉 프랑스 당국의 정보원이나 고문 기술자 등으로 일하며 출세한 알제리인 친불 부역자 약 15~25만 명을 처형·학살했다.

2007년 인터뷰에서 야세프는 "우리는 여성들도 살해했고 (…) 맞다, 자궁에서 태아를 끄집어내기도 했다. 하지만 우리 행위는 해방을 위해서였다. 잔인한 적에 대항해 우리가 선택할 수 있는 유일한 수단이 그것뿐이었다"고 말했다. 미국의 이라크전쟁에 대해 그는 "이라크와 알제리는 다르다"고 전제하면서도 "미국이 질 수밖에 없는 전쟁"이라고 단언했다. 그는 "대량살상무기 등을 명분으로 전쟁을 벌이지만 당신들이 맞닥뜨릴 것은 칼을 든 민중 우리 행위는 해방을 위해서였다.
잔인한 적에 대항해 우리가 선택할 수 있는
유일한 수단이 그것뿐이었다.

일 것이다. 당신들은 침략하는 그날부터 패배할 것이다. (…) 당신들이 평화와 테러 종식에 대해 말하고자 한다면 먼저 무기 생산 및 판매를 중단해야 한다"고 말했다.

집권 이후 민족해방전선은 군부를 중심으로 한 일당독재 권위주의 정권으로 변질됐고, 1986년 유가 폭락에 따른 재정 파탄으로 경제적 불안이 악화했다. 그 결과 1991년 알제리 총선에서 이슬람 원리주의 정당인 이슬람구국전선이 압승하자, 민족해방전선은 선거를 무효화하고 구국전선 탄압에 나섰다. 이후 만 10년간 최소 12만 명의 목숨을 앗아간 알제리 내전이 시작됐다. 유럽 및 아랍 여러 나라와 알카에다 등 무장 원리주의 테러단체들이 직간접적으로 개입하면서, 내전은 동포를 대상으로 한 자살 폭탄 테러를 포함하는 잔혹한 지하드jihād 양상으로 전개됐다. 1997년 민족해방전선 진영의 총선 승리와 1999년 대선을 거치며 진정돼 2002년 내전은 끝났지만, 소수 원리주의 무장단체들의 국지도발은 지금도 산발적으로 일어나고 있다.

독립 후 정치와 거리를 두고 영화인으로 살며 1982년 영화와 같은 제목의 책을 썼던 야세프는 2001년 상원의원격인 국가평의회 의원에 임명돼 정치 자문을 하며 말년을 보냈다. 그는 2007년 인터뷰에서 "집권 후 민족해방전선의 통치는 한마디로 엉망이었다. 그 정부가 1992년 내전의 폭력을, 괴물들을 창조했다"고 비판했다. 하지만 자살 폭탄테러 등을 비난하면서도 "알제리 해방전쟁은 우리가 살기 위해 벌인 싸움이었지 죽기 위해 벌인 싸움이 아니었다"고 말했다.

2007년 스코틀랜드 에든버러에서 열린 영화 〈알제리 전투〉 재개봉 행사에 참여한 야세프는 현지 언론 인터뷰에서 "게릴라 작전 중 바지에 오줌을 싼 적도 있었지만 (…) 그 시절이 내 생애 가장 아름다운 시절이었다"고 회고했다. 그리고 사형수로 독방에 갇혀 지내면서도 "죽는 건 전혀 두렵지 않았다"고, "다만 단두대 앞에서 두려움에 넋이 나가 '알제리여 영원하라'라고 당당히 외칠 수 없게 될까 봐 두려웠을 뿐이었다"고 말했다.

1971.7.4—2018.6.19

코코

그는 인간 중심 세계를 바꾸는 데 기여했다

코 코

고양이와 인간을 사랑한 고릴라

코코Koko는 인간의 언어로 인간과 소통한 암컷 서부롤런드고
릴라다. 알려진 바에 따르면 그는 영어 단어 2천여 개를 알아듣
고 수어 천여 개를 구사했다. 그의 수어란, 연구자들이 미국표준
수어를 변형해 만든 '고릴라수어Gorilla Sign Language'여서 극소수만
이해하는 일종의 암호였지만, 그와 인간이 '대화'하는 모습은 감
동적이었다. 코코는, 언어능력을 떠나 인간이 다른 영장류에게
품을 만한 환상을 채워줄 만큼 위엄 있고 점잖았으며, 여린 생
명, 특히 어린 고양이들에게 자애로웠다.

코코는 단일 개체로선 가장 오래 인간의 실험-관찰 연구 대상
이었던 비非호모사피엔스였다. 코코는 한 살이 채 안 된 1972년부
터 45년여 동안 발달심리학자 프랜신 "페니" 패터슨Francine "Penny"
Patterson과 그가 설립한 고릴라재단The Gorilla Foundation 연구자·사
육사들과 함께 살았다. 코코는 넘치도록 극진한 보살핌을 받았지
만, 동물원 고릴라에게 대체로 허용되는 무리 생활을 누리지는 못
했다. 그래서 어쩌면 자신들의 언어, 즉 무리끼리 소통하는 소리와

몸짓 등의 동물 언어는 제대로 익히지 못했을 것이다. 그 탓인지 코코는 어떤 수컷 고릴라에게도 반려로서 곁을 주지 않았고 당연히 새끼를 배거나 낳은 적이 없었다.

그가 만 46년 11개월을 살고 2018년 6월 19일 숨졌다. 고릴라 재단은 "코코는 모든 고릴라들의 대사ambassador이자 종간 소통과 공감의 아이콘으로서, 수많은 인류에게 큰 감동을 안겨주었다"라며 "그는 인류에게 고릴라의 (놀라운) 공감 및 인지능력을 알림으로써 (인간 중심) 세계를 바꾸는 데 기여했다"고 밝혔다. SNS에는 공감과 애도의 글이 쇄도했다.

대중이 사랑한 고릴라

코코는 미국 독립 기념일 불꽃 축제가 한창이던 1971년 7월 4일 샌프란시스코 동물원에서 태어났다. 사육사들은 그를 '하나비코(불꽃의 아이)'라 불렀다. 코코는 태어나자마자 건강이 안 좋아 어미 품에서 떨어져 집중치료를 받았고, 생후 10개월 뒤 스탠퍼드대 심리학과 박사과정의 페니에게 연구 목적으로 위탁됐다. 당시는 영장류의 인간 언어 학습 능력과 언어소통 연구가 지대한 관심을 끌던 때였고, 코코는 '때 묻지 않은' 샘플이었다. 코코는 대학과 동물원의 배려로 1974년부터 대학 캠퍼스 귀퉁이의 방 다섯 개짜리 큼직한 트레일러하우스에서 페니와 거의 24시간 함께 지냈다. 그는 페니의 침실 등 일부 공간을 제외하고 어디든 자유롭게 다닐 수 있었고, 아이들처럼 온갖 인형과 장난감을 갖고 놀았다. 그리고 수어 통역가 등 비非음성언어 전문가들의 집중적인 교육을 받았다. 페니는 1975년 〈뉴욕타임스〉 인터뷰에서 코코가 네 살 무렵 이미 170여 개 단어를 깨우쳤고, "어휘를 창의적으로 구사하는 능력을 발휘했다"고 밝혔다.

유인원의 인간 언어 학습 능력 연구는 1930년대에 시작됐다. 인간의 언어 능력이 문화·학습의 산물이라면 유전자의 98퍼센트 이상을 공유하는 유인원도 인간처럼 양육했을 때 언어를 익힐지 모른다는 가설, 거꾸로 인간 언어 능력은 유전적으로 획득된 고유의 자질이라는 놈 촘스키의 주장 중 무엇이 옳은지 따져볼 필요도 있었다. 늑대 무리에 의해 길러진 인도의 '늑대 소녀들'이 발견된 것도 1920년대였다. 인디애나주립대 심리학자 윈스럽 켈로그Winthrop Kellogg는 구아Gua란 이름의 생후 7개월 된 침팬지를 자신의 열 살 아들과 함께 키우며 말을 가르쳤다. 그의 실험은 9개월 만에 실패했다. 당시는 유인원의 혀와 입술, 후두 등 해부학적 구강 구조가 음성언어의 발성에 부적합하다는 사실이 알려지기 전이었다.

유인원 수어 연구는 1960년대 중반 되살아났다. 1963년 프랑스 SF 작가 피에르 불의 소설 『혹성 탈출』이 출간됐고, 1968년 동명의 영화가 개봉됐다. 이런 사회 분위기는 적어도 연구 자금을 얻는 데 도움이 됐을 것이다. 1966년 네바다대 심리학자 앨런과 베아트릭스 가드너 부부의 침팬지 워쇼Washoe가 최초의 수어 연구 대상이었다. 가드너 부부에 따르면 워쇼는 22개월 만에 34개 어휘를 수어로 익혔고, '냄새'라는 어휘를 전달하기 위해 '꽃'이란 단어를 제시하는 등 언어적 창의(비유)를 발휘했으며, 다른 침팬지에게 수어를 가르치기도 했다고 한다. 백조를 두고 '물 새water bird'라 칭한 것도 워쇼였다.

그들의 논문은, 실험방법론과 데이터 등으로 동료 학자들의 인정을 받은 소위 '주류' 과학은 아니었지만, 그래서 촘스키 같은 언어학자와 주류 영장류학계는 대부분 무시하거나 의심했지만, 가능성만으로도 고무적이었다. 무엇보다 연구 결과를 접한 시민들이 열광했다. 컬럼비아대 언어심리학자 허버트 S. 테라스Herbert S. Terrace의 침팬지 님 침스키Nim Chimpsky, 놈 촘스키의 패러디는 44개월 동안 125개 수어 어휘를 익혔다. 하지만 테라스는 침스키가 인간의 언어로 인간과 소통했다고 판단하는 것은 난센스라고 결론지었다. 침스키는 먹을 걸 달라는 등 주로 동물적 필요를 구문이 아닌 몸짓 기호로 전달한 경우가 대부분이었다는 것, 한마디로 그건 방식만 다를 뿐 개나 고양이 등 반려동물들이 주인과 소통하는 것과 차이가 없으며, 소통이라는 것도 연구자의 표정과 몸짓을 모방하거나 학습된 방식으로 좋은 반응을 얻는 것일 뿐이라는 거였다.

보노보, 침팬지, 오랑우탄, 고릴라를 대상으로 한 여러 연구가 1970년대 내내 활발히 이뤄졌고, 결과도 평가도 엇갈렸다. 코코는 기량 면에서 가장 돋보인 피실험자였다. 더욱이 그는 외모로나 영화 〈킹콩〉(1933)의 이미지로나 다른 피실험 유인원에 비해 훨씬 위협적인 존재여서, 그의 친화력과 나긋나긋한 '애티튜드'는 오히려 상업적으로 돋보였다. 1978년 〈내셔널지오그래픽〉은 코코가 거울에 비친 자기 모습을 카메라 뷰파인더로 들여다보는 사진을 표지에 실었다. 페니는 1979년 학위를 받은 뒤 캘리포니아 우드사이드에 설립한 자신의 고릴라재단으로 코코를 옮겨 독자적인 연구를 이어갔다.

재단과 일부 언론이 전한 코코의 능력은 가히 놀랍다. 페니에 따르면 코코의 조어 능력은 워쇼를 능가해, '머리빗hairbrush'을 '긁는 빗scratch comb'으로, '반지ring'를 '손가락 팔찌finger bracelet'로, '마스크mask'를 '눈 모자eye hat'로 묘사했다. 코코가 리코더 부는 법을 익혀 숨을 컨트롤하는 능력을 발휘했다는 이야기도 있다. 페니의 양쪽 운동화 끈을 하나로 묶은 뒤 자기를 잡아보라며 도망치는 장난을 건 적이 있다는 건 페니가 전한 말이었다.

코코의 연표나 다름없는 재단 연표에는 열두 살 무렵인 1983년 코코가 뜰에서 작은 개구리를 발견하곤 손으로 소중히 감싸더니 그 무렵 짝짓기 반려로 함께 지내던 수컷 마이클이 해칠까 봐 은밀한 자리에 놓아주더라는 이야기와 함께, 코코가 작고 유약한 동물들에 대한 "온화함과 양육 본능"을 타고났다고 쓰여 있다. 코코는 1984년 생일 선물로 받은 회색 고양이에게 올볼All Ball이란 이름을 직접 지어주곤 자식처럼 애지중지했다. 페니의 스탠퍼드대 연구 동료이자 재단의 공동 설립자인 론 콘Ron Cohn이 찍은, 코코가 고양이 올볼을 품고 있는 사진은 1985년 〈내셔널지오그래픽〉의 표지를 두 번째로 장식했고, 그해 〈타임〉의 '올해의 사진'으로 뽑혔다. 페니와 콘은 『코코의 아기 고양이Koko's Kitten』란 제목의 베스트셀러 어린이 책을 출간하기도 했다.

코코는 환경운동가로도 이름난 배우 리어나도 디캐프리오, 따듯하고 코믹한 연기로 유명한 로빈 윌리엄스 등과 만나 '우정'을 나눴고, 1980년엔 방송인 프레드 로저스의 인기 토크쇼에 출연하기도 했다. 2014년 로빈 윌리엄스의 부음을 전해 들은 코코가 "고개를 숙인 채 침울해하더니 입술을 씰룩였다"고 재단은 보도

자료로 전했다. 저 모든 이벤트는 동영상 등을 통해 세상에 전해졌다. 코코는 전대미문의 스타 고릴라였다.

연구 대상을 넘어선 하나의 동물이자 생명체

코코의 능력, 즉 재단 연구 실적에 대한 의혹과 비판은 1980년대부터 꾸준히 이어졌다. 비판의 논점은 크게 세 가지, 의미가 과장됐고, 해석·통역의 변수가 너무 많고, 검증 가능한 연구 데이터가 없다는 거였다. 역사상 최초 '종간 온라인 채팅'으로 화제를 모은 코코와 페니의 1998년 '아메리칸 온라인American Online' 공개 채팅에서도 코코는 그리 인상적인 기량을 발휘하지 못했다. 워쇼의 조어를 단지 그가 익힌 '물'과 '새'를 따로 칭한 것일지 모른다고 의심했던 님스키의 테라스는 "의미가 (코코의 행동이 아니라) 관찰자의 눈에 있다는 게 문제"라고 비판했고, 페니를 '열정 과잉의 어머니'에 비유하며 "그는 대리 자식을 너무 자랑스러워한 나머지 다른 연구자들 눈에는 잘 보이지 않는 의미들을 투사하는 경향이 있다"고 말했다. 스탠퍼드대의 신경내분비학자이자 저명한 영장류학자 로버트 새폴스키는 "페니는 몇 개의 뭉클한 동영상 필름 외엔 분석해볼 만한 어떠한 데이터도 공개한 적이 없다"고 일축했다. 비판의 요지는 코코의 연구가 과학이라기보다는 환상을 파는 고등 서커스에 가깝다는 거였다. 고양이 에피소드, 대중적 스타들과의 만남 등 일련의 이벤트는 재단 후원금 모금 기획과 무관하지 않았을 것이다. 영장류 언어 연구 및 지원은 1980년대 이후 점차 시들해졌다.

고릴라재단 직원들은 취업 시 재직 중 보고 듣고 겪은 일에 대

코코는 인간의 과학적 호기심을
충족시키기 위해 개별 동물들이 치르는
희생에 대해서도 깨닫게 했다.

한 비밀 엄수 계약을 맺었다. 세상이 아는 코코는 페니와 재단이 소개한 코코였고, BBC 다큐멘터리 등의 인상적인 장면들 중 상당수는 재단 측이 제공한 영상 자료였다. 페니가 코코의 우리에 CCTV를 설치해두고 이어폰 마이크로 연구자나 사육사의 행동을 일일이 감시·통제했다는 이야기, 사람의 가슴(젖꼭지)에 호기심이 많았던 코코를 위해 여성 사육사들에게 상의를 젖혀 가슴을 보이게 해 두 명으로부터 소송을 당한 일, 야생 고릴라들과 달리 육식을 좋아하는 코코를 위해 페니가 영양사의 조언을 묵살한 채 칠면조 가공육이나 수프, 초콜릿 등을 예사로 먹이고 하루 70~100정의 비타민과 영양보충제를 섭취하게 해 코코의 비만(127킬로그램, 암컷 평균은 70~90킬로그램)에 일조했다는 주장, 코코의 건강을 전담 수의사 없이 자연요법 전문가의 조언에 의존했다는 사실 등은 2012년 재단에서 집단 퇴사한 아홉 명의 연구자와 사육사들이 재단 이사진에 보낸 글을 통해 알려졌다. 그 일 직후 한 명을 뺀 이사진 전원이 사퇴했다고 온라인 매거진 〈슬레이트Slate〉는 전했다.

페니의 연구는 르완다의 야생 고릴라 무리에 섞여 그들을 연구한 다이앤 포시Dian Fossey의 그것과 방법론이나 연구 목적 등에서 상반되는 거였다. 1977년 포시도 코코를 만난 적이 있지만, 그의 논평은 알려진 바 없다. 다만 포시는 자신이 익힌 야생 고릴라들의 발성 언어를 코코에게 시연했고, 코코가 무척 호기심을 보였다는 짧막한 글만 재단 연표에 실려 있다.

일부 스타 아역배우들이 타의로 은퇴한 뒤 겪는 어려움처럼, 실험이 끝나고 동물원으로 복귀한 동물들도 새 삶에 쉽사리 적응하지 못한다. 인간의 살뜰한 보살핌을 더 이상 못 받고 무리에서 경쟁해야 하는 일상은 우울증이나 과도한 공격성의 원인이 되고, 더러는 조기 사망에 이르기도 한다. 그들에 비하면 코코는 행운아였다고 말해야 할지 모른다.

2011년 매거진 〈더 위크The Week〉 기자는 자신의 갓난아이 적 사진을 본 코코가 두 팔로 아이를 안고 어르는 흉내를 내더니 사진을 가져가서는 물끄러미 쳐다본 뒤 입을 맞추고 제 인형을 건네더라는 일화를 전했다. 언어 능력을 덮어두더라도, 코코는 저런 뭉클한 이야기로 동시대 인간에게 큰 감동과 사랑을 전한 비범한 고릴라였다. 그리고 그런 비범함으로, 사람들로 하여금 보이는 그의 모습 뒤에 가려진 것들을 애써 살피게 했고, 인간 자신의 모습을 반추하게 했다.

첫 고양이 올볼의 사고사(1984) 소식을 전해 들은 코코가 "고양이, 울다, 안됐다, 코코-사랑Cat, cry, have-sorry, Koko-love"라 말하면서 슬퍼했다는 일화를 환기하면서 '비인간 영장류'의 슬픔과 언어적 표현에 감동했던 『동물은 어떻게 슬퍼하는가』의 저자 바버라 J. 킹 Barbara J. King은 〈내셔널지오그래픽〉에 보낸 이메일에서 "코코는 인간의 과학적 호기심을 충족시키기 위해 개별 동물들이 치르는 희생에 대해서도 새삼 깨닫게 했다. 코코의 삶에 박수를 보내더라도, 우리는 그가 고도로 통제된 비자연적 환경에 갇혀 평생을 보내야 했다는 사실도 기억해야 할 것"이라고 썼다.

1930.4.27—2018.5.16
엘리 아비비

그는 전사이자 연인이었고, 자유로운 영혼이었다

엘리 아비비

시오니즘에 맞선 유대인 히피

세속주의 시오니즘Zionism의 핵심은 이스라엘 국가 건설이다. 그건 공산주의 국가 건설을 꿈꿨던 트로츠키의 영구혁명론과 닮았다. 현대 시오니즘 운동의 이론가이자 선동가로, 오늘날 이스라엘 시민들이 국부쯤으로 추앙하는 테오도르 헤르츨Theodor Herzl은 1896년 책『유대 국가』에서 국가의 완성을 이렇게 설명했다. "이는 단순히 우리의 복장, 관습, 전통, 그리고 언어를 되찾는 외적 동질성뿐 아니라, 느낌이나 태도까지도 동일성을 회복하는 것을 의미한다." 저 물샐틈없는 일체주의는 구약 이사야서의 "흩어짐은 하나의 심판이요, 흩어진 유대인들이 다시 '뭉침'은 하나님의 은총"이라는 문장에 기반한다.

19세기 말 본격화한 시오니즘 운동은 2차대전과 홀로코스트를 거치며 더 맹렬해졌고, 이런저런 곡절을 거쳐 1948년 이스라엘 건국으로 실현됐다. 하지만 헤르츨의 이상은 국가 건설만으로 완성될 수 없는 종교 이데올로기이기도 했다. 민족의 단결을 방해하는 온갖 사상들(이를테면 자유주의)이나 물리적 제약들(예컨대 협소한 영토)과의 끊임없는 투쟁이 뒤따라야 한다. 따라서 시오니스트에게 보편 인권과 자유, 정의, 휴머니즘 같은 근대적 가치는 바빌론의 시대에서부터 이어져온 신의 지침 안에서만 대접받는다. 이스라엘 독립선언문이 "모든 이웃 국가들과 그 국민들에게" 제안한 "평화와 우호, 협력과 유대"도 근본적으로는 자기편에게만 유의미하다. 이스라엘은 독립전쟁이라고도 불리는 1948년의 1차 중동전쟁부터 근년의 가자 전쟁Gaza War까지, 국제사회가 전쟁이라고 부르는 것만 십여 차례를 치렀다. 온전한 뭉침을 위해 전쟁을 하고 전쟁을 위해 더 굳게 뭉치는 시오니즘의 증식 회로 안에서, 이스라엘은 인류 역사상 가장 강력한 국가(민족) 구심력과 장악력을 발휘해왔다.

엘리 아비비Eli Avivi는 그런 이스라엘의 히피였다. 그는 건국 직후인 1950년대 초부터 숨을 거둘 때까지 시오니스트 국가권력에 맞서, 히피들의 미덕이라 할 만한 자유와 평화, 탈권위, 억압 없는 사랑과 게으름을 추구했다. 국가의 압력과 알력에 맞서던 끝에 자신의 여권을 찢어 재판을 받기도 했다. 그리고 1971년 레바논 접경의 텅 빈 마을 아크지브Akhziv에 초소형국가 '아크지브랜드Akhzivland'를 수립해 스스로 대통령이 됐다. 자칭 "오만의 술탄에 이은 중동 최장수 권력자"로서, 중동 국가로는 유일하게 단 한 번도 무력분쟁에 개입하지 않은 '업적'을 남긴 그가 2018년 5월 16일 별세했다. 향년 88세.

비어 있는 땅을 가꾸고 누린 히피

영국령 팔레스타인을 향한 유대인의 알리야Aliyah, '이주'를 의미는 시오니즘의 확산과 함께 본격화해, 1882년 2만 4천 명에 불과하던 팔레스타인 내 유대인 숫자는 1948년 63만 명으로 급증했다. 하지만 당시 팔레스타인 내 아랍인은 약 두 배인 118만 명이었다. 1948년 1차 중동전쟁을 승리로 이끌며 이스라엘 첫 총리가 된 다비드 벤구리온은 이듬해 7월 귀향법(이민법)을 제정하며 "유대인의 귀향권은 국가보다 우선한다"라고 선언했다. 벤구리온은 '마법의 양탄자 작전(예멘 내의 유대인 4만 5천 명을 비밀리에 집단 이송한 작전)' 같은 첩보전을 방불케 하는 공세적 이민정책으로 민족의 결집에 총력을 기울였고, 그 기조는 지금까지 흔들리지 않고 있다. 2013년 기준 이스라엘의 유대인은 전체 인구의 75퍼센트, 아랍계는 21퍼센트다.

엘리 아비비는 나치 집권 이전 순수 시오니즘의 이상에 부푼 '호베베이 시온(시온의 예찬자들)'의 이민 행렬이 끝나가던 1930년, 이란 케르만샤Kermanshah의 유대인 부부에게서 태어났다. 일가는 아비비가 두 살이던 1932년 영국령 팔레스타인의 지중해 연안 도시 텔아비브로 이주했다. 당시 영국의 유대인 정책은 오락가락해서 유대인의 팔레스타인 이민을 불허하기도 했다. 팔레스타인 내 유대인들에게 영국은 독립국가 건설의 걸림돌이었고, 일부 청년들은 독립운동 단체를 결성해 영국에 맞섰다. 아비비는 "청소년 시절 나는 악동이었다. 또래 친구들과 어울려 철도 레일에 장애물을 갖다 놓고 영국인들의 철도 운행을 방해하는 등 사보타주를 벌였고, 그 때문에 여러 차례 군인들에게 붙들려 재판을 받기도 했다. 다행히 아버지가 판사와 친분이 있어 벌금형으로 풀려났다"고 말했다.

그는 열다섯 살이 되던 1945년, 이스라엘 국방군의 전신인 민병대 조직 '하가나Haganah'의 해군 부대 팔얌Pal-Yam에 입대했다. 주요 임무는 유럽의 유대인 '불법' 이민자들을 팔레스타인으로 이주시키는 거였다. 1947년 영국이 팔레스타인에서 발을 빼고 이듬해 1차 중동전쟁에서 이스라엘이 승리한 뒤, 그의 부대는 국방군으로 흡수됐다. 하지만 국가보다 바다를 더 좋아하게 된 그는 원양어선의 어부로 취직해 약 4년간 지중해와 북대서양을 누볐다. 선박 수리차 1년 동안 런던에 머문 적이 있다지만 당시는 히피문화가 똬리를 틀기 전이었고, 그로선 전후 런던의 어수선함이 그냥 불편했을 것이다. 그는 시절 탓에 정규교육을 받지 못하고, 서구 주류 히피문화의 세례도 받지 않은, 자생적 히피였다.

아비비는 1952년 이스라엘에 입국해 최북단 아크지브에 정착했다. 아크지브는 조금 과장해서 말하자면 북쪽으로는 선 하나만 넘으면 적국 레바논이고, 동쪽으로는 갈릴리의 산들이 버티고 선 곳이다. 남쪽으로 약 16킬로미터 아래에서는 유네스코 세계문화유산으로 지정된 유서 깊은 항구도시 아코Akko가 관광객을 흡수해버려, 아크지브는 천혜의 은둔지라 할 만했다. 마을에 살던 아랍인 주민 천여 명은 전쟁 통에 모두 떠난 뒤였고, 마을 서쪽 드넓은 지중해는 그의 '프라이빗 비치'였다.

그는 놀고 먹고 자고, 배고프면 물고기 잡고, 빵이 필요하면 낚은 생선을 인근 집단농장(키부츠)에 팔아 돈을 마련하는 식으로 혼자 근 10년을 살았다. 물론 그 사이 친구들이 놀러 오고 관광객이 잠깐씩 머물기도 했다. 1950~60년대에는 배우 소피아 로렌이 휴양차 찾아오곤 했고, 영화 〈영광의 탈출〉을 촬영하던 무렵의 배우 폴 뉴먼도 자주 들렀다고 한다. 세 차례 이스라엘 총리를 지낸 시몬 페레스Shimon Peres도 아크지브를 사랑한 명사 중 한 명이었다. 아비비는 1960년대 초 휴양하러 온 열일곱 살 연하의 리나와 결혼했다.

이스라엘의 건국신화를 비틀다

국방부가 군기지를 이유로 퇴거를 명령한 건 그가 아크지브에 정착하고 얼마 안 된 때였다고 하니 1950년대 중반 무렵이었을 것이다. 국방이라는 명분 앞에 불법 거주자의 권리란 게 어떤 의미가 있었을지 미지수지만, 〈텔레그래프〉에 따르면 그가 총리에게 탄원서를 썼고, 벤구리온이 그의 뜻을 수용해 군 명령을 철회했다고 한다. 아내 리나는 아비비가 정보기관 '신베트Shin Bet'의 비밀 정보원으로 활동하는 조건으로 계속 아크지브에 머물 수 있었다고 전했다. 그가 이스라엘 건국 전 '팔얌' 대원으로서 유대인 이주 작전에 들인 노고를 평가받았을 수도 있고, 더 나은 군기지 후보지가 생겼을 수도 있을 것이다.

그렇게 위기를 넘긴 뒤부터 아비비는 예전 주민들이 버리고 간 '골동품스러운' 집기들을 모아 마을의 그나마 번듯한 건물에 진열하기 시작했다. 잠수해서 바다에 가라앉은 것들을 주워 모으기도 했다고 한다. 이어서 그 물건들로 이른바 '아크지브 역사박물관'을 만들었고, 관광객 숙소용 오두막도 여러 채 지었다. 그렇게 그는 마을에 대한 자기 지분을 키워갔다.

1963년에는 아크지브의 해안과 마을을 포함하는 국립공원 조성계획이 섰다. 다시 정부의 퇴거명령이 떨어졌고, 불도저들이 들이닥쳤다. 아비비는 카메라를 들고 담장 위에 서서 그 장면들을 촬영하며 저항했고, 무너진 담장에 깔려 뼈가 부러지는 중상을 입었다. 그 소식이 알려지면서 그를 편드는 이들이 생겨났다. 그는 유명해졌고, 곡절 끝에 마을은 국립공원계획에서 제외됐다. 그는 다시 승리했다.

1971년 여름, 이스라엘 군 당국은 방위 목적의 해안 철조망을 설치하며 아비비의 주거지 일대를 에워쌌다. 걸어서 2분 거리인 바다로 자유롭게 못 나가게 된 거였다. 그건 그해 1월 1일 밤 레바논의 팔레스타인 무장 게릴라 여섯 명이 이스라엘 해안 경비망을 뚫고 아크지브로 침투해 아비비 부부를 납치하려던 사건 때문이었다. 게릴라들은 리나가 권총으로 저항하는 사이 신고를 받고 출동한 군에 의해 진압됐다. 훗날 리나는 "언론보도가 통제된 가운데 군 병력이 아크지브로 몰려가는 걸 본 사람들 중에는 마침내 이스라엘이 아크지브랜드와 전쟁을 시작했다고 생각하는 이들도 있었을 것"이라며 너스레를 떨었다. 당시의 아크지브는 독립국가 선언 전이었다.

목숨만큼 소중한 자산이자 생계 터전인 바다를 잃게 된 아비비 부부는 기자회견을 열고 이스라엘 여권을 찢으며, 23년 전 이스라엘이 그랬듯, '아크지브랜드'라는 국명으로 독립국가 수립을 선포했다. 국제관습법과 몬테비데오 협약이 요구하는, 영토(약 1만 4천 제곱미터)와 국민(아비비 부부와 고양이와 개)과 정부(대통령제 민주공화국)를 지닌 주권국가 선언이었다. 그는 "전쟁이 아닌 정신으로 그 땅을 점령"했으며 "국가이념은 평화와 사랑"이라고 주장했다.

부부는 체포돼 재판을 받았다. 법원은 허가 없이 독립국가를 수립했다고 죄를 묻는 법 조항은 없다며 열흘 만에 그들을 석방했다. 대신 여권을 찢은 데 대해서만 1리라의 벌금을 물렸다. 그리고 국가와의 99년 장기 임대계약을 맺어 바다 접근권을 보장받을 것, 지방정부는 마을과 연결되는 간선도로에 안내표지판을 세울 것을 명령했다. 표지판에는 지명(Akhziv)도 국명(Akhzivland)도 아닌, 주민 이름(Eli Avivi)이 문패처럼 새겨졌다.

말년의 그는 BBC 인터뷰에서 이스라엘 정부와 벌인 평생의 대결을 '일종의 전쟁'이었다며 "나는 반이스라엘주의자가 아니다. 나는 이스라엘이란 공간을 사랑하지만 이스라엘 정부는 사랑하지 않는다. 그들은 내가 왜 여기 이렇게 사는지 결코 이해하지 못한다"고 말했다.

이스라엘 정부는 물론이고 세계 어느 국가도 인정하지 않지만, 아비비와 그의 동조자들에게 아크지브랜드는 국가였고, 특히 1970년대 히피들에겐 영혼의 조국이자 이상향이었다. 국가 설립 이듬해 여름, 그들은 우드스톡페스티벌을 본뜬 '아크지브랜드 록페스티벌'을 개최했고, 수천 명이 몰려들면서 극심한 교통체증을 빚기도 했다. 행사 프로듀서였던 메이어 코틀러Meir Kotler는 2009년 다큐멘터리 〈아크지브, 사랑을 위한 곳Achziv, a Place for Love〉에 출연해 "이스라엘 시민 모두가 모여든 듯했다. 벌떼처럼 쏟아져 들어오는 바람에 도저히 통제가 불가능했다"라고 당시 상황을 전했다. 가뜩이나 못마땅해하던 인근 주민들의 반대로 행사는 다시 이어지지 못했다.

'초소형국가'는 전 세계에 약 50여 개 존재한다. 특정 이념과 가치를 호소하기 위한 방편으로 건국되기도 하고, 한국의 '나미나라공화국'처럼 관광 리조트의 특별한 상품성을 부각하는 수단이 되기도 한다. 만우절에만 국가가 서는 리투아니아 '우주피스공화국'처럼 재미난 곳도 있고, 국제 이주의 자유와 낙태 및 안락사의 권리를 웅변하는 호주 사우스웨일스 '아틀란티움제국'처럼 진지한 곳도 있으며, 시한부인 아크지브랜드처럼 비장한 곳도 있다. 아크지브랜드의 국기에는 마을 의사당(전 족장의 집)을 배경으로 누운 인어가 그려져 있고, 국가國歌는 언제나 변화무쌍하게 울려 퍼지는 지중해의 '파도 소리'다. 영속에 대한 염원이 담겨있다.

드물게 아크지브랜드를 국가로 '인정'한다는 여행 매체 〈론리플래닛〉은 2009년 "잡동사니들과 쇠락한 건물들, 초록빛 야영장, 은빛으로 찬란한 지중해 앞바다와 널따랗지만 온갖 장신구들로 어수선한 '국립'박물관"이 있다고 소개했다. 와이파이도 없고 실내 화장실도 없는 만큼 숙박비도 저렴해서, 한 여행 사이트에 따르면 방갈로의 경우 1박 34달러, 캠핑 사이트는 18달러(기준 연도는 불확실)를 내면 된다고 한다. 아비비 부부는 그 수익과 박물관 입장료, 아랍계 신혼부부들의 웨딩 촬영 장소 이용료를 받아 생활했다. 입국자의 여권에 도장은 찍어주지만 입국료는 없다. 아비비가 노쇠해진 뒤론 리나가 투숙객에게 이런저런 노역을 시키기도 한다. 아크지브랜드는 히피들도 노동하는 유일한 국가다.

2015년 BBC 인터뷰에서 그는 권력 승계와 관련하여 "아무런 계획이 없다. 내가 떠난 뒤 아내가 선택할 것이다"라고 말했고, 리나는 "역대 최고의 대통령"인 아비비의 영구 기념 공간으로서

이 마을이 지켜지길 바란다는 희망을 전했다. 이스라엘의 시인 겸 저널리스트 로이 아라드는 현지 언론 인터뷰에서 "아비비는 전사이자 연인이었고, 자유로운 영혼이었다"라며 "아크지브랜드가 자본의 힘에 휘둘리지 않고 지금처럼 유지될 수 있도록 적절히 관리되기를 바랄 뿐"이라고 덧붙였다.

1928.7.29 — 2020.6.17

윌리엄 디멘트

더 잘 수 없을 때까지 자는 게 적정 수면 시간이다

월리엄 디멘트

졸음의 몽매에서 인류를 깨운 의학자

미국 연방 고속도로교통안전국(이하 교통안전국) 국장을 지낸 마크 로즈킨드가 1970년대 스탠퍼드대를 다니던 시절, 학부 졸업생 약 80퍼센트가 수강했다는 '전설'의 두 교양 강좌가 있었다. 정신의학자 헤런트 카차두리안Herant Katchadourian의 '인간과 성생활', 그리고 수면의학자 윌리엄 디멘트William Dement의 '잠과 꿈Sleep and Dreams'이다. 청년기 갈증(섹스와 잠)의 반영일 수 있지만, 거기에는 전복적 의미도 있었다. 전자는 당연히 1960~70년대 성 혁명의 연장선 위에 있었고, 후자는 막스 베버의 『프로테스탄티즘 윤리와 자본주의 정신』 이래의 절대 미덕, 즉 근면 성실과 '깨어 있음'에 대한 반박이었다. 디멘트는 졸리면 무조건 자야 하고, 더 중요한 건 졸리지 않도록 미리 충분히 자는 것이라고 가르쳤다.

디멘트는 수업 중 학생이 졸면 물총을 쏴서 깨운 뒤, '졸음은 적색 경보Drowsiness is red alert'란 말을 복창하게 하고 그 대신 학점 인센티브를 주었다. 강의 요지를 '연극적으로' 구현하게 해준 데 대한 보상이었다. 그래도 졸음을 못 이기는 이들은 잘 수 있게 했다. 그의 강의실 한쪽에는 늘 '간이 수면실'이 마련돼 있었다. 첫 강의가 시작된 1971년 겨울 학기 수강생 600명을 시작으로 그의 강좌는 한 학기 수강생 최대 1200명에 이르는 등 근년까지 2만 여 명이 수강했다. 디멘트의 주문은 단 하나, '사회에 나가 저 메시지를 전하고 실천하라'는 거였다. 로즈킨드도 그들 중 하나였다. 그는 미국 연방 교통안전위원회를 거쳐 미국 연방 교통안전국을 이끌면서, 졸음이 음주나 약물, 정비 불량 못지않게 심각한 항공·육상 교통사고의 원인임을 줄기차게 강조했다. 스탠퍼드대 수면의학과 교수 라파엘 펠라요는 "만일 여러분이 수면 부족과 작업 안전의 관련성에 대한 말을 듣는다면 그건 모두 '빌(디멘트의 애칭)' 덕분"이라고 말했다.

1970년 스탠퍼드대 의대에 세계 최초 수면 클리닉을 개설하고, 정신분석에서 독립한 '잠과 꿈' 강좌를 처음 열었으며, 첫 수면장애학회를 조직하고, 첫 수면 학술지 〈잠SLEEP〉을 1978년 창간해 이끌며 '수면의학'이란 장르를 개척한, 그럼으로써 인류에게 잠의 가치와 중요성을 알린 윌리엄 디멘트가 2020년 6월 17일 별세했다. 향년 91세.

수면 빚은 금융 부채보다 큰 위협

1989년 3월 24일, 미국 역사상 최악의 원유유출사고인 '엑슨 발데즈 참사'가 났다. 항로 전방에 암초가 있다는 경고를 두 차례나 받고도 항해사가 자동항법장치에 의존해 운항하다 빚은 사고였다. 조사 당국은 선장의 음주 사실을 부각했다. 하지만 사고 시점, 선장은 선교에 없었다. 사고 당시 배를 몰았던 항해사가 이틀 동안 6시간밖에 못 잔 상태였다는 점에는 아무도 주목하지 않았다. 디멘트는 "항해사의 뇌가 경고의 심각성을 온전히 받아들일 상태가 아니었다"라며, 워싱턴 DC 의원들의 사무실을 일일이 찾아다니며 수면장애의 위험성을 알렸다. 이듬해 3월 미국 의회는 디멘트를 의장으로 국립수면장애연구위원회를 설립했다.

각계 전문가 20여 명으로 구성된 위원회는 2년간의 조사와 연구를 거쳐 1992년 말 보고서를 발표했다. 내용은「미국이여 깨어나라! 국가 수면 경보Wake up America! A National Sleep Alert」란 제목만큼이나 충격적이었다. 보고서 요지는 미국인 약 4천만 명이 수면장애를 겪고 있고, 수백만 명은 잠 부족으로 인한 "지적·정서적 기능 저하"로 교통 및 안전사고를 초래할 수 있는 상태이며, 그에 따른 생산성 저하와 의료비 등 사회적비용이 1990년 한 해에만 최소 160억 달러에 이른다는 거였다. 당시는 수면장애란 말 자체가 없었고, 의사 대다수가 수면장애를 병증으로도 여기지 않던 때였다. 당연히 진단도 없었고, 치료도 없었으며, 처방이 있더라도 엉뚱했다. 위원회는 수면무호흡증sleep apnea, 기면발작narcolepsy, 만성불면증primary insomnia 등 17종의 수면장애를 "생명과 건강을 위험에 빠뜨리는" 질병으로 규정했다.

디멘트가 '수면 빚sleep debt', 즉 부족한 잠이 빚처럼 쌓여 "금융부채보다 국가에 더 큰 위협이 되고 있다"고 처음 주장한 건 1985년 의회 청문회에서였다. 1992년 보고서에는 야간 근무자 56퍼센트가 작업 도중 주 1회 이상 졸았고, 절반 이상이 실수를 저질렀다는 조사 자료를 첨부했다. 10~12세 청소년의 평균 수면시간이 1910년대 10.5시간에서 1990년 9시간으로 줄었고,

13~17세 청소년은 9.5시간에서 7.5~8시간으로 줄었다는 데이터, 한 해에 일어나는 고속도로 사고 중 졸음운전과 관련된 것이 20만 건에 이를 거라는 교통안전국 분석 자료도 첨부했다. '엑슨 발데즈' 이전, 스리마일 원전 방사능 누출 사고(1979)와 챌린저호 폭발 사고(1986)의 주목받지 못한 원인 중 하나도 수면장애라 밝혔다.

수면 연구가 발전하기 시작한 기점은 1951년 미국 시카고대 생리학과 교수 너새니얼 클라이트먼과 박사과정 연구원 유진 애서린스키의 '렘Rapid Eye Movement 수면' 발견이다. 의대에서 정신분석학을 전공하던 디멘트는 1953년 애서린스키의 조수가 됐다.

잠과 꿈을 둘러싼 정신분석학 진영과 생리학 진영의 대립은 '전쟁'에 비유될 만큼 첨예하지만, 디멘트가 연구를 시작하던 무렵의 수면의학은 한마디로 "하품 나오던" 시절이었다. 디멘트는 '전향'의 계기를 언급한 적이 없다. 다만 학부 시절 강의를 듣던 중 심하게 졸다가 강의실에서 쫓겨난 적이 있었는데, 그때 그는 꿈의 메시지보다 잠의 불가항력적 위력이 더 궁금했다고 한다. 디멘트는 어느 날 "렘수면이 꿈과 관련이 있을지 모른다"는 애서린스키의 '심드렁한' 말을 듣곤 완전히 꽂혔다고, "그가 당첨된 복권을 주었어도 그리 놀라진 않았을 것"이라고 썼다. 그는 수면 다원검사 기법을 활용해 잠의 주요 단계를 밝힌 논문과, 렘수면과 꿈의 연관성을 규명한 논문으로 1955년 MD(의사면허)를, 1957년 PhD(의학박사 학위)를 받았다.

1960년대 초 뉴욕 마운트시나이병원 인턴 시절, 그는 맨해튼에 위치한 자기 아파트를 연구실로 활용했다. 신문광고로 수면장애를 겪는 이들을 모았는데, 유명 무용단 '로켓츠'의 여성 단원들이 적극 응했다. 남자 집에 젊은 여성들이 정기적으로 몰려가 밤을 보내고 나오는 일을 두고 미심쩍어한 이들도 있었다지만, 제자인 펠라요 교수에 따르면 "미국 국립보건원이 아파트 임대료의 절반을 댄" 엄연한 수면 연구였다. 고양이, 개, 신생아 등이 그의 연구 대상이었지만, 그 자신과 가족, 심지어 이웃도 애써 설득해 실험·관찰에 동원하곤 했다. 그와 동료들은 '맨해튼 연구'를 통해 기면발작의 주요 메커니즘을 확인했다.

1963년 스탠퍼드대에 자리를 얻은 그는 기숙사 등을 연구실로 쓰다가 1970년 미국 최초 수면의학 전문 클리닉 겸 연구소를 설립했다. 기면발작 연구의 세계적 권위자로 그와 함께 학술지 〈잠〉을 공동 창간한 프랑스 학자 크리스티앙 기유미노Christian Guillemino를 비롯해 유수의 학자 및 연구자들이 스탠퍼드로 모여들었다.

잠은 게으름이라는 편견에 맞서다

잠은 왜 자고 꿈은 왜 꾸는지, 인류는 아직 온전히 알진 못한다. 하지만 건강한 잠은 어떠해야 하는지는 뇌파와 체온, 혈압, 맥박, 혈중산소농도 같은 다양한 기준들을 통해 웬만큼 밝혀냈다. 그게 수면다원검사다. 연령대별 적정 수면 시간도, 물론 개인차가 있지만, 대체로 성인 기준 하루 7~9시간 정도로 수렴돼왔다. (디멘트는 "더 잘 수 없을 때까지 자는 게 적정 시간"이란 입장이었다.)

수면의학자들은 수면 부족 및 장애가 혈압과 콜레스테롤을 높여 뇌와 심혈관에 악영향을 끼치며, 비만과 2형당뇨, 인지기능 저하와 우울증 등의 질환과도 밀접한 관련이 있음을 밝혀왔다. 하지만 디멘트가 미국인 약 20퍼센트가 수면무호흡 증상을 겪고 있다는 가설을 제기하던 1980년대 말 학계는 '그가 미친 거 아니냐고 생각할 정도'였다. 디멘트의 판단은 오히려 보수적이었다.

디멘트는 대학 농구팀 선수들을 대상으로 수면량과 자유투 성공률의 상관관계를 연구했고, 2002년엔 만 11일, 264시간 동안 잠을 안 자 기네스북에 오른 고교생 랜디 가드너를 관찰하며 새벽 3시까지 테이블 야구 동전 게임을 무려 100회나 치르기도 했다. 만 74세의 그는 단 한 판도 이기지 못했다. 그는 십대의 에너지에 도전할 만큼 용감했다.

디멘트는 대중 강연에도 열성적이었다. 그는 자신의 연구 성과 못지않게 잠의 가치를 알리는 일을 중시했다. 1988년 워싱턴주 휘트먼대학 첫 대중 강연을 앞두고 강연료 500달러를 몽땅 털어 신문광고를 내기도 했다. 그는 무엇보다 잠 자체를 사랑해서, 수면방추sleep spindle, 2단계 깊은 수면 진입기에 나타나는 방추형 뇌파의 "아름다운 파형을 뚫어지게 바라보며 알 수 없는 기쁨을" 느낄 정도였다.

'엑슨 발데즈 참사'는 끔찍한 환경 재앙이었지만 수면의학계로선 도약의 계기였다. 1992년 보고서 발표 이후 미국 연방정부는 국립보건소 산하에 국립수면장애연구센터를 발족, 새로운 '국가비상사태'에 대한 본격 대응에 나섰다. 2003년 뉴저지주 의회는 미국 최초로 졸음운전을 불법으로 규정했고, 그해 미국 의대교육인증위원회는 수련의와 전공의 주당 근무시간을 80시간 이내로 제한하는 규정을 채택했다. 연방정부는 2003년과 2004년 장거리 트력 운전자 및 항공기 파일럿의 중간 휴식을 의무화했다.

잠 연구는 주로 밤에 이뤄지고, 피험자를 24시간 관찰해야 할 때도 잦다. 디멘트도 잠의 '적색 경보'를 더러 무시했을 터였다. 자기 머리에 전극을 붙이고 '조수'인 아내에게 적절한 시점에 자신을 깨우게 한 것도 부지기수였다. 물론 나이가 든 뒤로는 잠을 충실히 챙겼다지만, 그의 수면 대차대조표는 썩 건전하지 못했을 것이다. 그는 2018년 수면무호흡증 진단을 받았고, 심장질환으로 별세했다.

동료와 제자들은 한목소리로 그를 '수면의학의 아버지'라고 애도하고 있다. 스탠퍼드대 교수 에마뉘엘 미뇨는 "(수면의학의) 거의 모든 게 실은 빌로부터 시작됐다"라며 "그가 없었다면, 우리는 지금도 잠에 대해 무지했거나 적어도 10년은 늦게 알기 시작했을 것이다. 그 10년은 무수한 죽음을 의미한다"고 말했다. 브라운대 교수 메리 카스카던은 "아무도 잠에 관심을 두지 않던 그 황무지에서 디멘트 혼자 잠의 문제에 눈을 돌려야 한다고 주장"했고, "거의 혼자서 연구비를 타내고, 의회를 설득해 이만큼 오게 했다"고 말했다.

디멘트는 1928년 워싱턴주에서 태어나 시카고대에 진학했고, 2차대전 종전 직후 일본 주둔군 정훈병으로 파병돼 신문을 제작했으며, 학부 시절엔 수준급 베이시스트로서 퀸시 존스, 스탠 게츠 등과 잼세션을 하기도 했다. 훗날 그는 "고만고만한 음악가보단 고만고만한 의사가 되는 게 나을 것 같아서" 공부에 몰두했다고 말했다. 그는 2003년 정년 퇴임 하고도 2015년까지 '잠과 꿈' 강의를 계속했다. 지금은 그 강좌를 제자 펠라요 교수가 이어가고 있다. 디멘트는 최근까지, 코로나19 사태 와중에도, '잠과 꿈 배달부 Sleep & Dreams Shuttle'라는 문구를 새긴 골프 카트를 타고 '등교'해 제자의 강의를 청강하며 때로는 끼어들고, 또 때로는 졸았다고 한다. 펠라요는 주저 없는 물총 세례로 스승의 잠을 재촉했다.

폭로하는 당신

1959.10.20 — 2019.9.21

왕슈핑

나는 침묵하지 않을 것이다

왕슈핑

중국 혈장 경제의 위험을 경고한 내부고발자

    미국 뉴요커들이 '웨스트버지니아 출신이냐'고 묻는 건, 질문이 아니라 대개는 '촌놈'이라는 의미의 조롱이다. 굳이 웨스트버지니아인 까닭은, 지리적으로 적당히 가까우면서 정서 면에서 이질적이기 때문이다. 가수 존 덴버가 〈Take Me Home, Country Roads〉란 노래에서 웨스트버지니아를 "거의 천국"이라고 너무 표 나게 추켜세운 탓일 수도 있겠다.

    중국 상하이나 칭다오의 도시인들에겐 '허난성河南省'이 그런 곳이다. 광역 행정단위 가운데 소수민족 자치구를 제외하면 가장 가난하고 낙후한, 황하강 남쪽 내륙 농업지역이 허난성이다. 문화대혁명과 대약진운동의 여진이 가장 오래 지속됐고, 1970년대 말 덩샤오핑의 개혁·개방과 1980년대 자본주의화 과정에서도 동중국해 도시들에 밀려 소외됐다. 대신 인구는 많아서 허난성의 인구수는 31개 성·시·자치구 가운데 경제 선진 지역인 광둥廣東, 산둥山東에 이은 3위(2019년 기준 약 9600만 명)다.

허난성이 1990년대 초중반 이른바 '혈장 경제Plasma Economy'의 거점이 된 배경이 그러했다. 혈장 경제란 국가와 허난성 보건국이 주민들의 피(혈장)를 헐값에 사들여 혈액제제 제약회사에 비싸게 팔아넘기는 매혈 시스템이다. 1990년대 초 허난성에선 117개 현에 400여 개의 채혈 센터가 운영됐다. 센터 입구에는 "팔 뻗어 혈관을 보여주고 주먹만 쥐고 계십시오. 50위안(당시 기준 약 7.5~8달러)을 드립니다"라는 문구가 적힌 플래카드가 걸려 있었다. 어지간한 농가가 1년 동안 농사지어 쥘 수 있는 돈이 200달러 안팎이던 시절이었다. 중국 문학계 거장 옌롄커의 소설 『딩씨 마을의 꿈』에는 한창때의 허난성 마을들이 '쇠 냄새(피 냄새)'로 흥건했다는 내용이 나오는데, 그게 과장이나 허구가 아니라는 증언도 있다.

최악의 의료 스캔들을 폭로하다

그 돈 냄새, 피 냄새가 사실은 죽음의 냄새였다. 비용과 효율성 때문에 주삿바늘을 재활용하는 일은 예사였고, 채취한 혈액을 원심분리기로 돌려 혈장만 남기고 나머지 혈액 성분은 식염수에 섞어 재수혈하는 과정에 타인의 혈액이 섞이는 일도 허다했다. 1990년대 중반 이후 허난성 주민들은 인간면역결핍바이러스HIV에 감염되고, 후천성면역결핍증AIDS을 앓기 시작했다. 중국 정부는 2001년에야 저 사실을 처음 공식 인정했다. 중국 보건성 관계자는 매혈로 에이즈에 감염된 허난성 주민이 최소 60만 명에 이를 것으로 추산했다. 인류 최대·최악의 의료 스캔들이었다.

허난성 저우커우周口시의 감염질환 연구자 왕슈펑은 매혈자들이 에이즈에 무방비로 감염되고 있다는 사실을 1995년 처음 밝혀냈다. 시와 허난성 보건국은 그의 보고를 묵살했다. 모처럼 지역 경제에 화색이 돌게 한 혈장 경제 자체를 위협하는 폭로였기 때문이다. 왕슈핑은 베이징 국가보건성 산하 국립바이러스연구소에 샘플 재조사를 의뢰했다. 중국 정부는 이듬해 4월 모든 채혈 센터를 잠정 폐쇄했다. 왕슈핑은 그렇게 수많은 이들의 목숨을 구했지만, 대가는 훈장이 아니라 수난이었다. 허난성 당국은 그를 해고했다. 직장 동료였던 남편과는 이혼을 할 수밖에 없었다. 그는 고향을 떠나 베이징으로, 미국으로 떠돌아야 했다. 그가 2019년 9월 21일 미국 유타주 솔트레이크시 인근 계곡에서 트레킹 도중 심장마비로 별세했다. 향년 59세.

혈장 경제의 발상 자체도 사실 에이즈에서 비롯됐다. 중국 공산당 정부는 에이즈가 서양의 질병, 자본주의의 질병이라고 선전했다. 1985년 6월 중국의 첫 공식 에이즈 사망자도 외국인이었다. 1985년 9월 미국에서 수입한 혈우병 혈액제제에서 HIV 바이러스가 발견됐다. 역학조사 결과 약을 쓴 환자 가운데 네 명이 HIV 양성반응을 보였다. 중국 정부는 혈장 경제를 통해, 즉 '깨끗한' 중국인의 피로 직접 약을 생산함으로써, 감염도 막고 무역수지도 개선하고 가난한 농민도 "구제하기로" 했다.

허난성 주민들로선 극히 드문 돈벌이 기회였다. 1인당 월 2회라는 매혈 횟수 규제는 무의미했다. 한 남성은 이삼일마다 피를 1리터씩 팔았다고 말했다. 채혈 센터에는 하루 평균 적게는 200명, 많게는 500~600명씩 몰려들었다. 그들은 한 번에 500밀리미터씩 두 차례 1리터의 피를 뽑은 뒤, 혈장을 분리하고 남은 혈액을 식염수와 섞어 다시 수혈받았다. 그들은 문화대혁명 시대의 '허삼관'(위화의 소설 『허삼관 매혈기』의 주인공)과 달리, 피 일부를 되돌려받아 심리적 저항감도 적었다. 다른 점은 그것만이 아니었다. 소설은 '피를 (많이) 못 파는 남자는 남자도 아니'라는 마초 의식을 바닥에 깔고 있지만, 1990년대 혈장 경제의 매혈 주체는 주로 여성이었다. 남자의 피는 가문과 혈통의 정수인 반면, 여자의 피는 어차피 생리혈로 흘려버릴 피라는 인식 때문이었다.

왕슈핑이 1991년 저우커우시의 한 혈장 센터 부책임자(책임자는 군인)로 발령받아 한 일은, 매혈자의 혈액을 '검품'하고 관리하는 일이었다. 검사 항목은 달랑 둘, 혈액형과 B형 간염 감염 여부였다. 그가 처음 걱정한 건 C형 간염의 확산이었다. 그는 1991년 말 혈액 샘플 조사를 통해 C형 항체 양성반응 비율이 최대 84.3퍼센트에 이른다는 사실을 확인했다. B형 간염과 달리 C형 간염은 항체 검출 자체가 바이러스 감염·증식의 의심 요소다. 그는 그 사실을 시 보건국에 보고하면서 조사 항목에 C형 간염을 포함시키고 채혈 방식을 개선해야 한다고 건의했다. 당국은 묵살했다. 그는 1992년 7월 베이징 국가보건성에 자신의 조사 결과를 직접 보고했다. 정부 조사단은 현장 실사를 통해 1993년 2월, 왕슈핑의 보고서가 옳다고 결론짓고 7월부터 모든 혈장 센터의 C형 간염 테스트를 의무화했다. 하지만 왕슈핑은 '지휘 계통을 무시했다'는 이유로 혈장 센터 현장에서 쫓겨나 시 보건국 의료팀으로 인사 조치됐다.

그가 윈난성 일대의 에이즈 확산에 관한 논문을 처음 읽은 게

1993년이었다. 한 에이즈 환자가 다른 지역 세 곳에서 매혈한 사실이 드러나기도 했다. 그는 보건국에 건의해 어렵사리 독자적인 HIV 임상시험실을 열었다. 예산 지원 없이 실험실과 인력 세 명만 지원받는 조건이었다. 그는 각종 장비와 HIV 진단키트를 자비로 구입해 연구했고, 1995년 초 혈장 센터 세 곳에서 수집한 혈액 샘플 409개 중 13퍼센트인 55개 샘플에서 HIV 양성반응을 확인했다. 그리고 그 결과를 시 보건국에 보고했다. 반응은 역시 마찬가지였다. 처음엔 반색하며 공을 치하하더니 2주가량 지난 뒤부터 태도가 바뀌어 "테스트가 잘못된 것 아니냐"고 몰아붙이기 시작했다. 그는 1995년 3월 다시 베이징 바이러스학연구소에 55개 샘플의 정밀진단을 의뢰했다. 개당 700위안의 진단 비용도 그가 지불했다. 중국 보건성은 1996년 4월 전국의 혈장 센터를 폐쇄했고, 같은 해 11월 HIV 진단 시스템을 갖춘 곳부터 다시 제한적으로 문을 열게 했다.

노다지 혈장 경제는 그렇게 끝났다. 최소 300만 명이 혈장을 팔았고, 그중 최대 40퍼센트가 HIV에 감염됐다는 추정까지 있다. 2018년 〈가디언〉 인터뷰에 응한 허난성의 한 마을 주민은 "1999년 무렵부터 에이즈 환자가 생겨나 주민 2천여 명 가운데 약 200여 명이 숨졌다"고 말했다. 매혈자는 주민의 약 4분의 1인 500명이었다.

떠밀리듯 쫓겨난 내부고발자

왕슈핑은 1959년 10월 20일 허난성 푸거우현에서 태어났다. 어머니는 의사였고, 아버지는 중등학교 수학교사였다. 슈핑이 일곱 살이던 1966년 문화대혁명이 시작됐다. 국민당 군인 출신이었던 아버지는 '반혁명분자'로 몰려 고깔 모양의 이른바 '바보모자'를 쓰고 인민재판에 회부됐다. 여덟 살 슈핑은 아버지의 죄상을 공개 고발하라는 홍위병들의 요구를 들어주지 않았다. 훗날의 집념과 고집을 근거로, 그가 떠세에 강하게 저항했다는 말도 있다. 어쨌건 그 탓에 그는 학교에서 쫓겨났다. 창문 너머로 칠판을 엿보며 공부하다 아이들이 창문을 닫아버리는 바람에 집으로 되돌아와야 했던 일도 있었다고 한다. 그는 5년 뒤인 1972년, 공산당원이던 친척에게 입양된 뒤에야 다시 학교를 다니게 됐다. 이후 그의 성姓이 '주'에서 '왕'으로 바뀌었다. 그는 1983년 허난대 의대(감염질환 전공)를 졸업, 1986~1991년 저우커우 질병예방통제센터에서 간염 감염경로 등을 연구했고, 1991~1993년 혈장 센터를 거쳐 1993~1996년 시 보건국에서 HIV 임상 센터를 운영했다.

에이즈 파동 직후인 1996년 7월 허난성에서 열린 보건 콘퍼런스에서 한 고위 관료가 "감히 중앙정부에 직접 보고한 저우커우 보건국 임상시험실의 건방진 녀석"을 공개 비난한 일이 있었다고 한다. 왕슈핑은 곧장 일어나서 "당신이 방금 말한 그 건방진 녀석이 바로 접니다. 하지만 저는 여자이고, 보고서를 지역 보건국에 먼저 제출했습니다"라고 따졌다. 그 관료는 "당장 꺼지라"며 고함을 질렀다고 한다.

그는 그해 말 해고됐다. 해고 사유는 센터 운영 규칙 위반이었지만, 진짜 이유는 뻔했다. '국민당 스파이의 딸'은 이제 허난성 보건의료인들의 명예를 짓밟고 지역 경제를 망친 '바이러스'였다. 시 보건국에서 함께 일하던 남편 역시 '모진 아내'를 둔 탓에 직

당신이 방금 말한 그 건방진 녀석이 바로 접니다.
하지만 저는 여자이고,
보고서를 지역 보건국에 먼저 제출했습니다.

장에서 따돌림을 당해야 했다. 왕슈핑은 여섯 살 딸을 두고 베이징으로 쫓겨나듯이 이주해 중국 예방의학아카데미의 무보수 연구원으로 만 5년을 일했다. 그 사이 부부는 이혼했다.

허난성 성도 정저우鄭州의 산부인과 의사 가오 야오제高曜潔는 중국 HIV 예방 캠페인과 에이즈 환자 권익 운동의 상징적 존재다. 그는 1996년 허난성의 첫 공식 에이즈 사망자로 기록된 여성 환자를 돌본 이래, 사비를 털어 HIV 예방 팸플릿을 제작해 지역 병원과 시민들에게 배포하고, 해열제와 진통제로나마 환자들을 보살폈다. 그가 왕슈핑과 알게 된 것도 1996년이었다. 왕슈핑은 HIV 감염경로와 실태, 에이즈 발병과 진전 추이 등 연구 자료를 지속적으로 가오에게 전달해 당국의 적극적인 조치를 촉구하게 했다. 1996~2001년 베이징 미국대사관에서 일한 전 외교관 데이비드 코히그는 "이제야 하는 말이지만, 왕슈핑은 당시 중국의 HIV 및 에이즈 감염 실태에 관해 신뢰할 만한 거의 유일한 정보원이었다"고 말했다. 왕슈핑은 가오의 '은밀한 배후'이자, 중국 에이즈 원년의 내부고발자였다.

왕슈핑은 2001년 가을 위스콘신의대 연구원으로 채용돼 미국으로 이주했고, 유타주의 한 아쿠아리움 재무책임자와 재혼한 뒤 솔트레이크시의 유타주립대 암연구센터에서 일했다. 그는 직접 정한 영어 이름 '선샤인'처럼 무척 활달하고 유쾌해서, 기자와 인터뷰하는 자리에 무지개색 발가락 양말을 신고 나온 적도 있었다고 한다. 그는 남편과 훗날 미국으로 건너온 딸 외에 조카 둘을 입양했고, 샴고양이 빌리Billy와 베이글Bagel이란 이름의 개와 함께 지냈다. 그가 빌리의 영특함을 자랑하는 유튜브 영상이 볼 만하다.

2019년 9월 초 영국 런던 햄스테드 극장이 〈지옥궁의 왕The King of Hell's Palace〉이란 제목의 연극을 처음 무대에 올렸다. 로열셰 익스피어컴퍼니 출신의 연출가 마이클 보이드가 연출을 맡은 작 품으로, 왕슈핑과 1990년대 중국 혈장 경제 이야기였다. 왕슈핑 은 초연 직전 인터뷰에서 중국 공안 요원이 저우커우시의 옛 동 료와 친척들을 협박해 공연 취소를 종용했다면서 "내가 직접 그 들에게 맞서는 것보다 친구나 친척을 인질 삼아 내 입을 막으려 는 시도에 저항하는 일이 더 힘들었다"며 "하지만 이번에도 나는 침묵하지 않을 것"이라고 말했다. 그의 갑작스러운 거짓말 같은 죽음에 일부 외신은 '명백한' 심장마비라고 굳이 적었다.

1953.7.12—2020.9.19
조지나 메이스

1온스의 희망은 1톤의 절망보다 강력하다

조 지 나 메 이 스

멸종위기종을 정의한 과학자

세계자연기금과 런던동물학회의 생물종 다양성 지표 '리빙 플래닛 인덱스Living Planet Index' 2020년 보고서는 지구 야생 척추동물 개체수가 1970~2016년 사이 68퍼센트 감소했다고 밝혔다. 같은 기간 인구는 37억 명에서 74억 명으로 두 배 늘었다. 유엔 생물다양성과학기구IPBES는 2019년 5월 보고서에서 생물 약 100만 종이 인간으로 인해 멸종위기에 직면해 있다고 밝혔다. 만 년 전 지구의 육상 척추동물 사이 비중이 1퍼센트에 불과하던 호모사피엔스는 2011년 32퍼센트로 늘어났고, 야생동물은 99퍼센트에서 1퍼센트로 격감했다. 나머지 67퍼센트는 인간을 위한 가축이었다. 지구의 '여섯 번째 대멸종Sixth Mass Extinction' 진단을 뒷받침하는 데이터는 저것 말고도 부지기수다.

2차대전의 수많은 살육과 민족 멸절의 야수적 기획을 경험한 국제사회는 유엔 창설 3년 뒤인 1948년, 유엔 회원국과 비정부기구가 연합한 세계 최대 환경단체 세계자연보전연맹IUCN, International Union for Conservation of Nature을 설립했고, 1964년부터 IUCN '레드리스트Red List', 즉 멸종위기종 보고서를 발표하기 시작했다. IUCN은 숫자 말고도 사라져가는 종의 명단을 함께 발표한다. 근년의 보고서에는 유럽햄스터, 북대서양참고래, 황금대나무여우원숭이 등 3만 2천여 종이 담겼다.

IPBES가 밝힌 멸종위기종 100만 종과 IUCN의 3만 2천 종의 수치 차이는, 인류가 우주의 생태계만큼 지구 생태계를 모른다는 사실에 기인한다. 1980년 일군의 곤충학자가 중미 파나마 우림의 나무 열아홉 그루를 털어 곤충을 채집했다가 딱정벌레의 약 80퍼센트(1200여 종)가 미기록종인 사실에 경악했다는 유명한 일화가 있다. 2020년 현재 인류가 아는 지구 생명체는 140만 ~180만 종이지만, 실제 종 수가 얼마인지는 아무도 모른다. 최소 1억 종은 되리란 추정도 있다. 그 경우 한 해 멸종률을 1퍼센트로만 잡아도 매년 100만 종이 인간도 모르게 인간에 의해 사라지는 셈이 된다. 과학자들은 인간으로 인한 생물종 멸종률이 저절로 멸종하는 자연 멸종률의 천에서 만 배에 이른다고 추정한다.

IUCN 레드리스트는, 예산과 종에 대한 지식의 한계 때문에 이미 확인된 생물종 가운데 일부만을 대상으로 단위 지역 내 개체 수 변화와 서식지 파괴를 실증적으로 분석해 발표하는, 가장 '보수적'인 보고서다. 멸종위기종 3만 2천 종이라는 숫자는 2019년 기준 기록종의 10퍼센트도 안 되는 12만 종을 조사한 결과였고, 2020년 목표는 16만 종을 조사하는 것이었다.그 때문에 환경학계와 활동가 사이에는 IUCN 보고서가 위기 실태를 온전히 반영하지 못하니 조사 및 평가 시스템을 개선해야 한다는 주장도 있다.

그럼에도 불구하고 IUCN 레드리스트가 가장 오래되고 권위 있는 지구 생태계 지표라는 데에는 별 이견이 없다. 생물종 다양성에 대한 과학적 연구와 추정, 실질적 보존 활동은 레드리스트 덕에 시작됐다고 해도 과언이 아니다. 이는 1990년대 삼십대였던 무명의 여성 생물학자 조지나 메이스Georgina Mace의 공이었다. 메이스는 주먹구구식이던 IUCN 레드리스트에 과학적 선정 기준과 조사 방법론을 도입했고, IUCN을 좌지우지하던 학계 원로와 국제적 권위자들을 논박하고 설득해 지금의 방식을 채택하게 했다. 담대한 추진력과 끈질긴 설득력으로 IUCN 레드리스트의 권위를 구축하고, 1990년대 이후 유엔 및 국가별 생태 보전 정책과 학계·비정부기구 사이의 이견들을 조율해온 그가 2020년 9월 19일 암과의 긴 투쟁 끝에 별세했다. 향년 67세.

종 다양성 원칙은 사회정의의 문제다

'메이스 이전Pre-Mace', 그러니까 1990년대 중반까지 레드리스트는 소수의 원로급 생물·생태학자들이 과학적 근거나 기준 없이, 조금 과장하면 인기투표하듯 뽑은 목록이었다고 한다. "침팬지나 표범처럼 카리스마 있는" 동물들이 실상과 무관하게 포함되기 일쑤였고, 정작 보호가 절실한 지의류 등 생소한 식물이나 볼품없고 덜 알려진 동물들은 철저히 외면당했다. 인류는 극히 최근에야 자연 생태계가 섬세하게 상호작용하며 절묘한 균형을 유지한다는 사실을 알게 됐다.

런던 근교 루이셤에서 의사 아버지와 의료 일러스트레이터 어머니 사이의 세 남매 중 둘째로 태어난 메이스는, 리버풀대를 거쳐 서식스대에서 영장류 및 소형 포유동물의 뇌 크기와 진화의 상관관계를 주제로 한 논문으로 1979년 박사학위를 받았다. 미국 워싱턴 스미소니언연구소에서 박사후과정을 마치고 1980년대 초 뉴캐슬대 연구원으로 생물종 멸종 요인 연구를 시작하면서, 그의 관심은 점차 실험실에서 현장으로 옮겨갔다. 그는 1980년대 말 영국동물원협회BIAZA, The British and Irish Association of Zoos and Aquariums를 도와 종별 출산율과 사망률 추이를 추적하는 컴퓨터 모델링 프로그램을 개발하기도 했다.

그러다 레드리스트의 중추적 학자 중 한 명이던 미국 보존생물학자 율리시스 실Ulysses Seal이 1987년, 34세의 메이스를 IUCN 레드리스트 위원회에 추천했다. 당시는 레드리스트가 유엔과 회원국 환경 및 보전 정책의 기준으로 삼기에 너무 허술하다는 비판이 거세지던 때였다. 스미소니언연구소 시절부터 메이스의 연구 및 데이터분석 능력을 눈여겨본 실은 메이스에게 새로운 분류 기준을 마련해보라고 제안했다. 달리 대안이 없던 IUCN의 '터줏대감'들은 그 뜨악한 제안에 '그럼 해보든가' 식의 태도로 일관했다.

인터넷도 없던 시절이었다. 메이스는 런던동물학회 수의과 사무실 한 편에서, IUCN의 급여나 활동비 지원도 없이, 전 세계 과학자들과 편지와 팩스로 소통하며 지금의 레드리스트 원칙과 기준을 만들었고, 그 결과를 1991년 미국 생물학자 러셀 랜드와 함께 「멸종위기 평가Assessing Extinction Threats」란 제목의 논문으로 발표했다.

메이스의 기준으로 평가한 첫 레드리스트 보고서가 1996년 발표되자 난리가 났다. 판다나 북극곰, 흰코뿔소 등 특정 인기 동물을 앞세워 보호 활동 비용을 모금하고 국제기구의 지원금을 받던 국가와 단체가 먼저 경악했고, "아프리카코끼리 못지않게 대구와 대서양참다랑어도 멸종위기"라는 평가에 원양업계와 어업국들이 삿대질을 퍼부었다. 2009년 인터뷰에서 메이스는 "내 기준이 채택되기까지 엄청난 반발과 반박이 있었고, IUCN 위원회의 공식 승인을 받기까지 10년 넘게 걸렸다"고 말했다.

학계 원로들의 어깃장에 맞서고 그들의 체면까지 다독이며 설득하는 것은 고된 일이었다. 1991년 박사후과정 연구원으로 IUCN 레드리스트 작업에 동참하면서 메이스를 알게 된 현 IUCN 위원 밀너 걸랜드Milner Gulland는 "당시 토론장을 가득 채운 남자들 틈에 여성은 메이스 혼자일 때도 많았다"고 그의 부고에 썼다. "(하지만 그는) 한결같이 부드러운 어조를 견지하면서도, 허튼소리는 결코 용납하지 않았다." 훗날 메이스는 종 다양성 원칙을 '사회정의'의 문제라고 말했다. 생태계 건강이 인류 복지와 밀접하게 연결된 문제라는 실용주의적 의미의 말이었지만, 역량과 예산의 한계로 종 보존의 우선순위를 매길 땐 매기더라도, 멸종위기종에 대한 판단만큼은 과학적 기준에 따라 차별 없이 이뤄져야 한다는 원칙적 정의도 염두에 두었을 것이다.

생물학자들끼리도 전공 분야에 따라 극명한 이견을 보일 때가 잦다. 전공하는 생물종의 레드리스트 포함 여부에 따라 연구비 지원 규모가 달라질 수 있기 때문이다. 환경운동 진영 안에서도, 가령 기후 진영과 생태 보전 진영은 흔히 서로를 견제한다. 조류 보호를 위해 풍력 등 재생에너지 설비 확대에 반대하고, 모피는 물론이고 거위 털이나 양 소비까지 반대하면서 석유 부산물인

합성섬유를 고집하는 이들도 있다. 정책 영역으로 넘어가 경제·산업계와 벌이는 논쟁은 전시 휴전 협상을 방불케 할 만큼 살벌하다고 한다.

메이스는 여성 최초 영국생태학회장과 국제보존생물학회장, 런던동물학회 과학분과위원장과 회장(2000~2006)을 역임했고, 유엔이 과학자 천여 명을 동원해 인류와 생태계의 연관성을 연구한 '밀레니엄 에코시스템 어세스먼트'를 이끌었다. 런던 임페리얼칼리지 자연환경연구위원회 집단생물학센터장(2006~2012), 런던대 종다양성 및 환경 연구소CBER 소장(2012~2020)을 지냈고, 2018년 영국 정부의 기후변화위원회 자문위원으로도 활약했다. 2002년 영국 왕립학회 회원이 됐으며, 왕실이 수여하는 훈장 세 개를 받았다. 그는 세상을 떠나기 2주 전까지 일했다고 한다.

'과학자 생태계'의 수호자

동물학자 조지 챈은 밀너 걸런드가 쓴 부고에 댓글을 달아 메이스가 학창 시절 한 친구와 벌였다는 '치마 올려 입기' 내기 이야기를 소개했다. 치맛단을 한껏 추켜올려 허벅지를 누가 더 노출하느냐를 겨루는 그 유쾌한 내기에서 메이스가 승리했다는 일화. 챈은 메이스의 승부사적 감각, 즉 경쟁에 치열하게 임하면서도 선생님의 주의를 받을 수 있는 '선'을 넘지 않는 메이스의 냉정한 감각도 함께 말하고 싶었을지 모른다. 메이스의 그 감각은 1990년대 IUCN 원로들과의 토론에서부터, 여러 정책 당국자들과의 협상에서까지 빛을 발했다. IUCN의 한 학자는 "격렬한 논쟁 와중에도 메이스가 발언을 시작하며 문제의 핵심을 찌르면 소동이 잠잠해지곤 했다"고, "그는 권위와 자상함과 지혜와 멋진 유머를 지닌 사람"이었다고 역시 댓글로 애도했다.

1988년 메이스가 동물원협회 수의과 건물 한편에서 일할 때 그를 알게 됐다는 한 수의학자는 "당시 햇병아리였던 나를 늘 뒤에서 격려하고 조언하며, 내 커리어를 일구는 데 결정적 도움을 주었다"고 썼다. 한 경제학자는 "제한된 자원 조건 속에서 한 종이 어떻게 생존하며 더 나은 여건을 만들어갈 수 있을지 추구한다는 점에서 경제학도 생물학과 다르지 않다는 걸 일깨워준 게 그였다"고, "나는 조지나 덕분에 조금 더 나은 경제학자가 될 수 있었다"고 썼다. 메이스의 남동생은 "내 누이가 이렇게 많은 이들로부터 이런 멋진 평판을 듣고 산 사실을 가족인 우리조차 알지 못했다"고 썼다.

메이스가 동료들, 특히 젊은 여성 연구자들에게 헌신적이었다는 사실도 줄지어 달린 댓글들로 새삼 도드라졌다. 2013년 그를 처음 만난 한 연구자는 "그는 처음부터 친절과 호의가 아니라 대등한 동료로서 나를 존중했다. 메이스쯤 되는 위상의 과학자에게 결코 기대하기 힘든 태도였다"고 썼다. 학부 시절 진로상담 이메일을 썼다가 그의 친절한 답장에 감동했다는 일화를 소개한 이도 있었다. 박사학위논문 심사자로 그를 만난 한 연구자는 "한 시간의 일대일 논문 심사 토론을 마친 뒤 나는 마치 그와 절친한 학자적 관계를 맺은 듯한 느낌을 받았다"며 "그 느낌에 용기를 내 얼마 뒤 그에게 박사후과정 지원 추천서를 부탁해서 받았는데, 뒤늦게야 당시 그가 투병 중이었다는 사실을 알게 됐다"고 썼다. 그의 동료로 IUCN에서 35년을 함께 지낸, 현 영국 보전연구

단체 '공존 지구Synchronicity Earth'의 전략보전팀장 사이먼 스튜어트는 언젠가 메이스의 도움이 절실해서 가뜩이나 바쁜 그에게 '갖은 아첨을 떨며' 부탁을 한 적이 있었다고 한다. 여러 사람이 함께 있던 그 자리에서 메이스가 스튜어트를 보며 '이런 징글맞은 녀석You slimy toad!'이라며 빙긋이 웃었다고, "그게 내 생애 최고의 영광 중 하나였다"고 썼다.

'소프박스 사이언스Soapbox Science'는 영국의 젊은 여성 과학자들이 여성 과학인의 지위 향상을 위해 2011년 만든 단체다. 그들이 런던 거리에 직접 나가 각자의 연구 분야를 시민들에게 알리는 행사를 기획하며 맨 먼저 조지나 메이스를 떠올린 건 자연스러운 일이었지만, 세계적 팝 스타에게 무료 거리공연을 청하는 일만큼이나 대담한 일이기도 했다. 단체의 창립 행사 때도 축하연설을 해줬던 메이스는 흔쾌히 동참을 약속했고 동료 여성학자들의 참여도 주선했다. 그는 '자연의 가치는 무엇일까요What is the value of nature?'라는 문구와 함께 자기 이름을 적은 피켓을 들고 행사 당일 런던 사우스뱅크 거리에서 천여 명의 시민을 만났다. 런던동물학회 회원이기도 한 소프박스 사이언스의 코디네이터 이슬라 와튼은 "메이스가 친구들에게 '소프박스 사이언스 거리 행사는 내 생애 최고로 짜릿한 경험이었다'고 고백한 사실을 나는 한참 뒤에야 전해 들었다"라고 부고에 썼다. 조지나 메이스는 경영 컨설턴트 로드 에번스와 1985년 결혼해 자녀 셋을 두었다.

인류의 생물종 다양성 보존 노력은 성과보다 실패의 기록이 훨씬 두텁다. 세계자연기금 설립자 피터 스콧Peter Scott은 1970년에 이미 "우리는 실패했고, 단 한 종도 구해내지 못했다. 우리가 쓴 돈으로 콘돔을 사서 배포했다면, 더 나았을지 모르겠다"라는 말을 했다고 한다. 하지만 조지나 메이스는 2009년 인터뷰에서 "모든 데이터가 말해주듯, 인류가 한마음으로 문제를 풀어간다면 지금도 늦지 않았다"라고 말했다. 사망하기 아흐레 전인 2020년 9월 10일 〈네이처〉에 발표한 그의 논문 요지도 인류에겐 아직 종 다양성 "그래프를 반전시킬 수 있는bend the curve" 기회가 남아 있다는 거였다. 영국의 저명한 환경운동가 겸 탐사 저널리스트 조지 몽비오는 근작 『활생』에서 무엇에 맞서 싸우는지 아는 것만큼이나 무엇을 위해 싸우는지도 알아야 한다며 "1온스의 희망은 1톤의 절망보다 강력하다"고 썼다. 한껏 치마를 추켜올리면서도, 다시 말해 원하는 바를 한껏 추구하면서도, 끝내 현실주의자였던 메이스는 1톤의 희망을 남겼다. 그는 동료들을, 인류를 믿었다.

1988—2017.2.21

살로메 카르와

환자들을 도울수록 나는 더 강해졌다

살 로 메 카 르 와

재감염의 두려움을 이겨낸 에볼라 전사

에볼라 출혈열은 이제 치사율이 30퍼센트대로 떨어졌지만, 한 때 90퍼센트에 이르던 악성 바이러스 전염병이다. 2014년 '서아프리카 사태' 때의 치사율은 40퍼센트대였다. 2013년 말 기니를 진앙지로 라이베리아와 시에라리온을 강타한 에볼라 출혈열은 WHO 집계에 따르면 2015년 6월까지 1만 1184명의 목숨을 앗아갔다.

지금도 그렇지만 당시 의사와 연구자들은 에볼라의 실체를 온전히 알지 못했다. 면역에 관한 한, 에볼라 출혈열이 처음 발병한 1970년대 이래 중복 감염된 예가 단 한 건도 보고되지 않았다는 게 그들이 아는 전부였다. 다시 말해 그들은 에볼라 치유자의 면역력을 100퍼센트 확신하지는 못했다. 그럼에도 불구하고 국경없는의사회MSF, Medecins Sans Frontieres 등 국제 의료구호단체 의료진들이 에볼라에 걸렸다가 회복한 치유자들에게 도움을 청한 건 그만큼 일손이 절박하게 필요해서였다. 에볼라 희생자들 중 600여 명이 의료진이었고, 발병 초기 라이베리아 내 의사는 50명에 불과했다. 오랜 내전의 후유증도 극복하기 전이었다.

전염병에 걸려 죽음의 문턱까지 갔다가 회복한 뒤, 의료진의 요청에 응해 다시 그 사투의 현장에 뛰어든 사람들이 있었다. 그들은 재감염의 두려움에도 불구하고 환자들과 살을 맞대며 간병했고, 다시 일어설 수 있다는 용기를 북돋워주었다. 라이베리아의 28세 여성 살로메 카르와Salome Karwah는 맨 처음 그 일을 시작한 이들 중 한 명이었다. 그는 자신처럼 바이러스에 면역된 이들을 '슈퍼 파워스Super Powers'라 부르곤 했다.

살로메 카르와가 제 몸의 면역력을 얼마나 신뢰했는지, 의사들이 어떤 말로 그를 설득했는지는 알 수 없다. 다만 그는 다시 사는 삶을 덤이라 여겼고, 재감염의 공포에 맞설 만큼 강했다. "MSF 치료센터에 간 첫날, 시신들이 들려 나가는 걸 보고는 친구에게 '나, 못하겠어'라고 울면서 말했어요. 하지만 바로 다음 날 '그냥 우는 건 내 슬픔을 견디는 데 아무 도움이 안 된다는 생각이 들었죠. 차라리 그들을 도우며 최대한 나를 바쁘게 하기로 결심했어요." 라이베리아 수도 몬로비아 외곽의 MSF 치료센터는 불과 며칠 전 그의 부모와 삼촌, 숙모와 조카가 잇달아 숨진 현장이자 카르와와 언니 조세핀이 구사일생으로 살아난 곳이었다.

환자에서 간호사로 변신하다

에볼라 출혈열은 극심한 두통과 고열로 시작해 구토와 설사, 전신 근육통으로 악화하다 피부발진과 점막 출혈까지 동반한다. 카르와의 증상이 시작된 건, 에볼라가 국경을 넘어 라이베리아로 번져가던 2014년 8월 중순이었다. 맨 먼저 환자 이송을 돕던 삼촌이 감염됐고, 이어 의사였던 아버지, 어머니와 언니, 카르와의 약혼자 제임스 해리스James Harris가 쓰러졌다. 그들은 8월 21일 치료센터로 이송돼 격리 수용됐다. 2014년 10월 〈가디언〉에 기고한 글에서 카르와는 "에볼라는 마치 다른 행성에서 온 것처럼, 한 번도 겪어본 적 없는 통증과 함께 찾아왔다. 뼈 깊숙한 곳까지 번져가는 고통이었다"고 썼다. 정신을 잃은 일주일 사이 부모와 친척들이 차례로 숨졌다. 치료제도 없었다. 생명 유지에 꼭 필요한 대증요법들, 탈수가 심하면 수분을 보충하고 통증과 혈압을 잡아주고 영양분을 보충해주는 게 치료의 전부였고, 환자를 격리함으로써 전염을 통제하는 게 더 중요한 일이었다.

카르와는 32일 만에 병을 이기고 퇴원했다. 언니와 약혼자 해리스도 살아남았다. 한때 그들이 몸을 추스르던 곳, 병원이었던 그곳을 이웃들은 '에볼라의 집'이라 부르며 접근조차 기피했다. 그러던 어느 날 한 여성이 찾아와 자기 어머니를 치료센터로 옮겨달라고 부탁했다. 어려서부터 아버지를 도우며 간호사 일을 익힌 카르와였다. 그는 남들이 모르는 에볼라 환자들의 고통과 공포를 알았고, 그들에게 가장 필요한 건 살아날 수 있다는 희망과 용기라는 것도 알고 있었다. 그렇게 그는 MSF 치료센터의 심리상담 간호사가 됐다.

바이러스가 득시글거리는 환자들의 토사물을 치우고, 씻기고, 먹이고, 옷과 시트를 갈아주면서 그는 환자들에게 자신의 이야기를 들려주곤 했다. 카르와는 "나는 내 일을 통해 행복감을 느끼며, 환자들을 내 아이처럼 대하고 있다"고 〈가디언〉에 썼고, 두 달 뒤 한 라이베리아 신문에는 "환자들을 더 많이 만날수록 내 슬픔을 더 잊을 수 있었고, 내 사연을 더 많이 전할수록 내가 점점 강해지는 걸 느꼈다"고 썼다. 약혼자도 그의 곁을 지켰다. 해리스는 "전신 보호복을 30분 이상 입지 말라는 게 센터 지침이었지만, 카르와는 두세 시간씩은 예사로 병실에서 환자들과 대화하곤 했다"고 말했다. 병이 완전히 물러난 뒤인 2016년 1월, 둘은 결혼했다. 부부는 문을 닫은 아버지의 병원을 다시 열어 어디서도 받아주지 않는 환자들을 치료하는 '슈퍼 클리닉'을 만드는 게 꿈이라고 했다.

에볼라만큼 위험한 보건 시스템의 부실

결혼한 직후 카르와는 셋째 아이를 낳았다. 그러다 2016년 여름 넷째 임신 사실을 안 부부는 낙태를 할까 말까 망설이던 끝에 출산을 선택했다. 부부는 독실한 종교인이었다. 2017년 2월 17일, 카르와는 에볼라 치료 기지로 큰 역할을 해낸 미국 자선재단 '사마리아인의 지갑'의 국제기독교병원에서 제왕절개로 넷째 예레미아를 낳았다. 그리고 사흘 뒤, 퇴원한 지 채 몇 시간도 안 돼 경련과 함께 발작과 구토 증상을 보이기 시작했다. 남편과 언니는 카르와를 다시 병원으로 데려갔지만, 에볼라 감염을 의심한 의료진은 그를 외면했다. "아무도 도와주지 않아 약 세 시간 동안 차에서 기다려야 했어요. 결국 내가 휠체어를 밀고 응급실로 데려갔죠. (…) 당직 의사조차 카운터 앞에서 페이스북을 들여다보며 다른 병원으로 데려가라고만 했어요." 해리스는 "퇴원할 때부터 아내의 혈압은 무척 높은 상태였다"고 말했다. 급기야 해리스가 카르와와 함께 일하며 알고 지내던 한 전염병학자에게

환자들을 더 많이 만날수록
내 슬픔을 잊을 수 있었고,
내 사연을 더 많이 전할수록
내가 점점 강해지는 걸 느꼈다.

전화를 걸어 도움을 청했고, 그 의사가 혈액검사로 에볼라 음성 반응을 확인한 뒤에야 진료가 시작됐다고 해리스는 전했다. 카르와는 이틀 뒤인 22일 숨을 거뒀다. 향년 28세.

나이지리아 보건의료 책임자 프랜시스 카테 박사는 BBC 인터뷰에서 "남편의 심정은 충분히 이해하지만, (사인에 관한 한) 신중해야 한다. 병원은 그가 에볼라 감염자라고 판단하면서도 더 위험할 수 있는 수술을 해주지 않았나"라고 말했다. 3월 17일 현재, 라이베리아 보건당국은 카르와의 정확한 사인을 밝히지 않고 있다.

임신과 출산은 그 자체로 위험한 일이다. WHO 집계 결과 2015년 임신·출산과 직접 관련된 질병 및 사고로 사망한 여성은 총 30만 3천 명. 1990년 53만 2천 명에서 지속적으로 줄긴 했지만, 아직 하루 평균 830명이 희생되고 있는 셈이다. 국가별 빈부 격차와 보건 수준 등에 따른 사망률 격차도 현저히 높아, 임신부 10만 명당 사망자 숫자로 나타내는 임신부 사망률의 세계 평균은 216(한국은 11)이지만, 에볼라 진앙지였던 기니는 679, 라이베리아는 725, 시에라리온은 1360이었다.

라이베리아의 의료·보건 시스템은 내전과 에볼라 사태를 거치며 극도로 취약한 상태였다. 미국에 본부를 둔 국제 보건 NGO '파트너스 인 헬스PIH, Partners in Health'는 라이베리아 정부의 2016년 보건 예산이 국민 1인당 50달러에 불과하다며 "카르와와 같은 산모에게 그건 사망 선고와 다름없는 수준"이라고 썼다. 2016년 6월 PIH 홈페이지에는 라이베리아 산과병동의 실상을 소개하는 글이 실렸다. 상수도시설이 없어 분만실에서도 물을 길어 써야 하고, 전기도 끊겨 밤에는 석유램프를 밝히고 있으며, 우기에는 천장이 새서 의료진이 미끄러지지 않으려고 다리를 벌린 채 분만을 돕는다는 이야기. 응급 상황에도 구급차를 부르려면 휴대폰 송신이 가능한 곳까지 달려가야 하는데 앰뷸런스 기사가 용케 전화를 받을 수 있는 지역에 있어야 한다는 이야기. 대부분 초등학교도 못 마친 십대에서 이십대 초반 산모들은 산통이 올 때까지 가사 노동을 하기 때문에 병원보단 집에서 아이를 낳는 일이 잦다. PIH 라이베리아 지역보건감독 흐네데 콘디는 "(난산일 경우) 남자를 불러 회초리로 산모를 때리게 하거나 불개미를 몸에 풀어놓게 한다"고 말했다. 질 파열 등으로 산모와 아이가 위험해지는 일도 물론 잦다. 다치고 병드는 임신부의 통계는 WHO에 없다.

PIH에 따르면 라이베리아는 인구 420만 명에 약 1400명의 간호사가 있다. 비슷한 인구의 미국 켄터키주 간호사는 약 4만 명이다. PIH가 지원하는 JJ 도센 메모리얼병원 산과병동에는 네 명의 간호사가 시간당 1.25달러의 급여를 받으며 하루 평균 46명의 임부를 상대한다.

카르와의 죽음을 특종 보도한 〈타임〉 등 주요 외신들은 에볼라에 맞서 지역사회를 구원한 '에볼라 전사'가 의료진의 무지와 편견, 치유자를 잠재적 위험인자로 여기는 사회적 낙인 때문에 숨겼다는 뉘앙스로 그의 소식을 전했다. 크게 틀리지 않을 것이다. 사태 당시 의료 구호단체는 바이러스와의 전쟁 못지않게 주민들의 경계심과 배척 때문에 큰 어려움을 겪었고, 치료센터를 철수해야 했던 일도 있었다.

　반면 PIH 등 보건의료 활동가들은 빈국의 의료 보건 실태, 특히 산모 보건에 초점을 맞춰 그의 죽음에 주목했다. 미국 대중과학 잡지 〈사이언티픽 아메리칸Scientific American〉의 필자 시마 야즈민은 "살로메 카르와는 긴 내전과 바이러스와의 싸움에서 살아남았지만, 라이베리아에서는 출산 자체가 자주 살인이 되곤 한다"고 썼다. 카르와와 함께 일하며 2014년 〈타임〉 커버스토리「에볼라 전사들The Ebola Fighters」에 소개되기도 했던 MSF 소속 보건의 엘라 왓슨 스트리커는 "(카르와는) 에볼라로부터 살아남았지만, 더 거대하고도 은밀한 전염병인 보건 시스템의 실패에 희생당했다. 할 말이 없다"고 말했다.

　엄마 얼굴도 못 본 막내를 포함해 여섯 살 미만 아이 넷을 도맡은 해리스는 "살로메는 아내이기 이전에 내 친구였다. 그를 대신할 수 있는 사람은 아무도 없을 것이다"라고 말했고, 언니 조세핀은 "동생은 최근까지도 생존자 모유 감염 검사 등 정부 일을 도왔다"며 "동생은 더 나은 대접을 받을 자격이 있었다"고 말했다. 그는 또 "이제부터 나는 더 이상 치유자가 아니다. (…) 만일 내가 아파 병원에 가더라도 나는 자신을 감출 것"이라고 말했다.

　스무 쪽에 달하는 2014년 〈타임〉 커버스토리는 "분무기를 들고 산불과 맞섰던" 초기 에볼라 전사들의 고투와 함께 '안개 전쟁Fog of War'이라 불렸던 그 전쟁이 끝난 뒤 안개가 걷힌 자리에 남은 진실들에 대해 썼다. "이 싸움이 결코 끝이 아니라는 사실, 다음 전쟁이 시작될 때 우리는 더 잘 대비하고 있어야 하고 덜 두려워하며 더 잘 싸워야 한다는 사실, 그러기 위해서라도

2014년의 그들을 기억해야 한다는 사실"이었다.

카르와의 죽음은 거기에, 아무리 불편해도 잊지 말아야 할 또하나의 진실을 보탰다. 우리의 전장에는 에볼라 바이러스 같은 명확한 적만 존재하는 게 아니라는 진실, 다른 듯 다르지 않은 더 지독한 적들이 있고 전장 안에 또 다른 전장이 있다는 진실, "할 말이 없다"는 MSF 활동가의 비탄과 "이제 나를 감출 것"이라는 조세핀의 분노 어린 절규를 결코 외면하지 않아야 한다는 진실.

1965.1.14 — 2017.1.5

질 서워드

영국의 성범죄 인식과 법·제도를 문명화하다

질 서 워 드

강간의 피해자, 스스로의 구원자

1986년 3월 6일 일요일 오후, 영국 런던 일링Ealing 자치구 목사관. 영국국교회 목사 마이클 서워드Michael Saward와 스물한 살 딸 질 서워드Jill Saward, 질의 남자 친구 데이비드 커David Kerr는 함께 TV를 보며 담소 중이었다. 초인종이 울렸고, 마이클은 아무런 경계심 없이 문을 열었다. 들이닥친 건 술과 마약에 취한 4인조 복면강도였다. 주범 로버트 호스크로프트(당시 34세)와 앤드루 번은 마이클과 데이비드를 묶고 금고 있는 곳을 대라며 크리켓 배트로 무차별 구타했다. 나머지 둘(마틴 매콜, 크리스토퍼 번. 당시 22세)은 질을 칼로 위협하며 2층 침실로 끌고 가 강간했다. 질은 임신도 못 하게 만들어버리겠다는 둥 강간범들이 내뱉는 비열한 말들 사이사이 아버지와 연인의 처절한 비명까지 견디며 속으로 이렇게 되뇌었다고 한다. '나중에 저들을 알아볼 수 있도록 내가 기억할 수 있는 모든 사소한 것들까지 기억해야 해.'

주말 한낮 목사관에서 벌어진 그 야만적인 사건은 '일링 목사관 강간 사건'으로 불리며 영국 사회에 큰 충격을 던졌다. 언론사

231

들의 취재 열기가 뜨거웠고, 일부 타블로이드 신문은 이성을 잃었다. 〈더 선〉은 사건 직후 교회를 다녀오던 질의 전신 사진을 찍어 눈만 가린 채 1면에 게재하는 '특종' 경쟁에 취했다.

11개월 뒤 올드베일리 형사법원에서 범인 세 명에 대한 재판이 열렸다(크리스토퍼 번의 형 앤드루는 수감 중 죄수들에게 폭행당해 숨졌다). 검찰은 질이 성 경험이 없었다는 점, 다시 말해 '완벽하게 순결한 희생자'라는 점을 집중적으로 부각하며 죄의 무게를 늘리려 했다. 법정에서 질은 적어도 겉으로는 의연했다. 훗날 아버지 마이클은 "(질은) 장기간 심리치료를 받았고, 정신적으로 황폐해진 상황이었지만 흔들리고 상처받은 모습을 보이지 않으려고 안간힘을 썼다. 내 딸은 단 한 번도 눈물을 보이지 않았다"고 말했다.

판사 존 레너드John Leonard는 그 모습을 오해했다. 그는 강간에 가담하지 않은 주범 호스크로프트에게는 강도죄로 14년 형을, 강간을 범한 둘에게는 강도죄와 강간죄를 적용해 각각 10년 형과 8년 형을 선고하며 "피해자의 정신적 외상이 그리 심하지 않아 형량을 경감한다"고 판결문에 밝혔다. 여성단체는 물론이고 정치권까지 나서 성범죄에 대한 법원의 판단을 성토했다. 대처 총리도 "매우 유감"이라고 밝혔다. 가장 크게 절망한 건 물론 질을 포함한 피해자들이었다. 그는 너절한 법과 제도, 법원·검찰·언론을 비롯한 사회 전반의 나태한 성범죄 인식에 한 번 더 상처 입고 분노했다.

강간 피해자로서 자신을 세상에 드러내다

일링 목사관 사건은 성범죄에 대한 영국 사회의 총체적 몰이해를 폭로한 계기가 됐다. 의회는 1987년 법을 개정해 강간 피해자의 익명성을 보장했고, 언론은 보도지침을 마련했다. 사건 전까지 영국 형사재판에서는 검사가 "무죄 판결에 대해 법률 위반이나 절차 문제로만 항소할 수 있었고, 사실의 오인 또는 양형이 부당하다는 이유로는 원칙적으로 항소할 수 없었다." 그 규정이 바뀌어, '현저하게 양형이 관대하다고 판단할 경우' 검찰이 항소할 수 있게 된 것도 그 사건 이후부터였다.

사건 4년 뒤인 1990년, 질은 『강간: 나의 이야기Rape: My Story』(웬디 그린 공저)라는 제목의 책을 자신의 이름으로 냈다. 그의 책 출간은 그 자체로 강간 피해자가 자신의 실명과 얼굴을 스스로 공개한 영국 최초의 사건이 됐다. 책은 사건 정황과 재판, 그 이후 겪은 고통과 사회제도의 또 다른 폭력에 대한 고발이었다. 한편 사회의 야만과 관음증적 관심에 대한 질의 당당한 선전포고이기도 했다. "강간은 당신의 삶을 바꾼다. 당신은 결코 과거의 당신과 똑같아질 수 없다." 책 출간 이후 질은 신문·방송 인터뷰와 각종 강연에 적극적으로 임했다. 또 여러 단체를 설립해 성폭력 피해여성 구제와 성범죄 관련 법 개정 운동, 성폭력에 대한 인식 개선에 생을 바쳤다. 그가 2017년 1월 5일 뇌출혈로 별세했다. 향년 51세.

질은 1965년 1월 14일 리버풀에서 2남 2녀의 셋째로 태어났다. 아버지가 영국국교회 방송 설교자로 발탁되면서 가족은 런던으로 이사했고, 아버지가 세인트메리 교구 목사가 된 1978년부터 일링 목사관에서 살았다. 질은 청소년기부터 다양한 교회 봉사와 전도 프로그램에 적극적으로 참여했고, '레이디 마거릿 스쿨'이라는 교회 중등학교를 졸업한 뒤부터는 YMCA에서 봉사활동을 하며 유아원 돌보미의 꿈을 키웠다. 연인 데이비드는 YMCA 경비원이었다.

강간 사건 후 데이비드는 질에게 청혼했지만 끝내 정신적 외상을 극복하지 못하고 양극성장애 등을 앓으며 폭력성을 보이다 파혼했다. 질은 그 무렵 세 차례 자살을 기도하기도 했다. 당시 심경을 질은 "당시 나는 쓰레기 더미 위에 던져진 것 같았다. 아무도 내게 관심을 보이지 않는 듯했다"고 책에 썼다. 책을 낸 직후 만나 결혼한 첫 남편도, 이유는 알려지지 않았지만 1992년 가출함으로써 결혼을 결딴냈다. 교회는 가정을 지키지 못한 책임, 다시 말해 '순결한 희생자'가 신앙 안에서 마침내 이룬 극적인 해피엔딩을 망쳐버린 책임을 질에게 묻기도 했다. 질은 같은 해 교회 홍보 일을 하던 개빈 드레이크와 재혼, 세 아이를 두었다.

질은 강연과 책 인세 수입 등으로 1994년 성폭력 피해자 지원 단체 '허트HURT, Help Untwist Rape Trauma'를 설립했다. 전문가들과 더불어 상담 등을 통해 피해자들의 외상 극복을 돕는 한편, 경찰과 법원, 학교 강연으로 성폭력에 대한 이해와 법·제도 및 사법 관행 개선 캠페인을 시작했다. 재판 중 성범죄 피의자가 피해자에게 반대 심문을 할 수 있도록 했던 규정을 폐지한 것도, 피해자의 이성 관계가 재판에 영향을 미치지 못하게 한 것도, 부부 강간죄를 인정하게 한 것도, 구강·항문 성폭력 등을 가중처벌하게 한 것도 그의 캠페인이 직간접적으로 거둔 성과였다.

질은 2008년 총선에 무소속 출마하기도 했다. 성폭력 이슈를 정치 무대에 제기하기 위해서였다. 보수당 후보였던 데이비드 데이비스의 인권 공약(성범죄 용의자 42일간 구금 반대, CCTV 확충 및 DNA 데이터베이스 확대 반대 등)에 맞서, 피해자 인권을 위해서라면 가해자는 물론이고 용의자의 인권은 제약해도 좋다는 극히 보수적인 공약으로 논란을 낳기도 했다. "데이비드 데이비스는 자유를 원한다고 한다. 그럼 피해자의 자유는 어디 있는가?" 질은 낙선했다.

성범죄에 대한 인식을 바꾸다

순결한 희생자를 상정하는 것이 부당한 것처럼, 순도 100퍼센트의 정의를 현실에서 기대하는 것은 불안하고 위험하기까지 한 일이다. 불행히도, 인간은 자신의 경험을 쉽게 특권화하곤 한다. 질은 누가 봐도 불가항력이었던 자신의 피해 상황을 준거 삼아 성폭력의 정황을 차등화하는 등, 의도와 달리 피해자들을 억압하기도 했다. 질은 1997년 BBC 채널5 인터뷰에 출연해 강도에게 당한 강간과 데이트강간은 다르다고 주장했고, 2008년 선거 출마 인터뷰 때도 "마돈나는 경호원의 보호를 받으며 허벅지를 다 드러낸 옷차림으로 공연하지만, 똑같은 옷차림으로 일반 여성이 외출하면 어떻게 되겠느냐"고 말하기도 했다. 여성인권단체는 그를 성토했다. 영국 성폭력·학대 연구센터 부소장 줄리 빈델Julie Bindel은 "옷차림을 탓하는 것은 성폭행범의 책임을 피해자에게 전가하는 것이다. (그의 주장은) 폭행범은 낚인 것일 뿐이고, 여성은 옷만 잘 갖춰 입으면 강간을 통제할 수 있다고 말하는 것과 다르지 않다. (…) 당신이 어떤 옷을 입든, 어디를 가든, 기혼이든 미혼이든, 레즈비언이든 아니든, 흑인이든 백인이든, 당신이 여성이면 위험하다는 게 진실이다"라고 반박했다.

질은 유죄 판결 전 피의자의 익명성을 보장하는 데도 반대했고, 범죄 예방 및 수사 편의를 위해서라면 CCTV나 DNA 은행을 통한 인권침해 가능성은 감수해야 한다고 주장했다. 그는 무혐의로 풀려난 피의자 DNA를 국가가 관리하는 관행을 금지한 2009년 유럽사법재판소의 결정에도 반발했다.

하지만, 그런저런 한계에도 불구하고, 그가 언제나 피해자의 편에 서서 그들의 인권과 법익을 위해 누구보다 사납게 싸운 건 부정할 수 없는 사실이었다. 그리고 무엇보다 큰 의의는 그의 존재 자체였다. 그의 당당한 자신감은 음지의 숱한 피해자들로 하여금 정신적 외상으로부터 벗어날 수 있도록 힘과 용기를 주었고, 강간과 강간 피해자에 대한 사회의 인식과 태도를 바꾸는 데도 크게 기여했다.

그는 1998년 출소한 주범 호스크로프트를 만나 그를 용서한 뒤 "과거로부터 벗어나야 비로소 자유로울 수 있다"고 말했다. 2004년 인터뷰에서는 그의 이름 뒤에 줄곧 따라다니는 '피해자' 꼬리표를 두고 "아무 불만 없다. 그 사건이 나를 도전하게 했고, 변화를 위해 일할 수 있게 했다"고도 말했다. 사건 20주년이던 2006년 영국 웨일스 퀸트주 경찰을 상대로 강연한 직후 인터뷰에서 그는 "이제 전혀 아프지 않다. 지난 일은 다만 역사일 뿐이다. 내게 상처는 없다"고 말했다.

그 사건이 나를 도전하게 했고,
변화를 위해 일할 수 있게 했다.

하지만 '상처 없다'는 그의 말은 스스로를 속이는 말일지 모른다. 그 말이 성범죄 피해자의 또 다른 강박이 될 수도 있다. 성범죄 예방과 피해자 인권을 위해서라면 보편 인권은 유보해도 좋다는 그의 강파른 입장은, 끝내 아물지 않은 제 상처의 필터로만 세상을 바라봐야 했던 또 하나의 상처일지 모른다. 그는 생존자이자 구원자였지만, 언제나 스스로 피를 흘리는 피해자이기도 했다.

1993년 11월 판사직에서 은퇴한 존 레너드는 1986년 자신의 판결에 대해 "내 생의 가장 결정적인 오점"이라며 질과 영국 사회에 공식 사과했고, 2013년 잉글랜드와 웨일스 의회는 성범죄 재판 시 피해자의 인권 보호를 대폭 강화한 새로운 가이드라인을 제정했다.

현대 문명사회는 강간에 대한 '진부한 미신'을 온전히 극복하지 못하고 있다. 범인은 대부분 어두운 골목길에서 복면을 하고 있을 것이라는 미신, 강간범에게 저항하지 않는 피해자는 뭔가 미심쩍다는 미신, 피해자는 어떻게든 다치고 상처를 입어야 한다는 미신, 피해자의 옷차림이나 어떤 행동이 강간의 원인을 제공했으리라는 미신……. 2014년 앨리슨 손더스 영국 검찰총장은 성범죄 사례 및 통계를 인용하며 "대다수 강간범은 피해자와 잘 아는 사이이고, 수많은 피해자들이 물리적으로 저항하지 못하며, 사후 감당하는 상처 역시 천차만별이다. 성범죄에 대한 일반적인 이해에 부합하는 경우는 아주 드물다"고 밝혔다.

질은 2014년 성범죄 근절 활동가 앨리슨 보이들Alison Boydell과 함께 '배심원들JURIES, Jurors Understanding Rape Is Essential Standard'이라는 단체를 설립, 성범죄 관련 재판 배심원들에게 성범죄에 대한 이해를 돕는 교육을 의무화하는 캠페인을 벌여왔다.

그의 갑작스러운 죽음에 한때 그와 껄끄러웠던 여성단체들도 상실의 슬픔을 함께했다. '레이프 크라이시스Rape Crisis'는 "질은 자신의 끔찍한 경험으로부터 벗어나 다른 수많은 피해자들에게 도움을 주고 그들의 권리를 위해 헌신했다. 그는 용감하고 도전적이고 영감을 주는 여성이었다"고 애도했다. 제러미 코빈 등 정치인들도 그에게 꽃을 바쳤다. 법무장관 제러미 라이트는 "그의 불굴의 캠페인은 수많은 정치인들의 눈을 뜨게 했다"고 말했다.

1925.7.26—2018.10.26

아나 곤살레스

그는 증오 없는 호소력을 지닌 운동가였다

아나 곤살레스

칠레 인권운동의 상징

'강제 실종Forced Disappearance'은 국가권력에 의해 불법연행·납치됐지만 정보의 통제로 생사 여부를 확인할 길이 없는 상태를 일컫는 말이다. 저 말 뒤엔 고문, 살해, 암매장 같은 더 끔찍한 과정이 그림자처럼 따른다. 이 용어는 1960~70년대 라틴아메리카 우익 군사정권의 국가 폭력을 계기로 널리 쓰이게 됐다.

강제 실종이 남미에 국한된 범죄는 아니다. 나치가 유대인과 정치범을 그렇게 '관리'했고, 한국의 과거 군사정권이 저 수법으로 대학과 시민사회를 억눌렀다. 중국, 러시아, 북한 등 폐쇄적 국가의 인권 현실을 설명할 때도 강제 실종은 늘 언급되며, 미국(관타나모)도 결코 자유롭지 않다.

1960년대 아이티와 과테말라 군사정권이 시동을 건 남미의 강제 실종은 해를 거듭하면서 이웃 국가로 전수되었고 점차 악랄해졌다. 그 결정판이 미국을 등에 업은 1970년대 칠레와 아르헨티나 우익 군사정권의 국가 폭력이었다. 그들은 연행·납치 사실부터 인정하지 않았다. 그러니 공식적으로는 '실종'이었다. 기소된

게 아니니 재판도 없었고, 구속적부심도 무의미했다. 고문 끝에 숨지거나 처형당해도 피해자 가족은 시신 확인은커녕 사망한 사실조차 알 수 없었다. 칠레 피노체트 정권은 산티아고의 악명 높은 '비야 그리말디Villa Grimaldi'를 비롯해 고문실을 갖춘 비밀 구금 시설 열일곱 곳을 운영했다. 피노체트가 집권했던 17년 동안 연행·고문당하거나 살해·실종된 이는 4만 18명이다(2011년 집계). 강제 실종 희생자 중 1990년 민주화 이후 유골 발굴과 DNA 대조를 통해 다수가 사망한 것으로 확인됐지만, 아직도 천여 명이 '실종' 상태다.

강제 실종은 공포를 전염시킨다. 누구나 언제든 끌려갈 수 있다는 공포, 끌려간 뒤 어떻게 될지 모른다는 공포, 기댈 곳도 하소연할 곳도 없다는 공포. 그 공포를 통해 개인과 사회의 저항 의지를 마비시킨다.

가장 앞줄에서 진실을 요구하다

칠레의 '실종·구금자 가족연대AFDD, Agrupación de Familiares de Detenidos Desaparecidos'는 저 야비한 국가 폭력을 고발하고, 조직적·집단적으로 저항한 사실상의 첫 대중조직이다. AFDD는 아르헨티나 '오월광장 어머니회'보다 2년 앞선 1975년 출범했다. 1973년 쿠데타로 집권한 피노체트의 국가정보기관 '디나'와 군경은 이전 아옌데 정부의 관료와 정치인, 공산당원 및 관련 단체 회원, 반정부 성향 인사들을 무차별 납치·연행했고, 그들 다수가 초기에 실종됐다. 1975년에는 '죽음의 카라반Caravan of Death'이라는 납치·처형 전문 부대가 헬기까지 몰고 다니며 설쳤다.

아옌데의 조카인 작가 이사벨 아옌데Isabel Allende의 말처럼 "(당시) 모든 학생, 언론인, 지식인, 예술인, 노동자 사이의 분위기는 굉장히 침울"했고, "대다수는 곤란한 상황을 만들지 않기를 원했으며, 저자세를 유지하면서 조용히 살고자" 했다. "고문실, 강제수용소, 암살, 급습에 대한 이야기, 수천 명이 체포되었다거나 많은 사람들이 이 나라를 빠져나갔다거나 전화가 도청된다는 둥 흉흉한 말"이 소문으로 떠돌았다.

그게 소문이 아니라 모두 진실임을 드러낸 게 AFDD의 원년 멤버들이었다. 대부분 여성이던 그들은 범죄자들조차 숨죽여 지냈다는 그 '청정 침묵'의 공포 시대에 국가 폭력이라는 총구 앞에 나서서 내 남편과 내 아이들이 어디 있고, 왜 끌려갔으며, 어떻게 지내고 있는지 알아야겠다면서 정의와 진실을 외쳤다. 그 대열의 선봉에 아나 곤살레스Ana Gonzalez가 있었다.

아나는 1976년 4월 29일 저녁 두 아들(루이스 당시 29세, 마누엘 22세)과 며느리(날비아 알바라도, 당시 20세)를 잃었다. 며느리와 함께 끌려간 두 살짜리 손자(루이스와 날비아의 아들)는 그날 밤 마을 어귀에서 버려진 채 발견돼 이웃들의 도움으로 무사히 귀가했다. 훗날 목격자 증언으로 알려진 바 정보기관원들이 인쇄소에서 퇴근하던 두 아들을 연행해 갔고, 남편을 마중 나간 날비아를 따로 끌고 갔다. 임신 3개월이라며 호소하던 날비아는 기관총 개머리판에 복부를 맞아 기절한 채 짐짝처럼 차에 실렸다고 한다.

다음 날 아나의 남편 마누엘 세군도 레까바렌 로하스Manuel Segundo Recabarren Rojas(당시 50세)도 아들과 며느리의 행방을 수소문하러 나섰다가 납치됐다. 남편과 두 아들, 며느리는 모두 공산당원이었고, 칠레 인쇄노조 간부 출신인 남편은 아옌데 정부의 산미겔지구 '식량-가격 관리위원회' 의장을 지낸 이력이 있었다. 아나는 남은 네 남매와 손자를 돌보며 그 길로 AFDD에 가담해 저 싸움을 시작했다.

AFDD가 '오월광장 어머니회'보다 먼저 출범한 것은 칠레 쿠데타가 아르헨티나 군사정권의 이른바 '더러운 전쟁(1976~1983)'보다 앞섰기 때문이지만, 아르헨티나 교회가 국가 폭력을 묵인하고 방조한 것과 달리 칠레 교회는 온건하게나마 자유와 평화를 옹호하며 인권운동의 숨통을 열어준 덕도 있었다. 피노체트의 쿠데타 직후 가톨릭 칠레 교구는 '칠레 평화를 위한 협력위원회'를 출범시켰고, 교회 인권 기구인 '교구 연대Vicaria de la Solidaridad'를 결성했다. 위원회는 피노체트 정권의 탄압으로 1975년 말 해체됐지만, '교구 연대'는 피노체트 정권 말기까지 구금자 법률 구제 및 실종자 가족 생계 지원 등 많은 활동을 했다. AFDD는 위원회에서 활동하던 실종자 가족들이 사회주의 노동운동가 클로타리오 블레스트를 중심으로 결성한 단체였다.

열 명 남짓의 AFDD 원년 회원들은 서슬 퍼런 정보기관과 군부대, 경찰서를 다니며 실종자 소재와 생사를 따졌고, 가족사진을 목에 걸거나 가슴에 달고 시위를 이어갔다. 유엔 경제사회이사회 라틴아메리카경제위원회의 산티아고 본부 앞 단식 농성, 칠레 의회 앞 연좌 농성, 미국과 유럽, 바티칸 교황청, 국제사면위원회 같은 국제기구와 주요 대학에서의 연설 등을 통해 그들은 칠레의 인권 현실을 고발하고, '강제 실종'에 대한 국제적 관심과 지지를 끌어냈다. 저 모든 투쟁의 맨 앞줄에 아나가 있었다.

유머를 잃지 않은 흰머리의 운동가

아나 곤살레스는 1925년 7월 26일 칠레 북단 토코피야Tocopilla
라는 마을에서 태어났다. 여섯 남매를 둔 과부 어머니가 철도 노
동자 아버지와 재혼해 낳은 두 아이 중 한 명이 아나였다. 그는 열
한 살에 산티아고로 이사해 삼촌 집에 얹혀살았다. 1930, 40년대
는 스페인 내전에서 승리한 프랑코의 파시스트 정권이 기세등등
하던 때였다. 아나는 삼촌이 읽던 칠레공산당 기관지 〈시대El Siglo〉
를 읽으며 프랑코 독재와 레지스탕스에 대해 알게 됐다고 한다. 열
여섯 살에 청년공산당 모임에 가입했고, 거기서 만난 마누엘과
1944년 결혼해 여섯 남매를 낳았다. 남편은 철도·인쇄 노동자로
일하다 1970년 아옌데 정부의 지역 식량가격위원회 의장에 선출
돼 일했다. 남편이 납치되던 날, 아나는 아이들을 돌보느라 집에
남은 덕에 무사했다. 훗날 그는 "둘 다 나갔거나, 함께 집에 있었다
면 나도 어떻게 됐을지 모른다"고 말했다.

국제인권감시기구Human Rights Watch의 아메리카 지부장 호세 미
겔 비방코는 "아나는 늘 선두에서 엄청난 용기를 보여주곤 했다.
그의 용기가 없었다면 실종자는 더 늘어났을 테고, 국민적 관심
도 잦아들었을 것"이라고 말했다. 그는 아나를 '증오가 없는 호소
력의 한 상징'이라고 했다. "아나는 자기 일과 칠레의 인권 현실
을 말하면서도 늘 차분하고 담담했다. 그런 어조로 독재의 피해
를 입지 않은 이들, 심지어 독재를 지지하는 이들에게도 진실을
전하곤 했다." 또 언제나 누구 앞에서나 낙관과 유머를 잃지 않

았다고 한다. 2010년 인터뷰에서 아나는 "그들은 법원이 어디 있는지도 모르는 주부들이 정치 슬로건을 들고 나올 줄은 생각지도 못했을 것"이라고 말했다.

거리에 나설 때면 그는 늘 단단한 꽁지머리에 빨간 매니큐어를 발랐다. 활동하기 편한 풍성한 옷차림에 마푸체Mapuche, 칠레에 거주하던 원주민족풍의 장신구도 갖췄다. 겁먹지 않고 주저앉지 않겠다는 일종의 다짐이자 '무장'이었다. 그런 그를 칠레 시민들은 스페인 공산당 출신 내전 영웅 돌로레스 이바루리Dolores Ibárruri에 견줘 '칠레의 라 파시오나리아la Pasionaria, 수난의 꽃'라 부르곤 했다. 아나는 그 애칭도 좋아했지만, '미히타 리카mijita rica, 아름다운 여인'라 불리는 걸 더 좋아했다.

피노체트는 1991년 선거로 권좌에서 물러나 영국으로 망명했고, 2003년 귀국해 300여 건의 국가범죄로 기소됐으나 단 한 차례 재판도 받지 않고 2006년 91세로 사망했다. 1989년 대선에서 야당연합을 이끌며 승리한 파트리시오 아일윈 이래 정권이 바뀌어온 동안 1990년의 '진실과 화해 국가위원회'부터 1992년의 '보상 화해위원회', 2009년의 '국가인권위원회'까지 예닐곱 개의 위원회와 포럼이 꾸려져 진상조사 및 보상 절차가 진행됐다. 하지만, 피노체트 정권의 고문으로 아버지를 잃은 미첼 바첼레트 전 대통령의 두 차례 임기에도 강제 실종의 전모는 밝혀지지 않았다. 우선은 군부의 완강한 침묵 탓이었지만, 이른바 '국민 화합'과 진실·정의 사이의 저울질 탓이기도 했다.

아나는 2004년 1월, 당시 칠레군 사령관이던 후안 에밀리오 체이레Juan Emilio Cheyre에게 공개 편지를 썼다. "당신은 정치적 보복

모든 진실은 당신 손 안에 있고,
그 진실을 공개한다고
군의 명예가 더 망가지는 일은
결코 없을 것입니다.

을 염려하지만, 나는 가족을 잃은 상실의 아픔뿐 아니라 내가 사랑하는 이들이 철저히 무기력한 상황에서 겪었을 일들을 생각하면서 매일매일 죽어가고 있습니다. (…) 모든 진실은 당신 손 안에 있고, 그 진실을 공개한다고 군의 명예가 더 망가지는 일은 결코 없을 것입니다. 아니 그 길만이 당신의 군대가 나의 군대, 국민의 군대로 거듭나는 길입니다."

2010년 칠레 정부는 DNA 분석으로 유족을 찾기 위해 DNA 샘플 제공 캠페인을 전개하며 아나를 방송 모델로 기용했다. 참담한 사연과 투쟁의 이력, 후덕한 미소와 담담한 말투의 그는 뜻밖에 대중 스타 같은 인기를 누렸다. 함께 사진을 찍자는 이들, 서명을 해달라는 이들도 많았다. 그는 늘 잔잔한 미소로 흔쾌히 응하곤 했다. 망명 정치인의 딸인 칠레 출신 가수 아나 티주Ana Tijoux는 2017년 2월 아나의 자택을 찾아가 병석의 그를 노래로 위로했고, 청년들은 산티아고 중심가에 그의 얼굴 벽화를 그렸다. 그림 옆에는 "아름다운 삶에 건배를……"로 시작하는 짧은 문구가 담겼다. 그의 집은 자신의 활동사진과 각종 배너들, 아엔데와 빅토르 하라의 사진 등으로 '칠레 현대사 박물관'을 방불케 했고, 한편에는 그가 영국 가수 겸 사회활동가 스팅과 함께 찍은 사진도 걸려 있었다고 한다.

아나는 "우리가 피노체트를 물리쳤다지만, 내 생각에 그건 사실이 아니다. 우리는 지금도 여전히 나뉘어 싸우고 있다"고 말했다. 2017년 말 대선에서 우파인 전 대통령 세바스티안 피녜라가 다시 당선됐고, 그는 피노체트를 공개 지지한 덕에 출세한 안드레스 채드윅과 에르난 라라인을 각각 내무장관과 법무장관으로 임명했다.

아나는 기나긴 싸움과 기다림의 생애를 일기처럼 기록했다. 거기 한 구절, 남편에 대한 그리움의 문장은 이렇게 시작된다. "상상 속에서 당신은 늘 내 앞에, 내 눈을 바라보며 앉아 있어요. 당신은 두 손으로 내 얼굴을 부드럽게 감싸고, 나도 따라 손을 뻗지요. 그러곤 이렇게 말해요. '내 늙은 사랑, 어떻게 우리 이렇게 늙었을까요!' 그러다 화들짝 놀라 현실로 돌아와선 벽에 걸린 당신의 사진을 바라본답니다. 나 혼자 늙어버렸어요!"

쿠데타 45주년이던 2018년 9월 그는 스페인 매체 〈국가〉와의 인터뷰에서 우체부가 "아니타, 언젠가는 좋은 소식을 전해드릴게요"라 적은 메모를 건넨 일화를 기억한다고 말했다. '좋은' 소식이란, 아마도 모든 걸 내려놓고 울 수 있게 해줄 남편의 귀환일 테지만, 그는 한 달여를 더 기다리곤 2018년 10월 26일 별세했다. 향년 93세.

1976년 4월의 그날, 혼자 살아 돌아온 두 살의 아이는 이제 44세의 루이스 레까바렌Luis Recabarren이 되어 자신의 가족을 이뤘다. 그는 "할머니는 강한 여성이었고, 또 행복한 사람이었다"며 "깊은 슬픔과 생의 커다란 기쁨을 함께 간직할 수 있는 분이었다"고 회고했다. 자신의 트라우마를 두고 그는 "생은 짧기 때문에 늘 아름다운 것들을 찾고자 한다. 진부하게 들리겠지만, 그것만이 내가 배운 살아남는 길"이라고 말했다. 그건 칠레 가수 비올레타 파라가 1970년대의 칠레와 라틴아메리카의 시민들에게 축복처럼 남긴, 아나도 숱하게 들었을 노래 〈생에 감사해Gracias a la Vida〉의 메시지이기도 했다.

1979.1.19—2021.11.19

이언 피시백

그는 상처 입은 비극적 영웅이다

이 언 피 시 백

불의의 명령에 명예로 맞선 꼿꼿한 화살

'테러와의 전쟁War on Terror'이란 말은 9.11 사태 직후인 2001년 9월 20일 조지 W. 부시 대통령의 의회 연설로 공개 정치 무대에 처음 등장했다. 부시는 "미국의 적은 극렬 테러리스트 조직과 그들을 지원하는 모든 정부다. 테러와의 전쟁은 알카에다를 상대로 시작되지만, 지구상의 모든 테러 집단을 찾아내고, 저지하고, 궤멸시킬 때까지 이어질 것"이란 말로 두 차례 열띤 갈채를 받았다. 부시 정부는 한 달 뒤 '미국 자유법USA Freedom Act'을 대체한 저 악명 높은 '미국 애국자법USA Patriot Act'을 발효시켰고, 무인 폭격을 앞세운 헤아릴 수 없는 반테러작전에 병행해 2002년 1월 쿠바 관타나모 수용소의 문을 열었으며, 이듬해 3월 이라크전쟁을 시작했다. '테러와의 전쟁'은 21세기 미국 외교안보정책의 서막을 열면서 9.11의 공포와 응징이라는 당위로 자유 및 인권의 건국이념을 압도한 구호였다.

관타나모 수용소의 기소·재판 없는 연행, 구금, 고문의 실태는 국제적십자위원회 등에 의해 2004년 초부터 드러나기 시작했다.

CBS 시사 프로그램 〈60분60 Minutes〉이 이라크 아부그라이브 군 교도소 헌병들의 포로 학대 장면을 보도한 것도 2004년 4월이었다. 국방장관 도널드 럼즈펠드는 그해 5월 7일 의회에 출석해 '불한당 같은 일부 헌병이 저지른 일탈 행위'라 해명했다. 국방부는 군인 및 군무원 열일곱 명을 해임했고, 군법회의는 일곱 명에게 유죄를 선고했다.

미국 육군 제82공수사단 519정보대대 이언 피시백Ian Fishback 중위(당시 계급)는 럼즈펠드의 의회 연설 방송을 이라크 팔루자 인근 캠프 머큐리Camp Mercury에서 시청했다. 아부그라이브 스캔들보다 더 끔찍한 고문과 가혹 행위가 '불한당 같은 일부'에 의해서가 아니라 부대장과 군법무감의 지시 및 묵인하에 상시적이고도 조직적으로 자행돼왔음을 누구보다 잘 알던 그였다. 그는 비인도적 가혹 행위가 유엔 제네바협약과 미군 야전교범 위반이며, 자신이 졸업한 웨스트포인트 육군사관학교의 생도명예규범에도 반한다며, 명령의 근거가 무엇인지 납득시켜달라고 지휘 계통을 밟아 1년 넘게 요구해온 터였다.

그는 국방장관의 '불한당' 발언에 모욕감을 느꼈고, 아부그라이브 하급 병사들을 희생양 삼아 책임을 회피하려는 장관과 군 지휘관들의 저열함에 분노했다. 부대장(중령)은 문서로 작성한 그의 항변에 "피시백 중위의 문제의식을 숙지했다"며 날짜와 함께 서명까지 해서 그에게 건넸다. 그의 항변과 요구는 지휘 계통을 따라 상원 군사위원회까지 줄기차게 이어졌다. 소속 사단 기지인 노스캐롤라이나 포트브래그 군 감찰관은 '언론과 접촉하는 등 어리석은 짓은 하지 말라. 국방부 공식 조사 결과를 기다리라'

고 조언했고, 어떤 이는 '타협점을 찾아보라'고도 했다. 2005년 5월 군 수감자 가혹 행위 공식 조사 책임을 맡은 앨버트 처치 육군 준장은 "군이 승인한 심문 기술과 구금자 가혹 행위에 대한 어떠한 연관성도 찾지 못했다"고 발표했다.

그 직후 피시백은 국제인권감시기구 관계자에게 자신이 보고 겪은 가혹 행위의 전모를 폭로했고, 2005년 9월 공화당 상원 군사위원회 소속 존 매케인 의원과 존 워너 위원장에게 '명예의 문제Matter of Honor'란 제목의 서신을 보냈다. 매케인은 그해 10월, '미국 정부의 물리적 통제하에 있는 그 누구도, 국적과 소재지를 불문하고 잔인하고 비인간적이고 모욕적인 처우나 처벌을 받아서는 안 된다'는 내용을 골자로 한 '구금자 처우법Detainee Treatment Act'을 발의했고, 상원은 90 대 9의 압도적 표차로 승인했다. '테러와의 전쟁'이라는 나침반이 처음 흔들린 순간이었다.

미 육사 출신 공수-특수작전부대 엘리트 장교로, 부시-체니-럼즈펠드로 이어지는 '네오콘' 군사 권력의 불의에 맞선 이언 피시백이 2021년 11월 19일 미시건주 뱅고어Bangor의 한 사설 요양병원에서 외롭게 숨졌다. 향년 42세.

꼿꼿한 화살을 괴롭힌 혼란스러운 과녁

피시백은 미시건주 디트로이트에서 태어나 주민 1500명 안팎의 작은 마을 뉴베리에서 성장했다. 집배원이던 아버지는 베트남전쟁에 참전한 해병 베테랑이면서 1960~70년대 평화운동에 동조했고, 집 거실에는 반전 포스터와 슬로건들이 가득 붙어 있었다고 한다. 풋볼과 레슬링에 능했던 피시백은 고교 시절 풋볼팀

MVP였고, 고학년 회장으로서 학점 3.953점(4점 만점)을 받고 1997년 학교를 졸업했다. 가정 형편 때문에 군에 입대하려던 그에게 풋볼 교사는 육군사관학교를 권했고, 그는 생도 중대장을 지내며 학급 상위 5등 이내의 성적으로 육사를 졸업한 뒤 2001년 임관했다.

2015년 소령으로 예편하기까지 그는 82공수사단과 제5특수작전부대 지휘관으로 이라크와 아프가니스탄 전장에 네 차례 파병됐고, 두 차례 동성무공훈장을 받았으며, 2012~2015년 육사 교관으로 강단에 섰다. 육사 모토인 '임무, 명예, 그리고 조국Duty, Honor, and Country'의 가치와 '생도명예규범'을 목숨처럼 여기던 그에게 동기들은 '꼿꼿한 화살straight arrow'이란 별명을 선사했다. 휠 줄 모르는 윤리적 원칙주의자인 그를 괴롭힌 건 혼란스러운 과녁이었다.

이라크와 아프가니스탄 전장에서 그가 맞닥뜨린 실상은 그의 원칙과 사뭇 달랐다. 구금자를 발가벗기고, 구타하고, 뼈를 부러뜨리고, 물고문하고, 죽이겠다고 으르고, 실제로 죽이고, 기절할 때까지 가혹하게 체벌하고, 잠을 재우지 않으면서 저체온증에 걸릴 만큼 극한 환경에 방치했다. 가학적 고문에 익숙해진 병사들은, 알카에다 정보수집이란 명분에 아랑곳 않고 소일거리로 잔혹 행위를 일삼곤 했다. 고문과 가학의 주체는 주로 현지 CIA 요원이나 정보부대 취조원이었지만, 일반 부대원들도 취조실을 경비하며 폭행 등 가혹 행위를 거들라는 명령을 받곤 했다.

이라크전 발발 직후인 2003년 여름 럼즈펠드의 창의 티타늄 촉으로 불린 최정예 비밀 특수작전팀 태스크 포스 121Task Force

121이 창설됐다. 작전 내용은 물론이고 부대 규모조차 극비이고, 지휘관과 부대원 전원이 가명을 쓰고 심문요원은 머리를 길렀던 그 부대가 오사마 빈 라덴을 사살하고, 사담 후세인을 생포하고, 아부 무사브 알자르카위를 무력화시킨 주역이었다. '고가치 표적'만 다루며, 제네바협약이 보장한 국제적십자사 요원에게도 부대 출입 허가를 내준 적이 없다는 걸 자부심의 밑천으로 삼았다는 부대. 바그다드 인근 그들의 기지 캠프 나마Camp Nama는 '역겨운 군사지역'이라 불렸다고 한다.

국제인권감시기구의 폭로에 동조한 '제프(가명)'가 그 부대 심문요원이었다. 국방부 심문 전문가 양성학교 후아추카Huachuca를 거쳐 국방언어연구소DLI, Defense Language Institute에서 아랍어를 익힌 뒤 2004년부터 121부대에 배속된 그는 국제인권감시기구 관계자에게 자신들이 쓰던 고문 방식 일부를 공개했다. 겨울밤 발가벗은 구금자에게 얼음물을 끼얹었고 진흙탕에 뒹굴게 한 뒤 에어컨 앞에 세워두는 과정을 반복하기, 하루 네 시간만 잠을 재우면서 30분 간격으로 깨우기……. 한번은 상급자에게 "(피고문자가) 아무것도 모르는 멍청이 같다"고 했더니 "네가 그를 꺾지 못해서"라고 하더라는 이야기. 일부가 고문에 문제를 제기하자 부대장 지시를 받은 법무감이 심문요원들을 모두 모아놓고 "그들은 제네바협약이 규정한 '전쟁포로POW, Prisoner of War'가 아니라 '피통제자PUC, Person Under Control'이며, 여러분에게는 어떠한 문책도 없을 것"이라고 확답했다는 이야기. 부시 정부는 구금자를 군인이 아닌 '적 전투원'이라 통칭했다. 제프는 "설사 그들이 알카에다 조직원이었어도 그들에게 그런 짓을 하기 싫었다"고, "나는 내 존엄을 지키고 싶었다"고 국제인권감시기구 관계자에게 진술했다.

피시백은 본인은 물론이고 자신의 부대원들이 그런 일에 연루되지 않도록 저항했고, 상급자 명령으로 부하들의 명예를 지켜주지 못한 것을 수치스러워했다. 럼즈펠드의 의회 '변명'과 국방부 공식 발표로 그는 군 내부에서 '명확한 명령의 근거'를 제시받을 기대를 포기했다. 대신 육사 생도명예규범을 좇았다. "생도는 거짓말하거나 남을 속이거나 뭔가를 훔쳐서는 안 되며, 그런 행위를 용인해서도 안 된다."

명예로운 폭로와 그 이후

그는 자신의 폭로가 정치적으로 이용되는 것을 우려해 여당인 공화당 의원과 접촉할 수 있게 도와달라고 국제인권감시기구 측에 요청했다. 보좌관 인터뷰를 거쳐 매케인과 워너 의원에게 보낸 2005년 9월 16일 자 서신에 그는 이렇게 썼다. "어떤 이는 '알카에다의 잔혹함에 비하면 우리의 행위는 별게 아니'라고 했습니다. 도대체 언제부터 미국의 도덕이 알카에다를 기준으로 삼게 된 것입니까? 미국은, 그리고 우리의 행위는, 독립선언과 헌법이 명시하고 있듯, 보다 높은 기준을 따라야 한다고 생각합니다. (…) 안보를 위해서는 우리의 이상도 희생시킬 수 있는 것입니까? (…) 역경에 처하면 저버릴 수 있는 이상이라면, 그 이상은 결코 우리의 것이 아닐 것입니다. 저는 싸우다 죽을지언정, 미국을 지탱하는 이상의 작은 일부도 결코 포기하지 않을 것입니다."

베트남전 포로로 6년여간 고문당한 경험이 있는 매케인은 보름 뒤인 10월 5일 법안 발의 연단에 서서 이렇게 연설했다. "이 용감한 병사는 17개월 동안 홀로 우뚝 서서 이 단순하고도 중요한 질문을 던져왔습니다. 미국이 진정 추구하는 바가 무엇인가? 우리의 기준은 무엇인가? (…) 저는 피시백 대위와 같은 자질을 갖춘 남성과 여성이 우리 군에 있도록 해준 신께 매일 감사드립니다. 저는 의회가 그의 질문에 대답할 책임이 있다고 믿습니다." 이듬해 5월 월간지 〈타임〉은 피시백을 '힘과 재능, 도덕적 모범으로 세상을 바꾼 100인'에 선정했다. 당시 만 27세였던 대위 피시백은 "나는 미국의 가치에 부응하는 명확한 기준을 요구했을 뿐"이라고 말했다.

여론과 정치권의 압박에 밀려 가혹 행위 재조사에 나선 군 대변인은 그의 고발을 "장황하다"고 폄하했고, 부대장이었던 82공수사단장 빌 콜드웰은 "그가 문서 형식으로 지휘 계통을 밟아 문제 제기를 하지 않은 것은 부끄러운 행위"라고 말했다. 국제인권 감시기구에는 악담을 퍼붓는 메일이 쇄도했고, 피시백의 군 생활 역시 그리 순탄치 못했다. 조사를 하던 군 당국은 가혹 행위 실태보다 폭로 경위 및 동조자 색출에 주력했다. 국방부는 2천 8백여 명을 인터뷰해 9.11 이후 400여 건의 군 구금자 가혹 행위를 적발, 230명을 기소했다.

2012년 육사 교관이 된 그는 그해 미시건대에서 철학과 정치학 석사학위를 받고 2015년 예편했다. 2020년 초 받은 그의 박사학위 논문 제목은 「전쟁의 방법과 윤리Method and Morality of War」였다. 2020년 풀브라이트 장학금으로 스웨덴 룬드대학교 연구원 자격을 얻은 그는 영영 조국을 떠나겠다며 EU 시민권을 신청했다.

2020년 1월 지역 언론 인터뷰에서 그는 "나는 조국에 내 생을 바쳤고, 나름대로 존중받을 만한 봉사를 해왔다고 생각한다. 하지만 내가 받은 보상은 무엇인가. 결코 받아들일 수 없다"고 말했다. 군 예편 전후부터 앓던 우울증과 외상후스트레스장애PTSD 증상은 박사과정 시절부터 피해망상으로 악화해 '누군가 자신을 암살하려 한다"거나 "누가 내 논문을 표절하고 음해한다"고 말하곤 했다. 그는 출국 후 증상이 심해져 이내 귀국했지만, 잦은 다툼과 말썽을 일으켜 법원의 치료 명령을 받고 2021년 9월 무렵부터 주 정부 지원으로 운영되는 사설 정신병원에 수용돼 향정신성 의약품 처방을 받아왔다. 지인들은 군 전역자 전용 병원 병실이 날 때까지 의료서비스가 비교적 나은 병원으로 그를 옮기기 위해 모금 운동을 벌였다. 친구인 조지타운대 철학과 교수 낸시 셔먼은 "올바름에 대한 그의 날카로운 감각은 도덕적 고립감을 수반할 수밖에 없었을 것"이라며, "타협할 줄 모르는 그의 윤리 의식이 이 나라에 큰 도움을 주었지만, 그가 치른 대가 역시 그만큼 컸다. (…) 그는 상처 입은 비극적 영웅"이라고 말했다.

그는 육사 동기인 전처 클라라 호이싱턴과 낳은 열두 살 딸을 남기고, '베테랑' 병원에는 끝내 누워보지도 못한 채 가난한 병실에서 숨졌다. 국제인권감시기구 활동가 출신 민주당 하원 의원 톰 맬리나우스키 의원은 정치 전문매체 〈폴리티코〉 기고문에 "피시백은 삶으로 불의를 폭로했고, 죽음으로 정신질환자, 특히 군인 출신 질환자들에 대한 국가의 어처구니없는 처우를 까발렸다"고 썼다. 재향군인회관 격인 지역 리전홀에서 열린 그의 장례식에는 고향 친구 등 100여 명이 참석했다.

그가 숨진 직후인 2021년 11월 민주당 상원 원내 부총무 딕 더빈 의원은 관타나모 수용소 즉시 폐쇄를 골자로 한 국방수권법 수정안을 발의하며 작고한 두 영웅 매케인과 피시백을 언급했다. 그리고 "우리는 고문을 묵인함으로써 이 나라를 수치스럽게 했고, 소중한 병사들을 지켜주지 못했다"고, "이제 이 어둠의 장을 영원히 걷어내자"고 역설했다. 의회는 그의 수정안을 외면했고, 관타나모에는 2021년 말 현재 39명이 수감돼 있다.

기록하는 당신

1986.10.15 — 2020.7.12

이도진

닮고 다른 몸으로 새로운 세상을 꿈꾸다

이 도 진

퀴어와 비퀴어 사이 장벽을 허물고자 했던 게이 디자이너

〈뒤로DUIRO〉라는 야릇한 이름의 잡지가 있다. 2016년 만 29세 게이 디자이너 이도진이 만든 퀴어 전문 독립 연간지다. 창간호 테마는 '군대'였다. 당시는 '군형법 92조 6항', 즉 군대 내 동성 간 성행위 처벌 조항을, 2006년 국가인권위의 폐지 권고에도 불구하고, 의회가 '1년 이하 징역'(1962)에서 '2년 이하 징역'(2013)으로 오히려 개악해 국내외 인권단체가 혀를 차던 때였다. 2015년 이도진은 '우리는 뒤로 하고, 앞으로 나아간다'는 도전적 문구를 달고 잡지 창간 텀블벅 모금을 감행해 일주일 만에 목표액 천만 원을 모았다. 예비역 게이 인터뷰와 에세이, 설문조사, 20년도 더 전에 관련법을 폐지한 영국과 미국 등 외국 사례를 담은 퀴어 전문 잡지가 그렇게 탄생했다.

아무도 공개적으로 말하지 않던 '그들(게이)'만의 군대 이야기를 처음 불특정 다수에게 털어놓은 거였고, 그럼으로써 무의식적으로 갖추고 살던 폐쇄적 고립의 가드를 먼저 내린 거였다. 책을 좋아해서 북디자이너로도 일한 이도진은 "책을 대화라고 생각한

다"고, "읽는 것, 만드는 것 모두 이야기를 하고 싶어서"라고 쓴 적이 있었다.

〈뒤로〉의 근사함은 저런 의미보다 먼저 감각적으로 도드라졌다. 그와 동료들은 여느 사진예술 전문 잡지와 견주어도 꿀리지 않을 사진과 그림과 디자인 작품들을, 호기심의 춘화적 탐닉을 경계하듯 절제하며 글과 함께 동여맸다. 그에겐 '도진이 일'이라면 발 벗고 나서던 프로 디자이너와 사진가 등 온갖 장르의 예술가들이 있었다. 이도진과 친구들은 여러 다리 건너야 닿을 수 있는 필자와 인터뷰이를 발굴해 더불어서 책을 지었고, 그렇게 자신들의 네트워크를 점점 광역화했다. 잡지는 편견의 벽을 허문 작은 아지트를 넘어 무한 확장의 벡터를 지닌 현실의 커뮤니티로 성장해갔다.

이도진은 그 또글또글한 희망을 잡지 형식에도 담고자 했다. 뒤표지에 하나하나 음각(형압)으로 새긴 필자들의 이름이 그 예다. 당시는 지금과 또 달라서, 성 정체성의 다름을 타락의 동의어로 알던 이들이 훨씬 드글거렸다. 잡지 필진 중에도 이런저런 사정으로 실명을 감추고 싶어 한 이들이 있었다. 이도진은 빛이 없는, 그래서 그늘도 없는 자리에선 쉽사리 드러나지 않을 형식으로, 시간의 더께가 손때로 얹히며 서서히 드러날 체적으로 그들의 존재를 새겼다. 표지 후처리 공정에는 돈이 더 들고, 그의 처지는 늘 푼푼치 못했다.

하지만 창간호의 가장 아름다운 면모는, 내 생각에는, 책 어디에도 발행인인 그의 이름이 없다는 점이다. 누구보다 할 말이 많았을 그는 그 흔한 창간사도, 발행인의 글도 싣지 않았다. 그 이유를 그는 공개한 적 없다. 겸양 때문이었을 수도 있고, 다른 이들의 이야기를 하나라도 더 담겠다는 의지의 표현이었을 수도 있다. 아니면 잡지 자체가 자신을 대변해주리라는 기대, 혹은 고집의 표현이었을지 모른다. 공백과 무언의 표현. 그는 한 매체 인터뷰에서 "매번 폐간호를 만든다는 생각으로 잡지를 만든다"고 말한 적이 있다.

2호부터 편집장 겸 편집자로 참여한 원대한(그래픽디자인 스튜디오 '씨클레프' 대표)에 따르면 잡지를 만드는 데는 기획 단계에서부터 꼬박 10개월, 필자 섭외에서 원고가 인쇄소에 넘어갈 때까지만 쳐도 최소 6개월이 걸렸다. 이도진과 원대한은 평일엔 각자의 스튜디오를 운영하면서, 주말과 밤 시간, 그리고 사비를 헐어 저 일을 해냈다.

〈뒤로〉는 동성혼과 시민 결합을 테마로 한 2017년 2월의 '혼인The Marriage'과 외로운 퀴어들이 반려동물과 나눈 교감을 다룬 '룸메이트Roommate'까지 세 권이 나왔다.

수직감염으로 만성 간염 바이러스를 지녔지만 제 몸 돌볼 겨를은 없었던지, 2019년 3월 이도진은 어깨 통증 때문에 찾은 병원에서 간암 3기 진단을 받았고, 친구들의 따뜻한 배웅을 받으며 2020년 7월 12일 별세했다. 향년 만 33세.

주저하지 않고 판을 벌이는 사람

『목사 아들 게이』는 2017년 그가 단행본으로 펴낸 목사 아들 게이 다섯 명의 대화록 제목이다. 이도진은 동성애(자)를 적대하는 부모와 교회 지붕을 함께 이고 게이로 성장한 이들의 고통과 죄의식, 분노와 설움을 유쾌한 농담과 에피소드로 버무렸다. 책에서 그(필명 더즌)는 아버지를 장로교 소속이었다가 교단에서 탈퇴한 좌파 성향 독립교회 목사라 소개했다. 객지를 떠돌며 배운 미용 기술로 고향에서 작은 미용실을 열어 아버지 신학대 학비를 댄 어머니도 아버지 못지않은 신앙인이었다. 아버지는 "성도가 모인 공동체가 곧 천당"이라 설교했고, 어머니는 공동체(타인)를 위한 배려와 헌신이 신에 대한 경배라 가르쳤다. 선량한 부부는 시골 교회 목사의 애처로운 월급을 쪼개 형편이 어려운 아들 급우의 급식비를 대신 내주기도 했다. 이도진과 여동생은 생일에도 선물이나 케이크를 받기는커녕 부모에 대한 감사와 보은의 의미로 설거지를 했다.

성 정체성을 일찌감치 깨달은 조숙한 소년 이도진은 중학생 때부터 급우들을 꾀어 학교 화장실을 쾌락의 공간으로 활용하곤 했고, 벽 너머 예배당 찬송가를 들으며 PC통신 하이텔, 천리안의 살빛 영상들을 탐닉했다고 한다. 욕망과 죄의식 사이에서 갈팡질팡하며 그는 성장했다.

교인들에게 모범을 보여야 한다며 집 청소에도 강박적이던 어머니가, 납득할 수 없는 전화요금 고지서와 컴퓨터에 남겨진 아들의 웹 서핑 흔적을 모르지 않았을 아버지가, 대학생(세종대 시각디자인 전공)이 된 그에게 어느 날 정색하며 "할 말 있으면 해보라"고 했다고 한다. 그는 "아빠, 뭐? 동성애자?"란 대꾸로 커밍아웃했고, 부모는 결혼 앞둔 동생을 위해서라도 조용히 지내라고, "사도 바울처럼 (독신으로) 살라"고 주문했다고 한다. 부모에게 게이는 '성도'도, 신을 향한 경배를 대신 받을 '타인'도 못 되는, 한사코 감춰야 할 존재였다. 이도진은 그러겠다고 대답했지만, 그 약속은 물론 가망 없는 것이었다.

피아노를 익혀 교회에서 봉사하고 중학교 시절 밴드를 결성해 활동하기도 했던 이도진은 대학에서도 학교 생협 이사장을 맡아 이끌었고, 군대 휴학 중 친구(이경민, 〈뒤로〉 1호 기획 및 디자인)와 디자인 회사를 차려 운영하기도 했다. 계약직 1년을 거쳐 정식 입사한 첫 직장에서 3개월 만에 부당해고를 당한 뒤 SNS로 싸움을 벌여 이긴 전력도 있었다. 그는 늘 '일'을 벌이곤 사람들과 함께 내닫는 스타일이었다. 〈뒤로〉 2호의 필자 소개에 그는 "주저하는 이의 등 떠미는 것이 취미이자 특기"라고 썼다.

그는 잡지 〈두꺼비〉가 기획한 '청년 주거 문화'의 꼭지 하나를 맡으면서 공동 작업자로 두 살 연하의 국민대 시각디자인과 박철희(스튜디오햇빛 대표)를 만났다. 그 무렵까지 자신의 성 정체성을 의심(혹은 부정)하던 박철희에게 이도진은 일에 돌진하듯 돌진했다고 한다. 어느 날 이도진은 "게이 잡지를 만들 것"이라고 말했고, 박철희는 "나도 끼워달라"고 대답했다. 두 달여 뒤 둘은 연인이 됐고, 2014년 용산구 보광동 우사단길에 함께 살 집을 마련했다. 박철희는 "외진 캠퍼스에 칩거하듯 지내며 작업만 하던 내게 이도진은 서울이라는 너른 세계와 게이 및 인디 문화의 다채로운 세상을 알게 했다"고 말했다. 이듬해 6월 서울광장에서 열린 퀴어문화축제에 둘은 나란히 손잡고 참여했다.

석 달 뒤, 뒤늦게 고양된 박철희는 대학원에서 조교 일을 하며 모은 돈으로 보광동에 한국 최초 퀴어 전문 서점인 '햇빛서점(겸 스튜디오)'을 열었다. 석 달 뒤 이도진은 〈뒤로〉를 창간했다.

함께 날아다니는 새처럼

　이도진의 디자인 스튜디오 이름은 '프레클스Freckles, 주근깨라는 뜻'
였다. 햇빛에 노출되어 피부에 생기는 작은 반점인 주근깨를 미
용적 결함으로 못마땅해하는 이들이 많지만, 어떤 이들은 거기
서 햇살의 첫정 같은 사랑을 찾기도 한다. 이도진은 무지개를 등
지고 환한 햇빛 앞에 선 성소수자들의 미래를 저 이름에 담고자
했을지 모른다. 아니면 반려자의 얼굴에 깃든 주근깨들을 떠올렸
을 수도 있다. 새를 업고 나는 새처럼 둘은 함께 날았다.

　이도진은 자칭 '생계형 디자이너'였다. 그는 공연과 전시 포스
터, 책 디자인 등으로 생활비를 벌었다. 하지만 스튜디오 공간 절
반을 헐어 진행한 기획 전시와 친구들과 함께 벌인 여러 프로젝
트는 대부분 생계와 무관한, 잡지처럼 돈 쓰며 하는 활동이었다.
예컨대 사진작가 아홉 명과 함께 청소년을 주제로 엽서를 제작
해 판매한 '피넛버터 프로젝트—Eternal Summer'로 그들은 청소
년 성소수자 위기지원센터 '땅동'을 후원했다.

　2018년 7월 제19회 서울퀴어문화축제 때는 네덜란드 암스테르
담 작가들이 동성애를 형사처벌하는 75개국 국기로 만든 드레스
(작품명 '암스테르담 레인보우 드레스')의 아시아 최초 한국 전시에
사진 아트디렉터 겸 디자이너로도 참여했다. 그는 늘 바빴고, 하
나를 끝내면 곧장 새로운 일을 향해 내닫곤 했다.

　잡지와 햇빛총서 단행본은 늘 적자였다. 하지만 그를 더 힘들
게 한 건 "책에 참여해줄 사람들을 찾는 것"과 "독자들이 가시화
되지 않는다는 것"이었다. 그는 미국에서 동성혼이 법제화되면서
동성애자 커플의 (경제적) 계층화가 시작된 현실, 차별을 넘어선

자리에 새로운 분화와 차별이 싹튼 현실을 쓸쓸해했다. 스마트폰 데이팅 앱 등으로 동성애자끼리 교류의 기회는 늘었지만, 다양한 다수가 함께 어울릴 수 있는 오프라인 공간은 오히려 줄었다. 그는 그 변화를 안타까워했다.

〈뒤로〉 3호 제작 직전, 인쇄소에서 다른 고객들 눈치를 보느라 제작을 거부했을 때 그는 분노했고, 2018년 8월 문화체육관광부 산하 한국문화예술위원회 온라인 매체 〈인문360〉이 '성소수자 연애'를 주제로 그와 진행한 인터뷰를 공무원들이 지워버렸을 때 그는 분노했다. 투병하던 그에게 목사 친척이 "간이랑 폐에 문제가 생긴 이유는 음란함 때문"이라고 했을 때도 그는 분노했다.

하지만 쪼들려서 주눅 들거나 현실을 원망한 적은 없었다. 친구(금속공예가 조유리, 서울메탈 대표)의 강아지가 아파 병원비로 큰돈이 들게 되자 이도진은 배지를 디자인해 만들어 팔게 했고, 다재다능한 음악인 이랑은 조유리와 함께 노래(〈사는 동안 즐겁게〉)를 지어 병원비를 벌었다. 다들 고만고만 힘들어도 어쩌면 그때가 그의 가장 행복한 시절이었고, 보광동 커뮤니티의 전성기였다.

박철희는 그 특유의 한글 디자인을 가미한 2018년 서울시장 녹색당 후보 신지예 선거 포스터로 사회적 주목을 끌며 디자인하우스 주최 '코리아 디자인 어워드' 커뮤니케이션 부문 최우수상을 탔다. 이도진도 그해 말 한 대기업의 사보 디자인 계약을 맺었다. 그렇게 조금씩 형편이 나아지려던 무렵 암이 찾아왔다.

암세포도 그를 닮았던지 병세는 빠르게 나빠졌다. 그를 간병하느라 박철희도 일을 접어야 했다. 몇 달 사이 생활비가 떨어졌다. 그해 6월, 이랑과 친구 서른 명이 매일 한 사람씩 글을 지어 메일로 회원에게 전하는, 유료 이야기 마라톤을 시작했다. 이도진과 박철희를 돕기 위해 연말까지 6개월간 진행된 '알리바바와 30인의 친구친구' 프로젝트였다. 디자이너 원대한, 에세이스트 임진아, 소설가 이종산, DJ CongVu, 식물세밀화가 이소영, 판화가 히로카와 다케시, 드래그 퀸 모어 모지민, 시인 황인찬, 카투니스트 조한수, 사진가 정멜멜과 황예지-박현성 듀오, 일러스트레이터 윤예지, 소목장 세미, 금속공예가 조유리, 편집자 김미래와 김홍구, 아키비스트 정아람 등이 참여했다.

그 보답으로 이도진은 박철희가 밸런타인데이 선물로 보광동 집 옥상에 지어준 두 평짜리 비닐하우스 텃밭에 튤립 구근 서른 개를, 친구들의 이름을 하나하나 부르며 심었다. 이듬해 봄에 꽃이 피면 친구들을 초대해 한 송이씩 나눠준다는 게 그의 계획이었다. 그 꽃들은 전달되지 못했다. 보광동 젠트리피케이션이 빠르게 진행되면서 그해 겨울, 친구들은 더 헐한 작업실을 찾아 하나둘 뿔뿔이 흩어졌다. 이도진과 박철희도 이듬해 4월, 만 6년을 산 보광동을 떠났다.

병원에서 더는 해줄 게 없다던 무렵, 이도진과 박철희는 강원도 양양 바닷가에 작은 집을 얻어 요양을 시작했다. 둘이 만난 지 6주년 되던 해 처음 만나 흠뻑 반한 바다였다. 이도진은 물과 햇살에 닳고 마른 해변의 폐목 조각들을 주워 사진에 담고는 '닳고 다른 몸'이란 이름을 달았다. 무척 깔끔하고 예민한 성격이라 박철희와 평소 그렇게 자주 티격거렸다는 그였지만 정작 투병 중에는 단 한 번의 짜증도 부리지 않고 순했다고 한다. 박철희는 "도진이가 '다시는 인간으로 태어나고 싶지 않다'고 말한 적이 있다"고, "더 살겠다는 의지도 미련도 없이 주어진 날들을 묵묵히 살다가 홀연히 가려 했던 것 같다"고 말했다. 매번 폐간호를 만들듯 하루하루를 마지막 날처럼 살다가, 발행인의 말 없는 잡지처럼 그는 유언 없이 떠났다. 떠나던 날 아침까지 붙들고 있던 글의 커서도 맺지 못한 문장 중간에 함께 멎었다.

첫 기일인 오늘, 친구들은 이도진이 묻힌 전북 부안 가족 묘지 대신, 그의 마지막 나날을 넉넉히 품어준 양양 바다로 그를 만나러 간다고 했다. 어쩌면 거기서 〈뒤로〉 4호 이야기가 나올지도 모르겠다.

1971.1.18—2019.5.21

비냐방가 와이나이나

진부한 생각을 수용하는 건

스스로에게 사기를 치는 일이다

비냐방가 와이나이나

아프리카에 대한 클리셰를 깨부순 작가

비냐방가 와이나이나Binyavanga Wainaina는 아프리카 케냐 소설가다. 책으로 묶지 않은 몇 개의 단편과 2011년 출간한 자전소설 한 권이 그가 낸 작품 전부지만, 그는 2002년 부커 재단이 영어로 쓰인 아프리카 작가의 작품에 주는 '케인상Caine Prize'을 받은, 영미 문학계의 주목받는 아프리카 작가였다. 하지만 그가 세계적으로 유명해진 데는 에세이 덕이 컸다. 대표적인 게, 그를 소개하는 거의 모든 글들이 지면을 아끼지 않고 한껏 인용하곤 하는 「아프리카에 대해 쓰는 법How to Write About Africa」이란 에세이다.

2005년 영국 문학 계간지 〈그란타Granta〉에 기고한 A4용지 3쪽 분량의 그 에세이는, 비非아프리카인(주로 백인)의 글들이 공통적으로 지닌 아프리카와 아프리카인에 대한 오랜 편견과 짜증스러우리만치 진부한 상징, 표현들을 반어적으로 비꼰 분노와 비아냥의 글이었다.

"당신 책 표지나 속지 어디에도 잘 차려입은 아프리카인의 사진은, 혹시 그가 노벨상쯤이나 받은 사람이 아닌 한, 절대로 쓰지 마라. 대신 AK-47 소총이나 툭 불거진 갈비뼈, 벌거벗은 젖가슴 사진이면 된다. 군이 아프리카 사람을 등장시키려면, 전통 복장을 갖춰 입은 마사이나 줄루 혹은 도곤족서아프리카 고원 소수민족이 적당하다. 아프리카는 54개국 9억 명이 사는 거대한 대륙이지만, 하나의 나라처럼 묘사해도 무방하다. 마른 풀들이 굴러다니는 덥고 먼지 날리는 땅, 거대한 동물 떼, 깡마르고 껑충한 사람들, 아니면 원숭이 고기를 먹는 난쟁이 같은 사람들…… (어떻게 쓰든) 거기 사람들은 다들 굶주리고 죽고 전쟁하고 이민 다니느라 바빠 당신 책을 들춰볼 겨를도 없을 것이다."

그는 〈그란타〉의 1994년 아프리카 특집호를 읽고, 거기 실린 27쪽 분량의 글들이 절여 놓은 아프리카의 이미지와 폭력적인 일반화에 화가 난 나머지 앉은 자리에서 그 모든 글들의 공통점을 분석(조롱)한 장문의 메일을 잡지 편집장에게 보냈다. 편집장은 메일의 요지대로 새로운 글을 그에게 청탁했고, 그는 메일로 보냈던 글을 줄이고 손봐 다시 보냈다. 그 원고가 「아프리카에 대해 쓰는 법」이었다. 그는 에세이를 이렇게 맺었다. "당신 책 끄트머리는 반드시 넬슨 만델라와 함께 아프리카의 무지개나 르네상스의 이야기로 맺어야 한다. 왜냐하면 당신이 가장 신경 쓰는 문제가 바로 그거니까."

그 글은 여행기든 뭐든 아프리카에 대한 글을 쓴 적이 있는 아마도 거의 모두를 낯 뜨겁게 했거나 움찔하게 했을 것이다. 〈그란타〉의 편집장 지그리트 라우징Sigrid Rausing은 그의 저 에세이가 제

1호를 낸 1979년 9월 이래 잡지에 실었던 모든 글 가운데 가장 널리, 오래 읽힌 글일 것이라고 말했다.

와이나이나는 삼십대 중반에야 자신이 동성애자임을 경험적으로 깨우쳤다. 그의 조국 케냐를 비롯해 우간다, 나이지리아 등 여러 나라가 법까지 고쳐가며 경쟁적으로 동성애(자)에 대한 탄압 강도를 높여가던 2014년 1월, 그는 자신이 2003년 창간해 아프리카의 대표적 문예지로 키운 잡지 〈콰니Kwani?〉에 또 한 편의 에세이를 발표했다. 「나 게이야, 엄마I Am A Homosexual, Mum」라는 제목의 짧고 뭉클한 그 커밍아웃의 글로 그는 "사하라 이남에서 가장 유명한" 게이가 됐다. 아프리카에서 커밍아웃은 목숨을 걸어야 하는 일이라, 성정체성을 오픈하는 게이가 거의 없다. 그 에세이로 그는 2014년 〈타임〉의 '세계에서 가장 영향력 있는 100인'에 선정됐다. 친구인 나이지리아 출신 작가 치마만다 응고지 아디치에Chimamanda Ngozi Adichie는 "비냐방가는 동성애가 인간적인 일임을 알게 했고, 동성애자가 '얼굴 없는 타자'가 아니라 대화를 나눌 수도 있는 실체적 존재임을 비로소 알게 했다"고 썼다.

그는 작가란 어떤 얽매임도 없이 자유롭고 진솔하게 글을 쓸 수 있어야 한다고 여겼지만, 그의 세계는 허구와 현실의 경계, 창작과 투쟁의 경계를 좀체 허락하지 않았다. 그런 탓인지 그는 자기 작품은 많이 못 썼지만, 다른 젊은 작가들이 걸을 수 있는 자유로운 길을 터주고자 애썼고, 혐오의 에너지로 차별을 확대재생산하는 케냐의 정치권력과 시민들의 편견에 문장으로 맞섰다.

와이나이나는 2016년 12월 1일 '세계 에이즈의 날'에 "나는

HIV 양성이며, 행복하다"는 짤막한 글을 트위터에 썼고, 2018년 5월에는 애인에게 청혼해 승낙받은 사실과 함께 "내년 초 결혼할 계획"이라는 소식을 역시 트위터로 알렸다. 그가 2019년 5월 21일, 알려지지 않은 사인으로 별세했다. 향년 48세.

"언젠가 나는 이곳에 대해 쓸 것이다"

비냐방가 와이나이나는 1971년 1월 18일, 케냐 그레이트리프트 밸리Great Rift Valley주 나쿠루Nakuru에서 태어났다. 케냐 최대 부족인 키쿠유족 혈통의 아버지는 한 농업 회사의 임원까지 지낸 성공한 샐러리맨이었고, 우간다 출신 어머니는 나쿠루에서 미용실을 운영했다. 경제적으로 꽤 넉넉했던 덕에 와이나이나는 1991년 남아프리카공화국으로 유학, 트랜스카이대학에서 경영학을 전공했다. 하지만 그는 어려서부터 공부보단 희곡과 소설을 더 좋아했고, 언어 자체의 마성적 매력에 넋을 잃을 만큼 빠져들곤 했다고 한다. 케냐 공용어인 영어는 교사들이 부는 호루라기 소리처럼 '학생들을 줄 세우는 딱딱한 세계의 언어'였지만, 동시에 밤을 새우게도 하는 신비로운 소설 세계의 언어였다. 그는 훗날 자전소설 『언젠가 나는 이곳에 대해 쓸 것이다One Day I Will Write About This Place』에 "책 안의 영어로 쓰인 낱말들이 내 몸을 통제할 수 있는 힘을 지녔다면, 마치 펼쳐진 부채가 접히듯 나도, 다르게 배열된 그 말들의 세계 속으로 미끄러져 들어갈 수도 있지 않을까" 생각했다고 썼다.

대학을 중퇴한 그는 케이프타운에서 프리랜서 음식·여행 칼럼니스트로 생계를 이으며 글쓰기에 몰두했다. 요리에 관심이 많아 아프리카의 음식 레시피를 1300여 개나 수집했고, 식당을 차려볼 생각도 했지만 재능이 없다는 걸 깨닫고 포기한 일도 있었다고 말했다.

그는 10년 만인 2001년 케냐로 돌아왔고, 남아공 유학 시절 쓴 「고향의 발견Discovering Home」이란 제목의 단편으로 2002년 케인상을 탔다. 그해 본심에서 경합한 작가 중 한 명이 아디치에였고, 둘은 이내 친구가 됐다. 와이나이나는 케인상 상금 1만 파운드로 2003년 문예지 〈콰니?〉를 창간했다. 영어식 스와힐리어 방언으로 '그래서 뭐So What?'라는 의미의 〈콰니?〉는 이름처럼 도전적인 문화 지식의 전위로서 "사하라 이남의 가장 영향력 있는 문학잡지"로 자리 잡았다.

그가 유학을 시작한 1991년은 남아공의 격동기였다. 넬슨 만델라가 석방된 직후였고, 새 헌법하의 총선 채비로 온 나라가 들썩였다. 반면에 그가 떠나온 조국 케냐는 1978년 집권한 대니얼 아랍 모이Daniel arap Moi의 부패와 독재 속에 안정적으로 질식해가던 때였다. 2007년 케냐 총선을 앞두고 선거 참여를 독려하기 위해 쓴 에세이에서 와이나이나는 당시 경험을 이렇게 썼다. "아파르트헤이트를 염려했지만, 실제로 내가 남아공에서 경험한 건 전혀 딴판이었다. 흑인들은 백인 정부에 대해 백인보다 더 적극적으로 발언했고, 더 큰 영향력을 발휘했다. (…) 남아공 시민들은 모두가 최대한 큰 목소리로 말했고, 어느 누구도 자신의 행위가 나라를 분열하는 짓이라고 여기지 않았다. 각자가 떠들다 보면 케냐도 이웃나라 소말리아처럼 분열된다고, 그러니 입 다물고 '내 뒤만 따르라'던 모이 정권의 세뇌 교육과는 딴판이었다." 그가 귀국

하던 2001년은 모이의 24년 독재가 저물고 새 헌법으로 총선을 치르려던 때였다. 2003년 새 정부 출범과 함께 새롭게 열린 언론 자유의 공간에서 〈콰니?〉는 꽤 큰 역할을 했고, 작가로 이름을 얻은 와이나이나는 〈뉴욕타임스〉와 〈가디언〉, 〈내셔널지오그래픽〉, 남아공 매체 〈선데이타임스〉 등에 열성적으로 글을 기고했으며, 미국 뉴욕의 유니언칼리지와 매사추세츠의 윌리엄스칼리지의 레지던시 작가로, 뉴욕 바드대학 아프리카문학센터Chinua Achebe Center 운영자로 일하기도 했다.

그가 2005년 〈그란타〉에 발표한 에세이를 읽은 소설가와 NGO 활동가, 뮤지션, 자연보호활동가, 학생, 여행작가 등등 수많은 이들이 자기가 쓴 글을 비평해달라며 그에게 메일로 청해왔다고 한다. "마치 내가 아프리카의 가상적 경계에 서서 허가증에 고무도장을 찍어주는 흑인 경비병이 된 것 같았다. (…) 그건 거의 성性적인 느낌, 즉 전혀 그럴싸하지 않은 자리에서 은밀히 기어 나와 채찍을 휘둘러달라고 간청하는 이들을 보는 것 같은 느낌이었다. 주인님 때려주세요, 오!" 그는 하루아침에 자신이 '아프리카적 양심conscience of Africa'의 화신인 양 면죄부를 주게 된 상황을 비아냥대며 "내가 똑똑했다면, 기다렸다가 스마트폰 유료 앱을 만들어 '아프리카에 대해 쓰는 법'을 매일 짧게 연재했을 텐데"라고 썼다.

글로 자신과 세상을 해방하다

앰네스티에 따르면 아프리카 54개국 중 31개국이 동성애 행위를 형법상 범죄로 처벌한다. 우간다에서는 동성애 행위가 최고 사형에 해당되는 중범죄이고, 나이지리아에서도 징역과 별개로 이슬람율법에 따른 채찍형이나 돌팔매질을 당하는 범죄다. 동성애를 옹호했다는 이유로 인권운동가가 살해당하기도 하고, 동성애 옹호 활동 자체가 불법인 곳도 적지 않다. 케냐도 예외가 아니어서 현지인 중 커밍아웃한 동성애자는 없고, 게이 인권운동가들도 적어도 표면적으로는 게이가 아니다. 와이나이나가 만 43세 생일에 맞춰 발표한 커밍아웃 에세이는, 여느 서구 유명인사의 그것과는 의미도 파장도 달랐다.

자전소설에 담지 못해 '잃어버린 장a lost chapter'이라는 부제를 단 커밍아웃 에세이는 크게 세 단락으로 구성됐다. 2000년 7월 어머니의 임종 전 병실 머리맡에서 자신의 성정체성을 고백하는 가상의 이야기, 여권을 훼손하는 바람에 남아공 출국을 못해 어머니 임종을 지키지 못하고 2011년 숨진 아버지에게도 자신이 게이임을 끝내 알리지 못한 실제 이야기, 그리고 유년 시절 어렴풋이 느꼈던 동성애적 끌림과 한사코 문학으로 도피하려 했던 청년기의 경험.

에세이를 쓸 무렵 에이즈 합병증으로 숨진 한 친구를 외롭게 떠나보낸 뒤 그는 너무 화가 나서 뭐라도 해야겠다고 결심했다고 한다. 글이 잡지에 발표된 날 저녁부터 여기저기서 다급한 연락이 왔지만, 그는 최소 48시간 정도는 자기 글에 대해 일체 언급하지 않으려 했다고, "사람들이 생각할 시간을 갖기를 원했다"고 말했다. "짐승과 다를 게 뭐냐"는 식의 비난이 대부분이었지만, "내가 지켜줄 테니 도움이 필요하면 언제든 연락하라"며 전화를 건 경찰관 동창생 같은 이들도 없지는 않았다고 그는 말했다.

그는 동성애를 처음 육체적으로 경험한 서른세 살 이전까지는 긴가민가하면서도 스스로를 게이라 인식하지 못했다고 2014년 〈가디언〉인터뷰에서 말했다. 2017년 남아공 비츠대학 강연 직후 좌담에서 그는 "내게 대놓고 '너 게이냐'고 처음 물어본 이가 아디치에였다"고 소개했다. "나는 물론 아니라고 대답했지만, 그 직설적인 질문이 내 안의 뭔가를 해방시켰다"고, "그 뒤론 글을 쓸 때마다 그 질문에 거듭 답을 해야 했다"고 말했다.

2007년 세계경제포럼이 '영 글로벌 리더'로 그를 선정하자 그가 메일로 사양한 일이 있었다. "다른 이들처럼 나도, 명성과 부와 세계적인 평판에 대한 환상이 있다. 하지만 나는 작가다. 작가로서 내가 지켜야 할 무엇보다 가치 있는 일은 항상 나 자신을 어디에도 묶이지 않은 자유로운 존재로, 독립적이고 창조적인 존재로 지키는 것이다. 내가 세계 문제에 영향력을 발휘할 수 있는 존재가 된 듯 진부한 생각을 수용하는 건 스스로에게 크게 사기를 치는 일이 될 것이다."

그는 뭐라도 해야겠다는 책임감을 느껴 커밍아웃 에세이를 썼다면서도, 자신이 마치 게이의 대변인처럼 여겨질까 봐 걱정했다고도 말했다. 케인상의 가치가 과대평가되고 아프리카 작가들이 그 상의 평가에 휘둘리는 것이 못마땅해 2014년 트윗을 통해 공개적이고 격렬하게 케인상을 성토한 것도 비슷한 문제의식에서 비롯된 일일 것이다.

그는 글은 자유롭고 진솔하게 써야 하고, 그런 글만이 스스로를 변화시키고 사회와 세상을 바꿀 수 있다고 여겼던 듯하다. 그는 늘 홧김이라고 말했지만 실은 자신의 글을 전략적으로 활용했고, 그 에세이가 세상을 바꾸는 데 조금이나마 기여하기를 바랐다.

당뇨와 뇌혈관 질환을 앓던 그는 2015년 두어 차례 뇌졸중으로 쓰러졌고, 회복된 뒤로는 지팡이를 짚었으며, 말도 약간 어눌해졌다. HIV 감염과 별개로, 그의 몸은 병들어 있었다. 비츠대학 강연을 앞둔 그에게 "내가 사랑하고, 존경하고, 그 천재적 재능에 늘 감탄하는 내 친구"라며 뭉클한 헌사를 썼던 아디치에는 인스타그램으로 그의 부고를 전하며 "그리 친절하고, 관대하고, 유머러스하고, 영민하고, 용감하고, 재능 있고, 해박하고, 호기심 많고, 독창적인 사람은 없었다"라고 쓴 뒤 "지금 나는 과거시제를 쓰기 위해, 울지 않기 위해, 이를 악물고 있다"고 덧붙였다.

미발표 원고가 꽤 있으리라는 풍문은 파다했지만, 유작 소식은 없었다. 작가로서 그는 지나치게 깐깐했거나 게을렀다. 대신 그는, 나이지리아 '아케 예술·북페스티벌' 설립자 겸 작가인 롤라 쇼네인Lola Shoneyin의 말처럼, 아프리카 청년 작가들에게 귀한 멘토이자 본보기였다. 〈그란타〉 편집장 지그리트 라우징은 비냐방가가 휴대폰으로 보낸 수많은 '작가 추천' 이메일들을 환기하며 "맞다. 그는 늘 도움을 청했고, 내가 그를 돕기는 도왔다. 그런데 과연 제대로 도운 걸까? 모르겠다"고 썼다.

1969.10.7—2019.7.7
수토포 푸르워 누그로호

재난 정보는 결국 상실과 치유에 관여하는,
사람의 이야기이다.

수토포 푸르워 누그로호

재해의 흔적을 읽어낸 시민의 공보관

인도네시아는 자연재해가 무척 잦은 나라다. 호주-인도 해양 지각과 유라시아 대륙판이 부딪치고 포개지는 이른바 '불의 고리' 위에 얹혀 있어서 지진, 화산, 쓰나미 같은 지질학적 재해가 잦다. 1만 7천여 개 섬으로 이뤄진 인도네시아 국토 자체가 격렬한 지각 활동의 움직이는 흔적이다. 몬순 우기의 홍수에도 취약하다. 강우량이 많기도 하지만 지반이 무르고 낮아서 더 그렇다. 당장 수도 자카르타부터 전체 면적의 40퍼센트가 해수면 아래에 있다. 한 해 평균 2천여 건의 자연재해 중 약 95퍼센트가 홍수와 태풍, 산사태 같은 기후 재해다.

2009년 3월 26일 새벽 자카르타 서쪽 탕에랑시市 시푸타트의 시투긴퉁Situ Gintung 댐이 무너져 주민 90여 명이 숨졌다. 주무 부처인 공공건설부는 댐 구조 자체에는 이상이 없었다며 사고 원인을 "이례적 집중호우" 탓으로 돌렸다. 사고 지역에는 전날 오후부터 113밀리미터의 폭우가 쏟아졌다. 시투긴퉁 댐은 피식민 시절인 1933년 네덜란드인들이 건립한 것이어서 노후한 데다 월류

시 붕괴 위험이 큰 흙댐이었다. 당국의 해명은 그럴싸했고, 조기 수습과 보상 협의를 바라는 여론이 정부 책임을 따지는 여론을 압도해갔다.

그런데 그 분위기를 완전히 뒤엎는 일이 일어났다. 국책연구기관인 '응용기술평가원BPPT'의 한 연구원이 넉 달 전인 2008년 12월 댐 제방에서 육안으로도 식별할 수 있는 균열과 누수 현상이 있었다는 사실을 폭로한 거였다. 그가 응용기술평가원 지역자원개발팀의 40세 선임 연구원 수토포 푸르워 누그로호Sutopo Purwo Nugroho였다. 수토포는 기자들에게 "당시 주민들도 당국에 그 하자를 지적하며 댐 보강을 요청했다"고 밝혔다. 준공 당시 31만 제곱미터 유역에 최고 수심 10미터에 이르던 댐 인공 호수가 장기간 퇴적된 토양과 당국의 방치로 인해 사고 당시 21만 제곱미터 유역에 수심 4미터로 줄어들었다는 사실도 뒤늦게 밝혀졌다.

폭로 후 그는 위협에 시달렸다. 하지만 시민과 언론이 그를 주목했다. 그 덕인지 그는 보복성 인사 조치 대신 사고 원인 조사팀의 일원으로 발탁됐다. 당국도 신뢰를 회복하기 위해 그가 필요했다.

정부가 원하는 말 대신 시민에게 필요한 말을 전하다

2004년 파국적인 쓰나미를 겪은 인도네시아 정부와 의회가 2007년 대통령 직속 부처 총괄기구로 설립한 게 국가재난관리청BNPB이다. 국가재난관리청은 2010년 수토포에게 재난 정보 관리자 및 공보센터장을 맡아달라고 청했다.

그는 그 제안을 세 차례 거듭 거절했다. 그는 연구 전담 교수가 되는 게 꿈인 과학자였고, 공보 업무 경험도 전무했다. 권력의 이해에 끼인 공무원의 한계, 혹은 운명도 그는 댐 파동 당시 뼈저리게 경험했다. 그는 그 자리가 "정부가 원하는 말만 해야 하는 자리일 것이라 생각"했다. "조직 책임자를 위해 일하고 싶지는 않았다"고도 훗날 말했다.

그래서 국가재난관리청이 그에게 맡긴 첫 보직은 공보센터장이 아닌 재난경감팀장이었다. 하지만, 그가 발령받자마자 2010년 9월 파푸아주 와시오르Wasior에서 대형 홍수가 발생했고, 한 달뒤 대형 쓰나미가 수마트라섬 서쪽 멘타와이Mentawai 제도를 덮쳤다. 수토포는 사태에 떠밀려 어영부영 공보관이 됐다.

인도네시아 재해 공보관은 아시아와 태평양 지역을 비롯한 전세계 언론을 상대해야 하는 자리다. 재난 정보를 신속하고 정확하게 알린다는 것은 말처럼 쉬운 일이 아니다. 신속하면 정확하기 힘들고, 공식 정보가 더디면 거짓들이 생겨나 소문으로 번진다. 재해의 공포와 혼란 속에서 괴담은 또 하나의 재해이고, 선정성은 언론의 위험한 본능 중 하나다. 이래저래 국가기관은 신뢰를 잃기 십상이다. 그뿐만이 아니다. 부실한 재해 대비와 늦어지는 수습 상황에서는 책임을 따져야 할 일이 많다. 그건 진실의 영역인 동시에 정치와 선택의 영역이다. 조직을 위해선 예산 기관의 심기를 헤아려야 하고, 보신과 출세를 위해선 인사권자의 눈치를 살펴야 한다. 진실은 그렇게 곧잘 덮이고 휘어진다. 수토포가 맡은 게 그런 일이었다. 그가 한사코 마다했던 건, 어쩌면 자신이 없어서였다. 신속함과 정확성은 개인의 역량만으로 이룰 수 있는 게 아니었고, 당시 인도네시아 재해 공보 시스템은 빈말로도 좋은 말을 해주기 힘든 지경이었다. 시종 정직하고 정의로울 자신이 없었을지도 모른다. 그에겐 아내와 어린 두 아들이 있었다.

재임 9년 만인 2019년 7월 7일, 국가재난관리청 공보센터장 수토포가 폐암으로 별세했다. 향년 49세. 현지 언론은 물론이고, 가히 전 세계 주요 외신이 그 소식을 전했다. 〈뉴욕타임스〉는 그를 "할 말을 하던 공보관straight-shooting government spokesman"이라 썼고, 〈AP뉴스〉는 "가차 없는 진실로 허위와 싸우며 부실한 재난 대비 태세나 피해를 키운 인적 과실을 거침없이 밝힘으로써, 이해에 끌려 진실을 덮고 공공연한 조작도 서슴지 않는 무리 안에서 스스로를 차별화했다"고 썼다.

2018년 12월 말 쓰나미가 자카르타 서쪽 순다해협Sunda Strait을 휩쓸어 429명이 숨졌다. 수토포는 기자들에게 이렇게 말했다. "주민 대피를 위해 당국이 취한 조치가 전무했다. (…) 피해지역 주민들은 대피할 기회조차 없었다." 그는 해저에서 산사태나 화산 폭발로 촉발된 쓰나미에 관한 한 인도네시아는 조기 경보 시스템 자체를 아직 갖추지 못하고 있다면서 사전 조치가 불가능했던 이유까지 공개했다. 2004년 20만 명의 희생자를 낳은 쓰나미 이후 정부는 취약지역에 주민 대피소를 짓고 지진계와 부표, GPS 기능을 갖춘 파고 측정기 등으로 쓰나미 경보 시스템을 구축했지만, 그나마도 사고 당시 예산 부족과 관리 부실로 고장 난 상태였다. 2018년 9월 2100명의 희생자를 낳은 술라웨시섬Sulawesi 쓰나미 때에도 당국은 부표 경보 데이터를 받지 못했다. 수토포는 내외신 기자들에게 "인도네시아의 재해 조기 경보 시스템은 여전히 턱없이 부실하다"고 말했다. 그는 정부가 아닌 시민의 공보관이었다.

자카르타가 대형 홍수로 마비되다시피 했던 2016년 4월, 대통령과 정치적 동지인 자카르타 주지사가 국가재난관리청의 사전 경보 부재 등을 이례적으로 거칠게 비난했다. 수토포는 국가재난관리청 공식 트위터 계정에 이렇게 썼다. "모든 비난과 모욕, 욕설과 분노를 우리가 지금보다 나아져야 한다는 지적으로 수용합니다." 한 해 전인 2015년 2월, 그는 인도네시아 언론 인터뷰에서 재해 예측 장비 등 물리적인 시스템 외에 관련 법과 기관장들의 리더십과 실행 의지, 시민들의 재난에 대한 이해와 태도 등 개선돼야 할 것들이 무척 많다고 말한 바 있었다.

그는 공식 공보 네트워크를 통해 최소 5천 명의 기자를 상대했다. 트위터와 인스타그램, 인도네시아에서 가장 널리 쓰인다는 '왓츠앱' 등 SNS를 통해 시민들에게도 '신속하고 정확한' 재해 정보를 직접 알렸다. 기자들과의 왓츠앱 단체 대화방만 176개였는데, 재해 정보 이외의 잡담은 일절 금지라는 게 수토포가 정한 단체방 원칙이었다고 한다.

재난 정보도 결국 사람의 이야기다

수토포는 2018년 1월 폐암 말기 진단을 받았다. 의사는 남은 시간을 1~3년이라 예측했다. 국가재난관리청은 그 '재난' 상황에 대비하지 못했다. 사실 아무도 예상 못 한 일이었다. 대처할 길도 없었다. 그는 워낙 독보적이었다. 수토포도 당장 손 놓을 생각이 없었다. 2018년은 1월 반텐주 지진에서부터 9월 술라웨시섬 쓰나미와 12월 순다 해협 쓰나미까지, 가히 숨 돌릴 새조차 없던 '재해의 해'였다. 국가재난관리청 공식 집계에 따르면 2018년 한 해 동안 지진, 화산, 해일, 쓰나미, 산사태, 돌풍, 가뭄, 홍수, 산불이 총 2430차례 발생해 4685명이 목숨을 잃었다. 2169명이 실종됐고 1만 1006명이 다쳤으며, 천만 명이 집과 삶의 터전을 잃고 이재민이 됐다.

그는 항암치료를 받으면서 링거를 꽂은 채 기자들의 전화에 응대하며 보도자료를 썼다고 한다. 2018년 발리 아궁산 화산 폭발 때는 정맥주사를 꽂은 채 한쪽 폐로 호흡하며 기자회견을 진행하기도 했다. 그런 장면들이 TV로 방영되곤 했다. 수토포는 한 인터뷰에서 "재해가 발생하면 기자회견을 하는 게 내 일이다. 회견장에 가면 아드레날린이 샘솟아 통증도 잊을 수 있다"고 말했다. 그의 사무실에는 전국 각지의 시민들이 보내 온 '암에 좋은 약' 선물들이 산더미처럼 쌓여 있었다고, 너무 많아서 뜯어볼 엄두조차 못 낼 지경이었다고 〈가디언〉은 소개했다.

공식 직함보다 '팍 토포Pak Topo, 토포 선생님 또는 토포 아저씨라는 뜻'라는 애칭으로 더 널리 불린 수토포는 1969년 10월 7일 자바섬 중부 보요랄리Boyolali란 도시에서 태어났다. 아버지는 교사였고, 어머니는 주부였다. 우기에는 집에 기어든 흰개미를 볶아 먹어야 했을 만큼 가난했던 탓에 초등학교를 맨발로 다녀 급우들의 놀림과 따돌림을 당했다고 그는 2017년 12월 한 인터뷰에서 말했다. 어려서 손금을 봤는데 커서 성공할 거라고, 영리하진 않지만워낙 성실해서 아둔함을 극복할 수 있을 것이라고 들었다는 그는 "돌이켜 보면 그 말이 옳았다"고, "남들은 한 번 보고 마는 책을 나는 세 번씩 봐야 간신히 이해하곤 했다"고 말했다. 그렇게 그는 1993년 욕야자카르타의 국립 가자마다Gadjah Mada대학을 졸업했고, 졸업식장에서 인사를 나눈 법학과 우등 졸업생 레트노 우타미 율리아닝시와 결혼해 아들 둘을 낳았다. 교수나 연구자가 되는 게 꿈이었다는 그는 서른일곱 번의 도전 끝에 1994년 10월 응용기술평가원에 취직했다. 직장을 다니며 명문 국립대인 보고르 농업대학에 진학해 2010년 수자원 및 환경 관련 논문으로 박사학위를 땄다.

어려운 재난 용어와 참담한 숫자를 전달하는 게 그의 일이었지만, 경우에 따라선 유머와 위트를 곧잘 구사하곤 했다고 한다. 2017년 어느 기자회견 도중 그는 '산사태로 기울어진 전신주 사진'도 함께 주목해달라고 말해 회견장을 웃음바다로 만들었다. 그 무렵 비리에 연루돼 조사를 받던 한 정치인이 운전 도중 전신주를 들이받은 사건을 중의적으로 표현한 거였다. 회견 직후 트위터에는 전신주를 지키자는 뜻의 '#SaveTiangListrik' 해시태그 운동이 벌어지기도 했다. 〈뉴욕타임스〉 기자에게는 "트럼프의 가짜 뉴스와 달리 나는 진짜만 제공한다"고 말한 적도 있었다. 그는 SNS를 통해 재난 소식과 안전 홍보 메시지뿐 아니라 일상적인 풍경 사진과 재미있는 사연, 직접 촬영한 재해 관련 동영상을 올리기도 했다. 언젠가 그는 "재해와 재난 정보도 사람의 이야기임을 여기 와서 알게 됐다"고 말한 적이 있었다. 결국엔 상실과 치유에 관여하는 일이기 때문이었다. 추상적인 미덕일수록 부풀려 표현하기 쉽고, 부풀린 표현은 말의 값어치를 떨어뜨리지만, 그는 정확하고 신속하고 정직한 공보관이면서 따뜻한 공보관이기도 했다. 정작 그는 "따분한 뉴스만 전하면 나부터도 재미가 없기 때문"이라고 말했다.

2017년 11월 27일, 아궁산의 화산 분화 경보 단계가 제일 높은 '위험' 단계로 격상됐다. 그로부터 일주일가량 지난 2017년 12월 6일 새벽 4시 52분, 그는 아궁산 분화구 가스 기둥 뒤로 둥실 떠오른 보름달 사진을 인스타그램에 올리며 이렇게 썼다. "자연은 제 이야기를 들려준다. 산과 보름달. 저기 인간과 자연의 조화가 있다. 발리는 안전하다." 글을 잘 쓰는 사람이 되고 싶어 한때 유력 일간지에 원고를 투고하곤 했지만 한 번도 채택된 적 없었다는 그는, 가끔 저렇게 문학적 감성을 슬며시 드러냈다. 그는 과학 저널에 100여 편(국제 저널 11편)의 논문을 발표했고, 여러 권의 책을 썼다.

2018년 11월 〈가디언〉 인터뷰에서 그는 "삶의 가치는 얼마나 오래 사느냐가 아니라 타인에게 얼마나 도움이 되느냐로 판가름 날 것"이라며 "의사는 내 시간이 얼마 남지 않았다고 말했지만, 나는 마지막까지 쓸모 있는 사람이 되기 위해 최선을 다하고 싶다"고 말했다. 같은 해 싱가포르 신문 〈스트레이츠타임스The Straits Times〉는 그를 '아시아의 올해의 인물'로 선정했다. 암세포가 척추와 다른 장기로 전이됐다는 진단을 받은 무렵이었다.

그는 버락 오바마와 인도네시아 첫 민선 민간인 대통령 조코 위도도Joko Widodo를 존경했다고 한다. 위도도 대통령은 2018년 10월 병상의 그를 찾아가 격려했다. 또 그는 인기 팝가수 라이자 안드리아나Raisa Andriana의 열성 팬이었다. 팔로워 840만 명을 거느린 파워 트위터리언 라이자가 자신의 재해 트윗을 리트윗해주면 얼마나 좋을까 하는 사심을 공개적으로 언급한 적도 있었다.

그걸 기억한 트위터리언들이 '#RaisaMeetSutopo' 해시태그 캠페인을 벌여 둘의 만남이 성사됐고, 라이자는 그를 위해 노래를 불러주었다. 물론 그 노래는 라이자 혼자 부른 노래가 아니었다.

1939.8.13—2020.6.21
바버라 포인턴

돌봄노동은 개인과 공동체가
함께 져야 하는 책임이다

바 버 라 포 인 턴

치매로 시작된 이별과 사랑

　치매는 살아서 자신과, 또 사랑하는 이와 이별하는 질병이다. 미하엘 하네케 감독의 영화 〈아무르〉는 그 상실의 감정을 잘 담아 2012년 칸영화제 황금종려상을 탔다. 영화에서 치매로 기억이 흐려지던 아내는 이내 섬망의 세계를 넘나든다. 판단이 엉키고, 몸이 굳고, 곱던 얼굴도 고통으로 일그러진다. 그렇게 점점 낯설어지는 아내 곁에서 남편의 늙은 몸은 지쳐간다. 마음도 한결같지 않다. 때로는 아내가 야속하고, 화도 나고, 미워지기도 한다. 그렇게 변해가는 자신도 싫다. 치매는 그렇게 가장 곁에 있는 사람의 자아마저 훼손할 수 있다. 마침내 남편은 아내를 살해한다. 그 선택이 서로를, 스스로를 더 잃지 않고 지킬 수 있는 유일한 길일지 모른다고, 영화는 넌지시 말한다.

　1991년, 51세 영국인 맬컴 포인턴Malcolm Pointon이 치매 진단을 받았다. 27년을 함께 산 동갑내기 아내 바버라 포인턴Barbara Pointon은 이듬해 직장을 그만두고 간병에 전념한다. 영화 〈아무르〉의 부부처럼 둘도 음악가였다. 대학 강사 겸 교사였고, 무엇보다 서로에게 각별했다. 하지만 투병과 간병의 양상은 영화와 또 달랐다. 애틋한 낭만은 허구였다. 그리 순하던 남편은 성미가 거슬리면 컵을 던졌고, 아내의 머리끄덩이를 움켜쥐는 난폭한 행동도 서슴지 않았다. 바버라의 빈 술병은 쌓여갔다. 집에서 요양병원으로, 요양병원에서 다시 집으로. 바버라는 2007년 남편이 숨을 거둘 때까지 만 16년을 버텼다. 남편을 떠나보낸 뒤 그는 "(남편뿐 아니라) 내게도 해방이었다"고 말했다. 그 모든 과정을 영화감독 폴 왓슨Paul Watson이 "잔혹하리만큼 정직한" 두 편의 다큐멘터리로 제작해 1999년과 2007년, 영국 ITV에서 방영했다. 바버라는 "이 질병을 무지와 두려움의 그늘에서 *끄집어내고 싶었다*"고 말했다.

기하급수적으로 늘어나는 치매 놀봄노동

영국의 의료비는 원칙적으로 전액 국가재정이 부담한다. 1942년 그 유명한 '베버리지 보고서'의 보편복지 이상과 1948년의 국민보건서비스NHS, National Health Sience법에 따른 보편 의료 무료 서비스다. 치매 치료와 입원 요양 비용, 간병사 비용도 당연히 국가가 댄다.

하지만 간병사와 별도로 바버라처럼 24시간 환자 곁을 지켜야 하는 가족은 일도 못하고 쉬지도 못하며 오직 헌신해야 하는 존재였다. 바버라는 그 현실이 부당하다고, 국가의 약속과 어긋난다고 생각했다. 돌봄노동으로 수입이 끊겨 가난해질 수도 있고, 젊은 간병인이라면 경력이 단절될 수도 있고, 직장에서 불이익을 받을 수도 있다. 2007년 기준 영국의 비전문 간병인은 약 70만 명으로 그중 80퍼센트가 노동 가능 연령대였고, 직장을 그만둔 이도 58퍼센트였다. 2025년이면 가족 돌봄노동에 전념해야 하는 시민이 백만 명을 넘어서리라 예상된다.

바버라는 치매 관련 단체 및 학회와 함께 NHS와 싸우고 정치인들을 설득했다. 2004년 영국 정부와 NHS는 가족 및 친지 등 자격증 없는 간병인의 쉴 권리와 돌봄노동의 경제적 가치를 인정했다. 바버라는, 영국의 모든 치매 환자와 보호자가 덜 지치고 덜 쪼들리며 각자의 삶과 존엄을 지탱할 수 있게 했다. 남편을 보낸 뒤 바버라는 자신의 경험을 세상에 알리며, 치매 관련 의료기관과 생활시설 서비스 개선을 위해, 환자 보호자 권리 및 사회적 공감과 연대를 위해 국가 위원회와 여러 단체에서 봉사했다. 바버라 포인턴이 2020년 6월 21일 별세했다. 향년 80세.

바버라는 잉글랜드 중부 스태퍼드셔 스토크온트렌트Stoke-on-Trent에서 오르간 제작자 겸 조율사 아버지와 도자기에 그림을 그리는 어머니의 외동딸로 태어났다. 넉넉한 형편은 아니었지만 부모는 딸의 피아노 레슨 비용만큼은 아끼지 않았다. 중등여학교인 티슬리호아카데미에 재학하던 중, 그는 작곡과 피아노를 공부하던 맬컴을 만났다. 맬컴이 1957년 한 콘서트에서 연주하던 중 돌풍에 악보가 날아가버린 일이 있었다. 바버라는 그걸 주워 맬컴 곁에서 연주가 끝날 때까지 악보를 잡아줬고, 그 인연으로 둘은 연인이 됐다. 나란히 버밍엄대를 졸업한 뒤 교사와 강사로 일하며 1964년 결혼했고, 바버라가 호머턴칼리지 선임 강사로 자리를 잡으면서 1969년 케임브리지 트리플로로 이사했다. 부부는 교육자이자 지역사회 음악 봉사자로서 큰 존경을 받았고, 아들 둘을 길러 독립시켰으며, 성실히 저축하면서 노후를 준비했다.

맬컴의 치매 징후가 처음 나타난 건 1989년이었다. 한 오페라 가수의 음반 녹음 반주를 하던 맬컴이, 10분이면 끝낼 일을 전 같지 않게 잦은 실수로 오전을 다 허비한 거였다. 케임브리지에서 집까지 늘 다니던 12킬로미터 길을 운전해 오는 데 3시간 넘게 걸린 적도 있었다. 1차 진료 기관 의사는 우울증 진단을 내렸다. 엉뚱한 진단과 처방으로 맬컴의 증상은 더 빠르게 나빠졌다. 그가 알츠하이머병 진단을 받은 건 2년 뒤인 1991년 크리스마스이브였다. 그는 케임브리지대 강의를 중단했다. 어느 날 귀가한 바버라는 가스레인지 위에서 빈 팬이 달궈지고 있는 걸 보게 된다. 마을 초등학교 교장이던 바버라는 얼마 뒤 사표를 냈다. 이때부터 투병과 간병이 시작됐다.

NHS가 비용을 대는 간병사는 두 명이 아침부터 저녁 7시까지 격주 교대로 맬컴을 돌봤다. 하지만 그들은 알츠하이머병 환자 전문 간병사가 아니었다. 첫 8개월 사이 무려 14명이 맬컴을 못 견뎌 그만뒀다. 병세는 꾸준히 악화했다. 실금失禁이 잦아졌고, 음식도 제대로 못 삼킬 만큼 몸이 둔해졌으며, 말도 어눌해졌고, 쉽사리 난폭해졌다. 바버라의 일도 고통도 그만큼 늘어났다. 남편이 뭘 원하는지, 어떻게 해줘야 할지, 내일 어떻게 달라질지 알 수 없었다. 주변의 조언도 제각각이었다. 훗날 바버라는 그 과정을 '미로 탐사'에 비유했다. 바버라는 직장뿐 아니라 여가와 친구도 함께 잃었다. 예금 잔고도 점점 줄어갔다. 그는 "어떨 땐 남편이 밉기도 했다"고 말했다. 그 긴 마모의 과정을 영화감독 왓슨은 부부의 동의를 얻어 만 4년간 '관찰 다큐 형식'으로 촬영해 1999년 〈맬컴과 바버라: 러브스토리Malcolm and Barbara: A Love Story〉란 제목으로 완성했다. 바버라는 '살아 있는 남편과 한 집에 살면서도 과부가 된 느낌'이라고, 치매는 배우자에겐 '무과실 이혼' 같은 거라고 말했다.

바버라는 1998년 맬컴을 요양시설에 들였다. 하지만 맬컴의 몸과 정신은 집에 있을 때보다 더 빨리 둔해지고 굳어졌다. 바버라에 따르면 낯선 환경도 문제였겠지만 "입소자 관리 편의를 위해" 처방하는 지나치게 강한 약 때문이기도 했다. 바버라는 그걸 "화학적 몽둥이질"이라고 표현했다.

그는 18개월 만에 남편을 다시 집으로 데려왔다. 집에 온 지 일주일 만에, 잘 서지도 못하던 맬컴은 조금씩 걸을 수 있게 됐다. 바버라는 "집에 들어선 맬컴이 벽에 걸린 자기 그림을 물끄러미 응시하더니 빙그레 웃으며 '집home'이라 하더라"고, "그건 안도와 해방감의 표현이었다"고 말했다. 바버라는 간병사와 함께 남편을 돌보며 2000년 4월부터 5주에 닷새씩 말콤을 시설에 보내고 휴식을 취했다. 그러던 어느 날 시설로 향하던 차 안에서 맬컴이 구토와 함께 공황발작을 일으켰다. 바버라는 도로 집으로 돌아와야 했다.

2001년 말 바버라의 싸움이 시작됐다. 그는 치매환자를 돌보려면 최소 두 명의 간병 인력이 24시간 내내 필요하다며, 가족과 친지 등 간병인의 돌봄노동을 인정하고 그들의 쉴 권리를 보장하라고 주장했다. NHS 측은 '5주마다 6일씩 하루 3시간 반을 일하는 만큼의 간병사 인건비를 추가 지원하겠다'는 타협안을 제시했다.

바버라는 이듬해 1월 상급 기관인 보건부에 청원했고, 5월 소송을 제기했다. 여러 치매 관련 학회와 단체가 바버라를 지원했다. 2004년 항소법원은 바버라의 손을 들어주며 'NHS는 요양 시설과 병원뿐 아니라 가정 간병인에게도 동등한 지원을 해야 한다'고 판결했다. 그해 '간병인 동등 기회 보장법Carers Equal Opportunities Act'이 제정됐고, 2007년 고든 브라운 노동당 정부는 '정부 상설 간병인 권리 위원회'를 설립했다.

국가와 공동체가 나눠야 할 짐

바버라는 "치매는 비디오를 거꾸로 재생하듯" 삶의 시간이 뒤집혀 흐르는 것 같더라고 말했다. "역피라미드를 생각해보세요. (⋯) 치매는 역피라미드의 윗부분을 공격하며 최근 기억과 지식, 기술부터 망가뜨리지만, 바닥에 있는 환자의 정체성과 영혼의 정수는 마지막까지 남습니다." 그는 "불행히도 간병인들은 환자 증상이 심해져서 말을 못 하고, 못 알아듣고, '사고'를 덜 치고, 그래서 손이 덜 가면 좋아하지만, 내가 경험한 한 그럴수록 환자는 감각적으로 더 세심한 배려와 보살핌을 받아야 한다"고 말했다. 맬컴은 말은 못 해도 원하는 음식이 있었고, 바버라의 요리 냄새를 반겼으며, 죽기 전까지 음악을 사랑했다. "라디오에서 그가 좋아하는 노래가 흘러나오면 눈물을 흘리기도 했습니다. 그건 슬픔이 아니라 사랑과 행복의 눈물이었어요." 바버라는 "남편의 치매는 (피라미드 바닥에 놓였던) 그의 참모습을 볼 수 있는 특권을 내게 선사했다"며 치매를 몰라 남편과 자신을 힘들게 했던 과오를 반성하고 후회했다. 남편을 자기 기준에 맞춰 아이 다루듯 어

바버라의 성취는 가족 돌봄노동에
시간과 체력을 갈아 넣던
영국 간병인과 치매환자에게
크나큰 축복이었다.

르고 달래고 짜증을 부렸지만 그건 옳지 않았다고, 야단치고 반박하고 정상으로 되돌리려 해서는 안 된다고, "결코 다시는 정상으로 되돌릴 수 없는 문제이기 때문"이라고 말했다. 바버라는 다큐멘터리와 강연 외에 법과 정책, '치매 환자 간병 자료집'(2011) 제작에도 열성적으로 가담했다. 영국 왕실은 2006년 그에게 훈장을 수여했다.

왓슨의 다큐멘터리는 맬컴이 온전한 정신이었다면 거부했을 수도 있는 모멸적인 장면들까지 여과 없이 방영했다. 바버라의 빈 술병과 성생활 같은 민감한 문제도 건드려 부적절하다는 지적을 받았다. 맬컴이 숨지기 직전까지 약 11년을 촬영해 만든 두 번째 작품(〈맬컴과 바버라: 사랑의 작별Malcolm and Barbara: Love's Farewell〉)에서는 코마 상태의 맬컴을 마치 숨을 거둔 것처럼 묘사해 왜곡 시비에 휘말리기도 했다. 하지만 다큐멘터리는 그 어떤 영화나 드라마도 보여주지 못한 치매의 진실을 충격적이고도 감동적으로 전달했다.

치매는 WHO 추산 현재 약 5천만 명이 앓고 있고, 매년 천만 명 가까이 새로운 환자가 늘어나는 질병이다. 수명이 상대적으로 긴 선진국일수록 치매 유병률이 높아 미국은 65세 이상 노인의 13.9퍼센트(2012년 기준), 한국은 10.3퍼센트(2019년 기준, 79만여 명)가 치매 환자로 추정된다.

바버라의 성취는 가족 돌봄노동에 시간과 체력을 갈아 넣던 영국 간병인과 치매환자에게 크나큰 축복이었다. 그리고 치매 요양 복지에 관한 한 갈 길이 먼 한국과 같은 나라의 환자(가족)에겐 아득한 격차를 새삼 확인하게 했다. 모든 요양병원과 생활시설 운영 실태가 바버라의 주장 같지는 않을 것이다. 그렇지만 시설에 배우자나 부모를 입소시킨 이라면 죄책감을 느끼게 될 수도 있다. 그건 국가 및 공동체가 함께 져야 할 책임이고 죄의식이다.

2018년 바버라는 급성 알츠하이머 치매 진단을 받고 케임브리지셔의 치매 전문병원 풀번Fulbourn에 입소했다. 자신이 시설 설계 자문을 맡아 치매 환자를 위해 조성한 풀번 병원의 원형 산책로 정원을, 기억을 잃은 그가 걸었다. 코로나19 사태로 록다운이 시작된 2020년 3월 이후 그는 가족을 만나지 못했고, 단식 끝에 별세했다.

1923.10.13 — 2017.11.25

해리 프레거슨

법은 정의를 나르는 수레다

해 리 프 레 거 슨

소수의견을 주저하지 않은 판사

1947년 미국 캘리포니아주 의회는 고속도로 건설 10개년 계획을 승인했다. 인구 5천명 이상인 모든 타운을 거쳐 연방 고속도로로 이어지는 총 연장 20만 킬로미터의 건설 프로젝트였다. 당시 캘리포니아는 전쟁 전후 급격한 인구 유입에 따른 대규모 택지, 학교 및 상업시설과 공장 건설로 최악의 교통체증과 사고율, LA형 스모그(광화학 스모그) 같은 몸살을 앓았다. 대규모 도로 건설 계획은 주민들의 토지 보상 및 주거 대책 요구, 공원과 사적지 훼손에 대한 반발 등으로 새로운 마찰을 빚었다. 도로는 1970년대까지 수요를 따라잡지 못했다.

1972년, LA 남부의 두 고속도로를 잇는 인터체인지 건설 계획으로 마을과 집을 잃게 된 히스패닉계 저소득층 주민들이 건설사를 상대로 소송을 걸었다. 연방 지법 캘리포니아 중앙 지원 판사 해리 프레거슨Harry Pregerson은 건설사의 손을 들어주며 특별한 조건을 달았다. 지역 주민, 특히 여성들을 우선적으로 건설 현장에 고용하라는 거였다. 기술도 경험도 없어 안 된다는 건설사의 반발에 프레거슨은 목공과 용접 등 토목공사에 필요한 기초 기술교육 프로그램을 가동하고 탁아 시설을 지으라고 명령했으며, 주 정부에게는 대체 주거지를 조성하라고 주문했다. 그는 판결 전 소송 당사자들을 불러 협상을 중재하며 자기만 도시락을 싸와서는 "여러분, 오늘은 긴 하루가 될 것 같은데 나만 도시락을 가져온 것 같군요. 식사할 시간을 낼 수 있을지는 여러분에게 달렸어요"라는 식으로 말한 적도 있었다고 한다. 당초 예산의 두 배에 달하는 22억 달러를 들여 1993년 완공한 인터체인지는 '프레거슨 인터체인지'라는 이름을 얻었다. 그의 판결은, 공공건설 등 대규모 토목공사에 대한 미국 시민들의 눈높이를 높였다.

인터체인지가 들어선 마을은 프레거슨이 태어난 LA 우드랜드힐스와 멀지 않은 곳이었다. 우크라이나에서 이민 와 우체부로 일하던 그의 아버지는 흑인 인권운동가였던 진보적 법조인 클래런스 대로Clarence Darrow를 우상처럼 여겨 어린 그에게 영향을 미쳤다고 한다. 프레거슨은 1947년 캘리포니아대를 나왔고(학생회장을 맡기도 했다), 3년 뒤 UC버클리 로스쿨을 졸업했다. LA에서 2년 남짓 개인 변호사 사무실을 차렸던 그는 1953년 가난한 이민자 동네 밴나이스Van Nuys로 옮겨 사실상 공익 변호사로 만 12년을 일했고, 캘리포니아주 LA 지방법원 판사를 거쳐 1967년 린든 존슨 대통령의 지명으로 연방 지방법원 판사가 됐다. 지방법원 판사 시절부터 그는, 오늘날의 산타모니카만을 가능하게 한 LA 하수 시스템 정화 및 정비 판결 등으로 이름을 날렸다.

사법적극주의의 상징적 존재

1979년 지미 카터 대통령은 그를 연방 제9항소법원 판사로 지명했다. 그해 10월 그의 상원 인준 청문회가 열렸다. 도드라진 '리버럴' 판사에 대한 공화당 의원들의 공세가 치열했고, 와이오밍주 상원의원 앨런 심프슨이 그 선봉이었다. 심프슨은 "어떤 사안을 두고 판례와 법규상의 판단이 양심과 배치될 때 당신은 어떻게 판결할 것인가?"라고 물었다. 프레거슨은 실제 삶에서는 그런 가정법, 즉 법과 양심이 명확하게 나뉘어 대치하는 예가 드물다고 말한 뒤 "하지만 정말 법적 판단이 내 양심에 어긋난다면 양심을 따를 것"이라고 대답했다. 놀란 심프슨이 "다시 답변해달라"고 묻자 그는 이렇게 말했다. "(그런 상황에 처한다면) 나는 내 양심과 법 조항이 조화할 수 있는 적절한 길을 찾고자 노력할 것입니다. 하지만 여의치 않는다면, 물론 그럴 일이 없기를 바라지만, 나는 양심에 따라 판단할 것입니다. 나는 이 나라에서 태어나 자랐고, 미국의 전통과 관습과 신앙과 철학을 여러분과 공유합니다. 내 판단과 양심은 곧 내 존재이자 내가 받은 모든 교육의 결과입니다. 나는 내 양심을 따를 것입니다."

프레거슨 같은 입장을 폭넓게 사법적극주의Judicial Activism라 한다. 법 못지않게 양심을 중시하고, 법 조항보다 사법 정의와 상식적 법의 취지를 존중하는 그 전통은 미국에서 시작됐다. 입법과 행정 권력에 맞서 사법 분립의 취지를 무겁게 여기는 몽테스키외적 분립 전통과 주법(원)-연방법(원) 이원 체제의 오랜 긴장 및 견제에서 비롯된 경향이다. 사법적극주의는 그 자체로 선이라 말할 수는 없다. 좁고 가팔라 독선으로 미끄러질 수 있는 위험한 길이기도 하다. 하지만 사법적극주의가 미국의 법치와 법 체제의 보수성을 돌파하는 데 적잖이 기여해온 것도 엄연한 사실이다.

프레거슨은 2차대전 오키나와전투에 참전해 두 다리에 총상을 입고 훈장을 받은 해병 베테랑이자 거리의 변호사 출신이었다. 또 그는 항소법원 판사로 지명되기 전 이미 종신직인 연방 판사였다. 승진이라고는 하지만 서류만 들여다보는 항소법원 법률심 판사보다 당사자들과 부대끼며 사건 자체와 씨름하는 지방법원 사실심 판사직을 더 선호했을지 모른다. 미국 연방 판사 연봉은 박봉으로 악명 높다. 거액 연봉을 받으며 로펌으로 가지 않고 판사직을 유지하는 것 자체가, 물론 정계 진출 등 개인적 야심이 있다면 다른 문제겠지만, 썩 명예로운 일이다. 프레거슨의 당당함은 그런 배경들과 무관치 않았을 것이다.

어쨌건 그는 인준을 통과해 미국 13개 항소법원 중에서도 가장 진보적인 법원으로 꼽히는 제9항소법원(캘리포니아, 네바다, 애리조나, 아이다호, 몬태나, 알래스카, 하와이, 오리건, 워싱턴주 관할) 판사가 됐다. 거기서도 그는 가장 '리버럴한' 판사이자 '사법적극주의'의 상징적 존재로 꼽히며 2015년까지 만 36년을 봉직한 뒤 원로 판사Senior Judge가 됐다. 원로 판사란 예우 차원에서 재판 업무를 거의 면제해주는 자리지만, 그는 그걸 '배제'라 여겼다. 풀죽은 그에게 아내가 "당신 지금 몇 살인지 알아? 92세야. 82세가 아니라고. 이제 좀 쉴 때도 됐어"라고 말하더라고 그는 한 인터뷰에서 말했다.

"법은 정의(목적)를 실어 나르는 수레(수단)"라 믿으며 "판사인지 사회운동가인지 모르겠다"는 비판을 자랑스러워했다는 판사

해리 프레거슨이 2017년 11월 25일 별세했다. 향년 94세.

판결문에 기록한 양심

주목할 만한 그의 판결은 무척 많아서 사건의 맥락과 함께 일일이 환기하려면 책 한 권을 엮어야 할 정도다. 그중에는 대법원 상고심에서 패배한 것도 많았고, 제9항소법원 전원합의부 동료 판사들에 의해 뒤집힌 것도 적지 않았다.

2003년 그의 의료용 마리화나 허용 판결은 2007년 3월 대법원에서 패소한 예다. 캘리포니아주는 1996년 미국 최초로 마리화나의 의료 목적 사용을 합법화했다. 중증 환자가 의사의 권고나 승인을 얻어 주 내에서 마리화나를 의료용으로 사용할 경우 환자와 의사에게 형사 면책권을 부여하는 법이었다. 하지만 저 법은 연방법인 약물규제법과 충돌했고, 마약국과 연방 경찰의 단속 때문에 환자가 주법의 보호를 받지 못하는 일이 잦았다. 중증 뇌종양 환자 앤젤 라이히Angel Raich와 만성 퇴행성 척추질환자 다이앤 먼슨Diane Monson이 연방정부를 상대로 소송을 걸었고, 지방법원에서 패소한 뒤 항소했다. 제9항소법원 3인 재판부는 2003년 12월 2대 1 평결로 환자들의 손을 들어주었다. 프레거슨은 그들이 '약'을 구매하지 않았거나(먼슨) 주 내에서 재배된 것을 구했으므로(라이히) 연방 통상법을 위반하지 않았고, 의사 권고에 따라 의료 목적으로 썼으므로 주법을 준수했으며, 사실상 유일한 치료제로 의사가 권한 '약'을 금지하는 것은 헌법 정신에 위배된다고 판결했다. 연방대법원은 2007년 3월 마리화나의 재배 자체가 본질적으로 상업 목적이라며 지법의 편을 들었다.

2003년 당시 캘리포니아의 민주당 재선 주지사 그레이 데이비스Gray Davis는 닷컴버블 붕괴에 이은 불황과 만성 재정적자, 초유의 전력 위기 등으로 궁지에 몰려 1921년 이래 미국 역사상 두 번째로 주지사 주민소환투표를 앞두고 있었다. 그 투표의 적법성을 두고 소송이 진행됐다. 9월 항소법원은 1심 판결을 뒤집고 한 달 뒤 예정된 소환투표를 6개월 늦추되 그 사이 LA와 샌디에이고 등 6개 카운티의 '펀치카드 투표' 시스템을 교체하라고 3인 재판부 전원 일치 판결했다. 펀치카드 투표는 천공 찌꺼기가 용지에 붙어 전자 개표 오류를 야기할 수 있는 시스템으로, 2000년 조지 W. 부시와 앨 고어의 대선 플로리다 주 투표에서 재검표 사태를 빚은 바 있었다. 프레거슨은 6개 카운티의 4만여 표는 전체 선거인단의 약 44퍼센트에 달하며, 그 상태로 투표를 진행하는 것은 수정헌법 14조(시민권 평등 조항)에 위배된다고 밝혔다. 하지만 그의 판결은 특별한 사건에 한해 열리는 항소법원 전원합의부 평결로 뒤집혔고, 소환투표와 동시에 진행된 주지사 보궐선거에서 공화당 아널드 슈워제네거가 당선돼 2003년 11월 취임했다.

그는 혈액 샘플, 즉 DNA 제공을 거부한 은행 강도 존 레이너드John Reynard의 손을 들기도 했다. FBI가 1994년 주 범죄자를 대상으로 조성하기 시작한 범죄자 DNA 데이터베이스는 2000년 연방법(일명 DNA법)이 제정되면서 그 대상이 연방 사범으로 확대됐다. 1998년 샌디에이고은행에 침입, 2325달러를 털어 도주했다가 며칠 뒤 자수한 레이너드는 13개월 형을 산 뒤 3년 보호관찰 대상자로 석방을 앞두고 있었다. 프레거슨은 FBI의 혈액 샘플 요구가 수정헌법 4조(사생활 보호)와 5조(정부 권한 남용 금지) 위반이며 부당한 소급 처분이라고 판결했다. 하지만 대법원은 2007년 1심 판결을 지지했다.

반종교단체인 '종교로부터의 자유 재단FFRF, Freedom For Religion Foundation'은 2012년 몬태나주 빅마운틴 국립공원 스키 리조트 정상부에 세워진 예수상이 수정헌법 1조(정치와 종교의 분리)에 위배된다며 소송을 냈다. 한 가톨릭 종교단체가 2차대전 참전군인들을 기린다며 1953년 세운 성상이었다. 1심은 FFRF의 편을 들었지만, 항소법원은 그 성상이 종교적 목적이 아닌 세속적 목적으로 세워진 사유물이라고 2대 1로 판결했다. 반대자가 프레거슨이었다. 그는 "국유지에 선 높이 3.6미터짜리 예수상이 판결문에서 밝힌 것처럼 '본질적으로 명백하게 세속적'이라고 여길 수 없다"는 소수의견을 달았다. 그는 앞서 상원 인준 청문회 직후 인터뷰에서 "나의 양심은 십계명과 권리장전, 보이스카우트 선서와 해병대 송가의 산물"이라고 했던 독실한 크리스천이었다.

2차대전 필리핀 전선에서 미군과 함께 싸웠던 필리핀인 베르나르도 오르테가(당시 73세)가 귀화를 신청했다가 자격 기한 만료로 1988년 항소법원에 의해 반려되자 유일하게 반대의견을 낸 것도 그였다. 그의 귀화를 허용할 경우 유사 사례가 잇따르리라 염려되는 상황이었다. 프레거슨은 소수의견에서 "나는 동의하지 않는다. 국가의 양심은 우리가 그(원고)에게 더 나은 대접을 해야 한다고 주문하고 있다. 그는 조국의 전쟁에 매우 용감하게 임했다"고 밝혔다.

사형제 반대론자였던 그는 1992년 동료 판사들과 함께 살인과 은행 강도로 사형선고를 받고 형장에 선 사형수 로버트 올턴 해리스Robert Alton Harris의 형 집행을 중단하라고 네 차례나 명령하며 법에 '저항'하다 급기야 연방대법원이 나서 형 집행을 지시하게 한 예도 있었고, 캘리포니아주 '삼진아웃법'(1994) 즉, 중범죄 재범자가 세 번째 범행을 저지를 경우 폭력을 수반하지 않은 경미한 범죄여도 25년형 이상 종신형까지 선고토록 하는 법에 대해 연방대법원의 합헌 판정(2003) 이후로도 그에 맞서는 판결을 고집스레 반복했다.

프레거슨의 어떤 판결들은, 맥락과 취지를 아는 이들조차 고개를 젓게 했다. 양심과 상식은 최종적으로는 사적인 기준에 근거하며, 법은 그 한계와 위험성 때문에 존재한다. 하지만 그는 2015년 버클리 로스쿨 매거진과의 인터뷰에서 "우리의 범죄 정의 시스템은 실패할 때가 많고, 정치적으로 경도된 기소의 남용으로 감옥은 늘 만원"이라고 말했고, 〈LA타임스〉 인터뷰에서는 "법관으로 재임하는 동안 나로선 가능한 한 많은 시민들을 돕는 것보다 더 중요한 일은 없었다. (…) 법은 약자에게 썩 동정적이지 않을 때가 종종 있다"고도 말했다.

그는 주말이면 가족과 함께 어김없이 노숙자 푸드뱅크에서 일했다. 캘리포니아 데이비스 로스쿨 학장 케빈 존슨은 "그는 진정한 정의의 아이콘이었다. 그는 힘없고 집 없는 가난한 이들과 이민자, 동성애자들을 위한 법적 정의에 생을 바쳤다"고 말했고, 제9항소법원 동료인 스티븐 라인하트 판사는 "그는 법이란 정의를 실어 나르는 수레일 뿐이라 믿었던 독보적인 존재였다"고 말했다. 그보다 한 해 뒤 항소법원 판사가 된 원로 판사 윌리엄 캔비 주니어는 "그는 우리 법원의 신호등 같은 존재였다"고 말했다.

프레거슨은 "우리의 성공은 모두의 성공이어야 하며, 누군가가 낙오하면 모두가 낙오하는 것If we succeed, we all succeed. If we fail, we all fail"이라고 말했다.

부부는 1녀 1남을 두었다. 피부과전문의 딸 케이티 로던은 "아버지는 세상을 구하고 싶어 했다"고 말했고, 아버지를 이어 캘리포니아 연방 지법 판사가 된 아들 딘은 "임종 직전까지 아버지는 '시민들을 더 도울 힘이 없다는 사실이 가장 견디기 힘들다'고 말했다"고 전했다.

1942.2.11—2021.6.25

김일주

나의 사진이 한국문학이라는 탑에
한 개의 벽돌처럼 쓰이기를

김 일 주

한국 현대문학의 역사를 사진으로 남긴 무명작가

    김일주(본명 김태영)는 한국 현대문학의 역사와 한 세대의 황혼을 사진으로 기록한 문인 전문 사진작가다. 그는 1966년 소설로 등단한 소설가였지만, 자신의 글이 닿고자 했던 자리의 시인과 소설가를 찾아다니며 근 50년간 사진 8만여 컷을 찍고, 1937명의 육필 원고 5576점과 육성 테이프 150여 점, 각종 문학 행사 현수막과 플래카드를 참석자 서명과 함께 수집했다.

    그는 문학이 모든 예술의 제왕처럼 존중받고, 작가가 당대의 지식인으로서 높다란 명예와 인기를 누리던 시대에 스스로 그 제단에서 내려와 카메라를 들었고, 몸이 병들고 운신이 힘들어질 무렵에야 작업을 멈췄다. 그는 자기 세대의 문학, 어쩌면 문학 자체의 이울어가는 궤도를 따르며 가장 가까이에서 관찰하고 기록한, 한국 현대문학의 순정한 숭배자였다. 사진작가 김일주가 2021년 6월 25일 당뇨 합병증으로 별세했다. 향년 79세.

    김일주는 1942년 2월 11일 황해도 해주에서 태어났다. 일찌감치 남편을 여의고 월남한 어머니는 6.25전쟁 통에 부산으로 피난 갔다가 돌아와 정착한 인천의 어시장과 서울 남대문시장 등에서, 홀몸으로 잡화점을 운영하며 외아들인 그를 키웠다. 해방 전 해주에서 중학교까지 졸업하고 임시정부 일을 도운 적도 있다는 어머니는 아들이 글을 다루는 사람이 되길 원했다고 한다. 김일주의 장남 김종민에 따르면 공대를 지망했던 아버지가 성균관대 국문학과에 진학한 것도 그 뜻을 좇기 위해서였다. 그는 대학을 졸업하던 1966년 어머니의 일구월심 바람대로 소설가 오영수의 추천을 받아 등단했다. 그해 〈현대문학〉 4월 호(136호)에는 그의 작품 「산령제」가 최정희, 오영수, 정한숙, 박경리, 홍윤숙 등 '선생님'들의 작품과 나란히 실렸다.

쓰는 사람에서 찍는 사람으로

그가 〈경기일보〉 기자로 취직한 것도 그해였다. 편집부에서 일하던 1968년 시인 조지훈이 별세했는데, 신문사에도 고인의 사진이 없었고 〈합동통신〉도 사진 없이 부고 기사만 띄웠다. 그는 그 일을 납득할 수 없었다. 그래서 취업 후 받은 월급에서 "쌀 몇 가마니 값"을 헐어 구입한 카메라를 메고 일삼아 작가들을 찾아다니며 사진을 찍기 시작했다. 2002년 한 인터뷰에서 그는 "어릴 때부터 글쓰기와 사진 찍기를 좋아했"고 "중학교 3학년 때 처음 카메라를 만졌다"고 말했지만, 그에게 사진 작업은 '흠모하는 선생님'들을 만날 수 있는 핑곗거리이기도 했다. 1969년 창간한 〈독서신문〉으로 옮겨 문인들의 기벽을 소개하는 칼럼 '벽壁'을 연재하고, 1972년 갓 창간한 문예지 〈문학사상〉에서 작가의 서재를 탐방하는 '작가의 밀실'이란 코너를 맡은 것도 그런 이유에서였다.

그는 그렇게 기자로서 펜과 함께 카메라를 들었고, 작가가 아니라 관찰자 겸 기록자의 자리로 조금씩 물러섰다. 시인 이근배가 1976년 창간한 〈월간 한국문학〉에 재직할 당시 그의 직함은 '사진부장'이었다.

당시는 그의 고백처럼 "문인들이 사진작가 알기를 우습게 알"던 때였고, "사진작가들이 설움을 많이 받"던 때였다. 그나마 기자 명함을 들고 취재를 다닐 때는 나았지만, 초대받지 않은 자리에 가서 카메라를 들이대는 그는 환대받지 못할 때가 많았다. '나도 등단한 작가'라고 직접 말하지 않아도 그를 알아봐주는 문우들이 있는 자리에선 마음이나마 덜 불편했을 것이다.

1993년 마지막 직장이던 잡지 〈인물계〉 편집부장직에서 은퇴한 뒤로도 그는 고집스레 사진 작업을 이어갔고, 점점 작가가 아닌 사진가로 알려지기 시작했다. 그를 모르는 젊은 문인들이 "아저씨, 사진 찍지 마세요"라며 막아서는 일도 잦아졌다.

내면의 됨됨이는 그가 추구한 일 못지않게 견뎌낸 시간으로 더 오롯해지곤 한다. 그는 까마득한 문단 후배들에게 궂은 소리 듣고 네뚜리로 취급당하면서도, 대거리하는 법 없이 조용히 물러서곤 했다. 단 한 번, 1980년대 초 어느 문학상 시상식 뒤풀이 자리에서 그가 대판 싸움을 벌인 일이 있었다. 거칠고 무례하기로 악명 높던 시인 박남철이 다른 문인을 모욕하자 그가 못 참고 끼어들었다가 박남철의 "사진쟁이 새끼가……"라는 말에 폭발한 거였다. 그 자리에 함께 있었던 시인 이근배는 "김일주는 술을 즐기는 호인이었지만 불의를 보고 그냥 못 넘기는 결기도 있었다"

고 회고했다.

그는 필름값과 사진 인화 비용, 교통비 등을 대느라 월급봉투를 집에 가져오는 예가 드물었다고 한다. 촬영만 해가고 사진은 왜 안 주느냐는 작가들의 따짐을 눙쳐 넘기는 것도 그의 몫이었다. 혼자서, 아들이 결혼한 뒤론 며느리와 함께 가게를 운영하며 가계를 책임진 어머니는 그런 아들을 묵묵히 지켜보며 단 한 번도 '왜 소설은 안 쓰느냐'고 물은 적이 없었다고 한다. 어머니는 1997년 문화체육부의 '예술가의 장한 어머니상'을 받았다.

점점 흐릿해져간 그의 작가로서의 정체성처럼, 문학의 위상도 쇠락해갔다. 사진의 값어치도 점점 떨어지다가 2002년 한일월드컵을 기점으로 디지털카메라가 대중화했고 이내 스마트폰까지 등장했다. 그의 1996년 사진집 『한국 현대 문학의 얼굴』에 실린 가장 젊은 작가는 그해 5월 촬영한 소설가 신경숙이었다. 그가 카메라를 놓은 시점은 분명치 않지만, 2007년 첫 뇌경색으로 몸이 불편해진 뒤부턴 사실상 손을 놓았다.

사진과 함께 남은 이야기들

그는 1982년 한국출판문화회관에서 국내 최초 '한국 문인 사진전'을 자비로 열었다. 이듬해에는 시인 60인의 사진과 그들의 대표작을 엮은 앤솔러지 『시인의 얼굴』을 출간했다. 책에 수록된 사진 중 단 한 컷, 그를 사진작가의 길로 들게 한 시인 조지훈의 사진은 유족에게서 빌려 복사한 거였다. 책 머리말에 그는 중학교 3학년 시절 소월의 「진달래꽃」을 만난 일화를 소개하며 "나는 시인이 아니"지만 "시인이고 싶었"다고, "시인은 정신의 제왕이라는 생각을 지금도 갖고 있다"고 썼다. 그리곤 사진으로나마 '신륵사 다층전탑' 의 벽돌처럼 "우리 문학 탑에 한 개의 벽돌 구실을 할 수 있"기를 바랐다고 썼다.

물론 사진전은 돈이 되지 않았다. 대신 전시회를 열 때마다 이런저런 언론들이 그를 인터뷰했고, 그 덕에 단편적으로나마 그의 작업과 사연들이 소개되곤 했다. 1970년대 시인 김지하의 출감 축하 파티가 열린 서울 종로3가 술집 '탑골'에서 사진을 찍다가 '기관원'으로 오인받아 봉변을 당한 일, "사진발 좋은"『오발탄』의 작가 이범선을 한 시상식장에서 촬영하고 귀가한 날 밤 그의 부음을 듣고 황망했던 일, 그를 무척 아끼고 존중해준 작가 이문구의 말년 병실에서 너무 쇠한 그의 모습에 차마 카메라를 꺼내 들지 못했다는 이야기……. 작가들이 대체로 사진 찍(히)는 걸 몰상스럽게 여겼지만, 황순원, 이청준, 박경리는 특히 가슬가슬해서 카메라만 보면 뒤돌아설 정도였다고 했다. 하지만 그들도 나중엔 그의 끈기와 정성에 곁을 주기 시작했고, 말년의 황순원은 사진을 다 찍고 가려는 그를 붙들고 술을 권하기도 했다고 한다.

시인 천상병의 사진이 시빗거리가 된 일도 있었다. 그가 서울 인사동 〈한국문학〉에 근무할 때 찍은 천상병 사진을 두고 서울예대(당시 서울예전) 육명심(사진과) 교수가 자기 사진을 표절했다고 문제 삼은 거였다. 인사동 관훈미술관 주차장 흰 벽을 배경으로 반듯한 차렷 자세를 취한 시인의 포즈가 육 씨가 찍은 사진과 흡사했기 때문이었다. 김일주는 "포즈를 요구한 게 아니라 사진 한 장 찍자니까 그가 그렇게 서서 촬영했을 뿐"이라고 해명했다. 천상병의 그 포즈는 그가 겪은 동백림 사건의 고문을 환기하며, 세상 잊은 듯 막걸리 잔을 든 다른 사진과 함께 세대의 기억에 남았다. '명동백작'이라 불리며 서울 명동의 한 시절을 화려하게 누린 소설가 이봉구의 초췌한 말년 모습을 이봉구가 숨지기 1년 전 겨울 수유리의 한 대폿집에서 찍고, 인화된 사진에 눈시울이 시큰거렸다는 일화도 소개했다.

김일주의 사진들에는 그렇게 그만의 사연들이 함께 담겨 있었고, 그는 그 사연의 일부를 2008년부터 약 5년간 문학잡지 〈대산문화〉에 '한국 문학의 얼굴'이란 코너로 소개했다. 스스로도 인정하듯 한없는 애정을 문학(인)에 쏟았던 그는 그 짧은 글에서도 심지를 곧게 지키려 애썼다.

1970년대엔 문예지의 작가 특집과 출판사들의 전집 출간이 유행이었다. 출판사들은 그에게서 작가의 옛 사진들을 구하곤 했고, 그는 흔쾌히 사진을 골라 제공했지만 '사례비'를 받은 일은 드물었다. 그는 한 인터뷰에서 "(돈을 안 주는 건) 상관없는데 사진작가 이름도 명기하지 않을 때는 영 섭섭해요"라고 말했다. 1996년 '한국 문학의 해'에 대산문화재단이 그의 사진들로 문인 사진전을 열었고, '문학사랑' 등 문인 단체가 2007년 말 서울 예술의전당 아르코미술관에서 역시 그의 사진들로 '작고문인 102인전'을 열었다.

신문사와 문예지에서 일하면서 그는 식자 후 버려지던 작가들의 육필 원고들을 일삼아 모았다. 그렇게 모은 원고지가 웬만한 트럭 한 대를 채울 만큼 쌓였다. 인천시가 유네스코 지정 '2015년 세계 책의 수도'에 선정되면서 인천 중구의 한국근대문학관이 '한국문학의 큰 별들, 육필로 만나다'라는 특별전을 열었고, 주요한부터 서정주, 박경리, 김현 등 46명의 원고 60점을 그에게서 빌려갔다. 그런 이벤트가 있을 때마다 그는 신이 나서 사진과 원고를 뒤지곤 했다. 당시는 다섯 차례나 반복된 뇌경색 후유증으로 거동조차 불편하던 때였다.

아들 종민 씨는 "아버지가 숨지기 일 년 전까지 기거한 연안부두 인근 38평 아파트는 그렇게 수집한 원고와 문학 행사 플래카드, 강연장에서 녹음한 문인들의 육성 테이프로 창고처럼 변해〈세상에 이런 일이〉같은 TV 프로그램에 소개해도 될 지경"이라고 말했다. 김일주는 이사를 하면서도 원고는 단 한 점도 못 버리게 했다.

그렇게 모은 자료들을 정리하는 일은 이제 유족의 몫이 됐다. 김일주가 인터뷰 때마다 늘 마지막에 간곡하게 덧붙이던 소망, 즉 평생 찍은 사진과 자료 일체를 조건 없이 기증할 테니, 국가든 누구든 번듯한 한국문학박물관이나 전시관을 지어 가져가주면 좋겠다는 바람도 아들의 것이 됐다. 다만 종민 씨는 "지금껏 나 몰라라 해온 세상에 이제는 화가 난다"고 말했다. 아버지의 작업에 대한 정당한 가치를 평가받아야겠다는 거였다. 한 재벌급 오너 일가가 운영하는 문화재단 측이 김일주의 수집품 중 육필 원고 일체를 건네받으려 하다가 돌아간 일이 있었다. 받고자 한 측은 '기증'을 원했던 모양이지만, 가족들은 노동과 비용의 대가를 원했다. "대장장이 집에 칼이 녹슨다고, 번듯한 가족사진 한 장 찍어주지 않았고 아들 입학식과 졸업식 사진도 안 찍어준" 아버지가 평생을 바쳐 모은 자료였다. 그런 아버지를 종민 씨는 존경한다고 말했다. 아버지 영향으로 대학과 대학원에서 사진을 전공한 종민 씨에게 아버지의 사진과 수집품은 아버지의 분신이다.

평생 다른 문인들의 사진을 찍은 아버지의 영정은 그가 찍었다.

『한국 현대 문학의 얼굴』 편집 후기에 김일주는 두 권으로 엮을 계획이 사정 때문에 한 권으로 줄어들었다며, 책에 누락된 문인들에게 미안한 마음을 적었다. "어느 문인도 큰 잔치에 곁다리 처지가 되기를 바라지 않"으리란 걸 누구보다 그가 잘 알았을 것이다.

앞서가는 당신

도티 프레이저

〈스쿠버뉴스〉, 「Dottie Frazier, Breaking Scuba Diving Barriers」, 2022.03.22.

〈뉴욕타임스〉, 「Dottie Frazier, a Pioneer in Diving the Deep Seas, Dies at 99」, 2022.03.01.

〈다이버넷Divernet〉, 「PIONEERING US DIVER DOTTIE FRAZIER DIES AT 99」, 2022.02.22.

〈스쿠버다이빙Scubadiving〉, 「The Mothers of Invention: A Brief History of the Evolution of Women's Dive Gear」, 2020.06.17.

콘라트 슈테펜

〈한국일보〉, 「지구온난화를 처음 입증하고 경고한 월러스 S. 브로커」, 2019.03.26.

〈Popular Science〉, 「Konrad Steffen: The Global Warming Prophet」, 2007.07.03.

〈뉴욕타임스〉, 「Greenland's Melting Ice Nears a 'Tipping Point', Scientists Say」, 2019.01.21.

〈뉴욕타임스〉, 「Konrad Steffen, Who Sounded Alarm on Greenland Ice, Dies at 68」, 2020.08.13.

〈SCAR〉, 「Obituary: Konrad Steffen (1952-2020)」, 2020.08.12.

케이트 밀렛

〈가디언〉, 「Kate Millett obituary」, 2017.09.17.

〈뉴욕타임스〉, 「Kate Millett, Ground-Breaking Feminist Writer, Is Dead at 82」, 2017.09.06.

〈LA타임스〉, 「Kate Millett, feminist author of 'Sexual Politics,' dies at 82」,

2017.09.07.

〈가디언〉, 「Kate Millett, pioneering second-wave feminist, dies aged 82」,
　2017.09.07.

케이트 밀렛, 『성性 정치학』, 김유경 옮김, 이후, 2009.

〈뉴욕타임스〉, 「The Book That Made Us Feminists」, 2017.09.07.

〈워싱턴포스트〉, 「Kate Millett, 'high priestess' of second-wave feminism, dies
　at 82」, 2017.09.07.

마이클 큐색

〈워싱턴포스트〉, 「Michael Cusack, who helped spark the Special Olympics,
　dies at 64」, 2020.12.22.

〈투데이〉, 「'He made us all better people': One of the 1st Special Olympians
　dies at age 64」, 2020.12.31.

〈시카고트리뷴〉, 「'The longest-serving athlete': Pioneering Special Olympian
　dies」, 2020.12.21.

킴 닐슨, 『장애의 역사』, 김승섭 옮김, 동아시아, 2020.

보비 레이먼드

〈뉴욕타임스〉, 「Obama Unveils Stricter Rules Against Segregation in Housing」,
　2015.07.09.

〈시카고리더Chicago Reader〉, 「The Gatekeeper」, 2000.10.26.

〈뉴욕타임스〉, 「DR PERCY JULIAN CHEMIST, 76, DIES」, 1975.04.21.

〈시카고트리뷴〉, 「'She had a huge heart': Bobbie Raymond, founder of Oak
　Park Regional Housing Center, dies at 80」, 2019.05.09.

참고문헌

벤 바레스

〈네이처〉, 「Does gender matter?」, 2006.07.13.

〈워싱턴포스트〉, 「Male Scientist Writes of Life as Female Scientist」, 2006.07.13.

〈뉴욕타임스〉, 「Dismissing 'Sexist Opinions' About Women's Place in Science」, 2006.07.18.

〈워싱턴포스트〉, 「Ben Barres, transgender brain researcher and advocate of diversity in science, dies at 63」, 2017.12.30.

〈Stanford Medicine〉, 「Neuroscientist Ben Barres, who identified crucial role of glial cells, dies at 63」, 2017.12.27.

건설하는 당신

이문자

〈이대학보〉, 「'폭력'에 있어 여성의 보루는 없다」, 1998.12.07.

〈여성신문〉, 「이문자 "서울여성의전화" 회장」, 2005.05.12.

〈한국일보〉, 「단지 그대가 여자라는 이유만으로」, 2020.05.20.

한국여성의전화 홈페이지(http://hotline.or.kr)

이문자 외, 『왜 여성주의 상담인가』, 한울아카데미, 2005.

샤론 머톨라

〈볼트Vault〉, 「QUEEN OF THE JUNGLE」, 1992.03.09.

〈워싱턴포스트〉, 「THE WOMAN BEHIND BELIZE'S ZOO」, 1988.05.06.

〈뉴욕타임스〉, 「Sharon Matola, Who Opened a Zoo in the Jungle of Belize, Dies at 66」, 2021.04.09.

참고문헌

〈워싱턴포스트〉, 「CREATURE COMFORT IN BELIZE, IF YOU PLEASE」,
    1995.08.14.

〈뉴욕타임스〉, 「Of Crime and the River」, 2008.02.17.

〈뉴욕타임스〉, 「Upbeat Plan for a Dam in Belize Turns Nasty」, 2001.03.02.

〈워싱턴포스트〉, 「Sharon Matola, devoted zookeeper and conservationist, dies
    at 66」, 2021.03.31.

〈Belize.com〉, 「Belize Zoo Founder Sharon Matola Passes Away」, 2021.03.21.

비트 리히너

〈뉴욕타임스〉, 「Beat Richner, Doctor to Cambodia's Needy Young, Dies at 71」,
    2018.09.21.

〈파이낸셜타임스〉, 「Curing Cambodia's children with music」, 2009.03.14.

〈슈바이처 일루스트리르테〉, 「Beat Richner: ≪Es ist ein Chrampf, ich bin unter
    Druck≫」, 2018.09.09.

프레더릭 D. 톰슨

〈뉴욕타임스〉, 「Fred Thompson Got Involved」, 1979.02.22.

〈한국일보〉, 「[기억할 오늘] 콴자」, 2018.12.26.

〈뉴욕타임스〉, 「PROVING GROUND FOR FLEET WOMEN」, 1985.03.18.

〈볼트〉, 「GETTING A MOVE ON」, 1991.03.04.

제임스 르 메주리어

〈멘스저널Men's Journal〉, 「The Most Dangerous Job in the World: Syria's Elite
    Rescue Force」, 2014.12.10.

〈가디언〉, 「The Most Dangerous Job in the World: Syria's Elite Rescue Force」,

2019.11.11.

〈알자지라〉, 「Q&A: Syria's White Helmets」, 2015.08.21.

〈뉴욕북스〉, 「Why Assad and Russia Target the White Helmets」, 2018.10.16.

〈워싱턴포스트〉, 「James Le Mesurier, backer of Syria's White Helmets, found dead in Istanbul」, 2019.11.11.

룰라 콰워스

〈히브리미디어Hybris Media〉, 「Fight for freedom and equality: testimony from the heart of battle – Part 1」, 2017.06.06.

〈히브리미디어Hybris Media〉, 「Fight for freedom and equality: testimony from the heart of battle – Part 2」, 2017.07.02.

〈The New Arab〉, 「'You should know that I am a mosaic': The legacy of Rula Quawas」, 2017.07.27.

〈Vermont Woman Media〉, 「Rula Quawas and her Weapon of the Mind」, 2014.02.14.

〈Open Democracy〉, 「Rula Quawas – Jordanian pioneer」, 2012.11.13.

〈뉴욕타임스〉, 「A Loophole for Rapists Is Eliminated in Morocco」, 2014.01.23.

〈뉴욕타임스〉, 「Jordan Moves to Repeal Marry-Your-Rapist Law」, 2017.08.01.

〈뉴욕타임스〉, 「Rula Quawas, Champion of Women's Advancement in Jordan, Dies at 57」, 2017.08.02.

케이트 쇼팽, 『각성』, 이지선 옮김, 문파랑, 2010.

참고문헌

질문하는 당신

버지니아 R. 몰런코트

〈뉴욕타임스〉, 「Virginia Mollenkott, 88, Dies; Feminist Found Liberation in the Bible」, 2020.10.26.

〈큐스피릿Qspirit〉, 「Virginia Mollenkott: Trailblazing queer theologian and feminist Bible scholar」, 2022.09.25.

Mollenkott, Virginia R., *The Divine Feminine: The Biblical Imagery of God as Female*, Crossroad Publishing Company, 1983.

레이 힐

〈Jewish News〉, 「Death of far-right infiltrator Ray Hill, who engineered splits among bigoted parties」, 2022.05.18.

〈선데이타임스〉, 「Ray Hill obituary」, 2022.06.14.

〈가디언〉, 「Ray Hill obituary」, 2022.05.29.

〈The Other Face of Terror〉 다큐멘터리 영상 (https://www.youtube.com/watch?v=6ARyeMvp9LU)

Hill, Ray, *The Other Face of Terror*, Grafton, 1988.

사디 야세프

〈뉴욕타임스〉, 「The World: Film Studies; What Does the Pentagon See in 'Battle of Algiers'?」, 2003.09.07.

〈Algerie Presse Service〉, 「Décès de Yacef Saadi, l'un des symboles et architectes de la Bataille d'Alger」, 2021.09.11.

〈Carnegie Council〉, 「Ethics on Film: Discussion of "The Battle of Algiers"」,

2009.05.05.

〈뉴욕타임스〉, 「No regrets from an ex-Algerian rebel immortalized in film」, 2007.06.19.

〈워싱턴포스트〉, 「Saadi Yacef, Algerian independence fighter who starred in 'Battle of Algiers,' dies at 93」, 2021.09.15.

노서경, 『알제리전쟁 1954-1962』, 문학동네, 2017.

정의길, 『이슬람 전사의 탄생』, 한겨레출판, 2015.

코코

〈뉴욕타임스〉, 「Koko the Gorilla Gives Hints of Being Smarter Than the Chimpanzees」, 1975.06.27.

NPR, "Koko The Gorilla Dies; Redrew The Lines Of Animal-Human Communication", 2018.06.21.

〈뉴욕타임스〉, 「Researcher Challenges Conclusion That Apes Can Learn Language」, 1979.10.21.

〈데일리메일〉, 「Friends for FORTY years: Never-before-seen pictures show how Koko the gorilla struck up an inseparable bond with the trainer who taught her to communicate」, 2016.06.03.

〈슬레이트Slate〉, 「What Do Talking Apes Really Tell Us?」, 2014.08.20.

〈더 위크The Week〉, 「Talking to Koko the gorilla」, 2015.01.09.

엘리 아비비

〈Go World Travel Magazine〉, 「A WORLD OF HIS OWN: ELI AVIVI」, 2016.04.13.

BBC, "One-man rule in Israel's hippy micro-state", 2015.03.10.

참고문헌

⟨텔레그래프⟩, 「Eli Avivi, founded a 'micronation' – obituary」, 2018.06.03.

⟨news.com.au⟩, 「The only place in Israel that will not vote at next week's election」, 2015.03.11.

⟨ABC News⟩, 「Eli Avivi, who founded the micronation of Achzivland on Israel's northern border, dies aged 88」, 2018.05.17.

최창모, 『중동의 미래, 이스라엘과 팔레스타인』, 푸른사상, 2015.

테오도르 헤르츨, 『유대 국가』, 이신철 옮김, 도서출판b, 2012.

윌리엄 디멘트

⟨Stanford Magazine⟩, 「A Bedtime Story」, 2014년 9월/10월 호.

⟨Stanford Medicine News⟩, 「William Dement, giant in sleep medicine, dies at 91」, 2020.06.18.

⟨워싱턴포스트⟩, 「William Dement, known as 'the father of sleep medicine,' dies at 91」, 2020.06.22.

⟨워싱턴포스트⟩, 「THE GREAT AMERICAN SLEEP DEBT」, 1993.01.12.

⟨워싱턴포스트⟩, 「Do We Really Need to Sleep? And Why?」, 2002.05.21.

⟨World Sleep Society⟩, 「In Memoriam: William C. Dement, MD, PhD (1928-2020)」, 2020.06.18.

William Dement, ⟨History of the Development of Sleep Medicine in the United States⟩, 《Journal of Cachexia, Sarcopenia and Muscle》, vol.1, no.1, 2005.01.15

윌리엄 디멘트, 『수면의 약속』, 김태 옮김, 넥서스BOOKS, 2007.

참고문헌

폭로하는 당신

왕슈핑

〈가디언〉, 「My career as an international blood smuggler」, 2018.09.27.

〈뉴욕타임스〉, 「In Rural China, a Steep Price Of Poverty: Dying of AIDS」, 2000.10.28.

〈워싱턴포스트〉, 「Shuping Wang, whistleblower who exposed China's HIV/AIDS crisis, dies at 59」, 2019.09.25.

〈Chicago Change〉, 「How I Discovered the HIV Epidemic and What Happened to Me Afterwards」, 2012.09.27.

〈Hampstead Theatre〉, 「OBITUARY: DR SHUPING WANG」, 2019.09.25.

옌롄커, 『딩씨 마을의 꿈』, 김태성 옮김, 자음과모음, 2019.

조지나 메이스

〈Yale Environment 360〉, 「Global Extinction Rates: Why Do Estimates Vary So Wildly?」, 2015.08.17.

〈가디언〉, 「Dame Georgina Mace obituary」, 2020.10.05.

〈Climate Change Committee〉, 「CCC deeply saddened by death of Georgina Mace」, 2020.09.21.

〈선데이타임스〉, 「Dame Georgina Mace obituary」, 2020.10.12.

Georgina Mace, 〈Assessing Extinction Threats: Toward a Reevaluation of IUCN Threatened Species Categories〉, 《Consevation Biology》, vol.5, no.2, 1991.06.02.

〈IUCN〉, 「Thank you, Georgina, from us all」, 2020.09.22.

〈Soapbox Science〉, 「Remembering Georgina Mace」, 2020.09.22.

참고문헌

IUCN 레드리스트 홈페이지 (https//www.iucnredlist.org)
조지 몽비오, 『활생』, 김산하 옮김, 위고, 2020.

살로메 카르와

〈타임〉, 「The Ebola Fighters」, 2014.12.10.

NPR, "A Husband Loses His 'Best Friend' — Salome Karwah, Ebola Hero",
  2017.03.01.

BBC, "Ebola nurse Salome Karwah died after hospital neglect, husband says",
  2017.03.01.

〈Romper〉, 「Salome Karwah's Death Shouldn't Go Unnoticed」, 2017.03.01.

〈Scientific American〉, 「A Woman Survives Ebola but Not Pregnancy in
  Africa」, 2017.02.28.

〈The CUT〉, 「Ebola Fighter Dies From Childbirth Complications After Hospital
  Staff Reportedly Refused to Help Her」, 2017.02.28.

질 서워드

〈가디언〉, 「A rape campaigner runs for office」, 2008.07.02.

〈선데이타임스〉, 「Jill Saward obituary」, 2017.01.07.

〈가디언〉, 「Jill Saward, campaigner against sexual violence, dies aged 51」,
  2017.01.05.

〈텔레그래프〉, 「It's not whether you can or can't forgive; it's whether you will
  or won't」, 2006.03.08.

BBC, "Jill Saward: How Ealing vicarage case changed treatment of rape
  victims", 2017.01.05.

〈가디언〉, 「Rape law campaigner to stand against Davis」, 2008.01.26.

〈인디펜던트〉, 「The way you dress, the way you walk」, 1997.06.18.

아나 곤살레스

CBC, "Chile dictatorship victim toll bumped to 40,018", 2011.08.19.

〈앰네스티 인터내셔널Amnesty International〉, 「독재자 피노체트 치하의 삶 :
　　우리의 자유를 묻던 날」, 2013.11.18.

〈Memoria Viva〉, 「Recabarren González Luis Emilio」, 2021.08.06.

〈뉴욕타임스〉, 「A Serene Advocate for Chile's Disappeared」, 2010.01.22.

〈El Pais〉, 「La eterna búsqueda de Ana González, La Pasionaria chilena」,
　　2018.09.11.

CBC, "Chilean activist Ana Gonzalez never stopped searching for her family
　　lost under Pinochet", 2018.11.02.

이언 피시백

CNN, "Transcript of President Bush's address", 2001.09.21.

〈한국일보〉, 「사라지지 않은 '애국자법'의 촉수」 2021.10.26.

〈Esquire〉, 「Acts of Conscience」, 2009.09.21.

〈워싱턴포스트〉, 「A Matter of Honor」, 2005.09.28.

〈워싱턴포스트〉, 「Ian Fishback, Army officer and whistleblower against
　　detainee abuse, dies at 42」, 2021.11.24.

〈더 네이션The Nation〉, 「Duty, Honor, Country: Ian Fishback and the Idea of
　　America」, 2021.12.02.

〈뉴욕타임스〉, 「Maj. Ian Fishback, Who Exposed Abuse of Detainees, Dies at
　　42」, 2021.11.23.

〈뉴욕타임스〉, 「3 in 82nd Airborne Say Beating Iraqi Prisoners Was Routine」,

참고문헌

2005.09.24.

〈LA타임스〉, 「Officer's Road Led Him Outside Army」, 2005.09.25.

〈폴리티코〉, 「Ian Fishback: A Whistleblower Who Reminded the U.S. Military of Its Values」, 2021.12.27.

〈더 뉴베리 뉴스The Newberry News〉, 「Memorial for a hero」, 2021.12.01.

기록하는 당신

이도진

「부당 해고에서 20초의 용기로」(https://slowalk.com/1854)

https://www.youtube.com/watch?v=pLww9gqmjts&feature=youtu.be

https://www.instagram.com/alibaba30s/?hl=ko

『햇빛총서1: 목사 아들 게이』, 햇빛서점, 나미푸, 더즌, 샌더, 유민, 향록, 2017.

비냐방가 와이나이나

〈그란타Granta〉, 「How to Write About Africa」, 92호

〈그란타〉, 「Binyavanga Wainaina」, 2019.05.22.

〈Africa Is a Country〉, 「I am a homosexual, mum」, 2014.01.19.

〈타임〉, 「Binyavanga Wainaina」, 2014.04.23.

〈워싱턴포스트〉, 「Binyavanga Wainaina, barrier-shattering presence in African literature, dies at 48」, 2019.05.22.

〈Amnesty International〉, 「Africa: Making love a crime: Criminalization of same-sex conduct in Sub-Saharan Africa」, 2013.06.25.

〈뉴욕타임스〉, 「Writer Tells Africa What He Couldn't Tell 'Mum'」, 2014.01.24.

참고문헌

⟨The Johannesburg Review of Books⟩, 「'How to write about everything'—
Binyavanga Wainaina on the problems faced by African writers, and how
to overcome them」, 2017.08.07.

수토포 푸르워 누그로호
⟨뉴욕타임스⟩, 「He Helped Indonesia Through a 'Year of Disasters,' While
Facing His Own」, 2018.12.28.
⟨AP뉴스⟩, 「Indonesia's respected disaster agency spokesman dies at 49」,
2019.07.07.
⟨뉴욕타임스⟩, 「Indonesia Knows Tsunami Threat. But It Was Still Blindsided
by Killer Waves」, 2018.12.25.
⟨Kumparan News⟩, 「Cerita Sutopo, Lelaki yang Sehari-hari Bergelut dengan
Musibah」, 2017.12.01.
⟨가디언⟩, 「Indonesia's much-loved disaster agency chief dies of cancer」, 2019.07.07.
⟨스트레이츠타임스The Straits Times⟩, 「Indonesia's famed disaster spokesman
Sutopo Purwo Nugroho dies of cancer」, 2019.07.08.

바버라 포인턴
⟨Alzheimer's Society⟩, 「Tireless dementia campaigner Barbara Pointon has
died」, 2020.07.23.
⟨가디언⟩, 「ITV under pressure after revealing truth about Alzheimer's death
documentary」, 2007.08.01.
⟨선데이타임스⟩, 「Barbara Pointon obituary」, 2020.07.15.
⟨가디언⟩, 「For the love of Malcolm」, 2007.12.12.
⟨가디언⟩, 「The long goodbye」, 1999.06.21.

참고문헌

〈가디언〉, 「Barbara Pointon obituary」, 2020.06.12.

해리 프레거슨

〈Berkeley Law〉, 「Longtime Federal Appeals Court Judge Harry Pregerson '50 Dies at 94」, 2017.11.30.

〈워싱턴포스트〉, 「Harry Pregerson, federal judge who placed conscience before law, dies at 94」, 2017.11.30.

〈SFGATE〉, 「Medical pot wins a legal victory / U.S. appeals court ruling is likely to face a challenge」, 2003.12.17.

〈MET News〉, 「Ninth Circuit Panel Orders Recall Vote Postponed Until March」, 2003.09.16.

〈Find Law〉, 「Ninth Circuit Panel Orders Recall Vote Postponed Until March」, 2007.01.12.

〈LA타임스〉, 「Harry Pregerson, senior federal appeals court judge, dies」, 2017.11.27.

〈JUSTIA〉, 「Dr. Bernardo Ortega, Petitioner-appellee, v. United States of America, Respondent-appellant, 861 F.2d 600 (9th Cir. 1988)」, 1988.11.21.

〈Courthouse News Service〉, 「Ninth Circuit Judge Harry Pregerson, 94」, 2017.11.27.

김일주

〈시사저널〉, 「필름에 새긴 한국 문단의 초상」, 1996.07.11.

〈동아일보〉, 「[살아있는 장인정신 獨步]문인전문 사진작가 김일주씨」, 2022.04.24.

〈노컷뉴스〉, 「40년간 문인 사진만 8만장, 운명처럼 찍어왔죠」, 2007.12.20.

〈시사인〉, 「한국 문단 40년 '나타났다 김 반장'」, 2007.12.24.

335